LOS MAYAS

Traducción de
JORGE FERREIRO

JACQUES SOUSTELLE

LOS MAYAS

FONDO DE CULTURA ECONÓMICA

MÉXICO

Primera edición en francés, 1982
Primera edición en español, 1988
    Cuarta reimpresión,   2003

Comentarios y sugerencias: editor@fce.com.mx
Conozca nuestro catálogo: www.fondodeculturaeconomica.com

Título original:
Les maya
© 1982, Flammarion, París
ISBN 2-08-200446-5

D. R. © 1988, Fondo de Cultura Económica
Carretera Picacho-Ajusco 227; 14200 México, D. F.

ISBN 968-16-2868-3

Impreso en México • *Printed in Mexico*

I. Los mayas y su territorio

Uno de los espectáculos más emotivos que pueda contemplar el viajero que, desde la ciudad de Guatemala, va en avión a Tikal, es el que se ofrece a su vista cuando, luego de haber sobrevolado la laguna de las Flores (antiguamente lago Petén-Itzá), el aparato se acerca a su destino. Salpicada de manchas rojizas y doradas, la verde inmensidad de la selva se extiende al infinito, ondulando bajo el sol sin ningún claro, cuando de pronto, traspasando las copas de los grandes árboles, he aquí que, lanzándose vigorosamente hacia el cielo, aparecen las cresterías caladas que coronan las empinadas pirámides de la antigua ciudad maya.

Así, en el corazón de la selva que en la actualidad cubre toda esa parte del continente, desde el Usumacinta hasta el Caribe, surge como un grito de triunfo el mensaje esculpido en piedra por los hombres que vivieron en ese suelo hace más de mil años. Cierto, muchos siglos han pasado desde que el árbol y la liana, el jaguar y la serpiente reconquistaron aquello que fue templo o palacio. Pero tan vigoroso fue el impulso de los mayas, tan auténtica y pura la obra de arte de su espíritu y de sus manos, que aún en la actualidad la huella de su paso por la tierra se impone a nosotros como una de las cimas de la aventura humana.

Toda civilización refleja el eterno combate del hombre contra la naturaleza, y a veces sus victorias. La de los mayas, sin duda la más brillante de la antigüedad americana, se desarrolló afron-

Mapa arqueológico de la zona maya

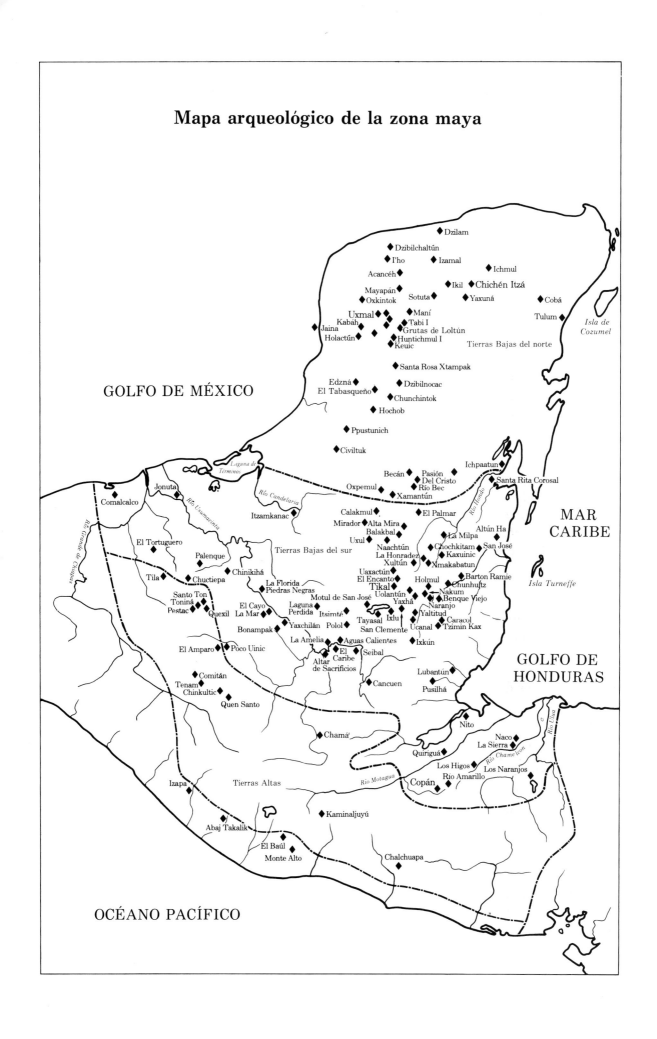

GOLFO DE MÉXICO

MAR CARIBE

GOLFO DE HONDURAS

OCÉANO PACÍFICO

Dzilam
Dzibilchaltún
I'ho
Izamal
Ichmul
Acancéh
Ikil
Chichén Itzá
Mayapán
Sotuta
Yaxuná
Cobá
Oxkintok
Maní
Tulum
Uxmal
Tabi I
Kabáh
Grutas de Loltún
Jaina
Huntichmul I
Holactún
Keuic
Tierras Bajas del norte
Santa Rosa Xtampak
Edzná
Dzibilnocac
El Tabasqueño
Chunchintok
Hochob
Ppustunich
Civiltuk
Ichpaatun
Becán
Pasión
Del Cristo
Santa Rita Corosal
Oxpemul
Río Bec
Jonuta
Xamantún
Comalcalco
Calakmul
El Palmar
Itzamkanac
Mirador
Alta Mira
Altún Ha
Balakbal
La Milpa
El Tortuguero
Uxul
Chochkitam
San José
Palenque
Naachtún
Kaxuinic
La Honradez
Tila
Chinikihá
Xultún
Xmakabatun
Chuctiepa
Uaxactún
Barton Ramie
La Florida
El Encanto
Holmul
Chunhuítz
Santo Ton
Piedras Negras
Tikal
Nakum
Toniná
Uolantún
Benque Viejo
Pestac
El Cayo
Motul de San José
Yaxhá
Naranjo
Quexil
La Mar
Laguna
Itsimté
Ixlu
Yaltitud
Bonampak
Perdida
Polol
Tayasal
Ucanal
Caracol
Yaxchilán
San Clemente
Tzimin Kax
El Amparo
Poco Uinic
La Amelia
Aguas Calientes
Ixkún
Altar
El
de Sacrificios
Caribe
Seibal
Comitán
Lubantún
Tenam
Cancuen
Pusilhá
Chinkultic
Quen Santo
Nito
Chamá
Naco
La Sierra
Quiriguá
Izapa
Tierras Altas
Los Higos
Los Naranjos
Copán
Río Amarillo
Abaj Takalik
Kaminaljuyú
El Baúl
Monte Alto
Chalchuapa

Isla de Cozumel

Laguna de Términos

Río Usumacinta

Río Candelaria

Río Hondo

Río Grande de Chiapas

Tierras Bajas del sur

Isla Turneffe

Río Ulua

Río Chamelecón

Río Motagua

tando el medio y el clima menos propicios. La grandiosa arquitectura de las ciudades, la belleza y la elegancia de las esculturas, de los frescos, de las piedras talladas, el misterio fascinante de los jeroglíficos, la poderosa originalidad de los estilos aparecen como otras tantas hazañas de un pueblo que, por largos siglos, supo recoger con éxito el desafío de las fuerzas hostiles de que estaba rodeado.

LAS TRES REGIONES DEL TERRITORIO MAYA

A lo largo de aproximadamente 900 kilómetros de norte a sur, desde la costa septentrional de Yucatán hasta la costa del Pacífico, y a lo largo de 500 kilómetros de noreste a suroeste, entre la desembocadura del Usumacinta y el Golfo de Honduras, el territorio que fue de los mayas en gran medida es aún su territorio: no sólo porque los monumentos en ruinas son testimonio de su antigua grandeza, sino porque su tenaz presencia sigue siendo en México y Guatemala un componente fundamental de la realidad actual; el trabajo paciente de los campesinos indígenas, los dialectos mayas que resuenan de un extremo a otro de ese vasto territorio, los rasgos de muchos autóctonos vivos que parecen haber servido de modelo a los escultores de siglos pasados, todo evoca la etnia maya y recuerda la excepcional contribución que aportó a la herencia común de la humanidad.

Ese pedazo del continente se subdivide en tres regiones. Al norte, la península de Yucatán es una meseta calcárea apenas ondulada donde sólo las colinas *puuc* señalan una ligera elevación. El agua no corre por la superficie del suelo sino se hunde en abismos subterráneos. Desprovista de ríos y de lagos, la península no ofrece al hombre sino pozos naturales, los cenotes (en maya: *dz'onot*), en los lugares en que se ha hundido la superficie calcárea. La estación de lluvias, de mayo a noviembre, y la humedad que esparcen los vientos del Golfo alimentan una vegetación poco elevada pero densa, una jungla más que una selva. El campesino debe luchar contra la maleza, barbechar, quemar; antaño, su supervivencia dependía, y en gran parte aún depende en la actualidad, de la llegada de las lluvias. No es casualidad que la efigie de *Chac,* el dios de la lluvia, adorne con sus innumerables máscaras la mayoría de los monumentos yucatecos.

Sin embargo, hay que considerar aparte la zona costera oriental de Yucatán, que bordea el mar Caribe. Es el estado mexicano de Quintana Roo y, más al sur, el antiguo territorio británico de Belice. Allí, selvas de grandes árboles, ríos y lagos alrededor de la antigua Cobá y de Chetumal, la capital actual, anuncian las características geográficas y climatológicas de El Petén, la región central.

La constituyen esencialmente las "Tierras Bajas" de Guatemala, con el lago Petén-Itzá o de las Flores, el lago Izabal y el valle del río Motagua. En mitad de las inmensas selvas de El Petén nació la civilización maya, bajo un cielo tórrido y lluvias torrenciales (hasta 3 e incluso 4 metros de precipitación por año). La capa de tierra cultivable es delgada y frágil. Cubre un suelo de piedra calcárea sembrada de núcleos de sílex. El cultivo del maíz, la preparación de los campos por la roza y las siembras en campos quemados [tumba-roza-quema] exigen una lucha incesante contra la selva. Condiciones análogas prevalecen en la cuenca del gran río Usumacinta y sus principales afluentes —Chixoy, río de la Pasión, Jataté, Lacanhá, Lacantún—, aunque esta comarca sea más accidentada y ondulada, esté sembrada de lagos como los de Miramar y Metsaboc, y se eleve ligeramente, en la zona de Palenque, por encima de la planicie costera. Esta región central se prolonga de oeste a este, por un lado con la meseta de Chiapas donde se destaca principalmente el importante sitio de Toniná y, por el otro, con las colinas de escasa altura donde se levanta Copán, una de las maravillas del urbanismo y de la escultura mayas.

Por último, más al sur, la tercera de las regiones que constituyen el territorio maya son las "Tierras Altas" de Guatemala: montañas volcánicas, altiplanicies de clima templado, vegetación de sabana. La región bordea el Pacífico mediante una zona costera cálida y seca que prolonga la provincia mexicana del Soconusco.

De esas tres regiones, la que parece a primera vista más favorable al florecimiento de una civilización de calidad seguramente es la de las Tierras Altas. Ahora bien, cierto es que la antiquísima civilización olmeca llevó, entre 1200 y 400 antes de nuestra era, sus avanzadas hasta el sur de Guatemala e incluso hasta El Salvador; que posteriormente, durante el período Protohistórico que se extiende del año 400 a.c. hasta el principio de nuestra era, el centro ceremonial mexicano de Izapa ejerció su gran influencia sobre esa misma región; que, en fin, la gran civilización teotihuacana del centro de México dominó al principio de la era cristiana el sitio guatemalteco de Kaminaljuyú, en las proximidades de la actual capital, y marcó fuertemente con su huella la provincia de Escuintla; pero también es cierto que la civilización maya clásica, entre los siglos III y X de nuestra era, no arrastró en su dinamismo a esa región meridional, que permaneció en cierto modo marginada, aparte de las espléndidas ciudades de El Petén.

En Yucatán se edificaron ciudades importantes en la época clásica. Su arquitectura, el estilo de su escultura y muchos rasgos, sobre todo la escasez de inscripciones jeroglíficas, las distinguen de sus contemporáneas de El Petén y del Usumacinta.

Si se traza en un mapa una línea entre las regiones del territorio maya donde existieron monumentos con inscripciones y aquellas donde no las hay, se advierte que esa línea parte de la costa del Golfo de México al oeste de Comalcalco, sigue aproximadamente el valle del río Grijalva, luego el límite de las mesetas guatemaltecas, dobla ligeramente hacia el sur para englobar a Copán y vuelve a subir hacia la costa septentrional de Honduras. Todo lo que queda al oeste y al sur de esa línea está desprovisto de inscripciones y de monumentos mayas fechados.

Así, en esa región central, la de gran selva tropical, construyó la civilización maya sus más antiguas ciudades y alcanzó su apogeo. Una variante o, antes bien, un conjunto de variantes "provinciales" se desarrollaron en Yucatán. Entretanto, la región meridional no destacaba más que en un arte menor, el de la cerámica de figuras policromas como en Chamá y en Nebaj.

¿Habrá entonces que considerar una paradoja, tal vez inexplicable, que la civilización maya haya nacido y prosperado en esa región central que nos parece, a los occidentales, tan poco acogedora? ¿O bien somos víctimas de un error de óptica debido a un conocimiento insuficiente de la realidad o, más sencillamente, a nuestro etnocentrismo, a nuestra proclividad a evaluar las condiciones de existencia de un pueblo en función de lo que a nosotros nos parece necesario o deseable?

No es dudoso que los mayas se hayan adaptado perfectamente al clima cálido y húmedo de El Petén. Lo que en cambio despierta más interrogantes es la importancia de los recursos alimenticios que les ofrecía su territorio. ¿Cómo pudo El Petén, tal como lo conocemos, suministrar año tras año y siglo tras siglo, durante al menos los seiscientos años del período Clásico, el alimento indispensable a la población de centros importantes y numerosos como Tikal, Uaxactún, Yaxhá, Nakum, etcétera?

Se observará de paso que podríamos plantearnos la misma pregunta a propósito de los olmecas. En La Venta y San Lorenzo fue necesaria una población considerable para llevar a feliz término los inmensos trabajos y ejecutar las esculturas monumentales que distinguen a esos dos sitios. ¿De qué vivía esa población? La jungla de Veracruz y de Tabasco se asemeja al medio natural de la civilización maya. ¿Es casualidad que la civilización olmeca y la de El Petén nacieran una y otra en ese medio?

Si se hace a un lado el prejuicio casi instintivo de los habitantes de los países templados contra la Tierra Caliente, se da uno cuenta de que, si bien exige un esfuerzo sostenido de desmonte, el medio selvático tropical aporta al hombre recursos considerables y variados, mucho más ricos que los de las mesetas semidesérticas del centro de México. A las plantas cultivables, que no son únicamente el maíz y los tubérculos, se agregan numerosas plantas silvestres, la caza (de venado, tapir, pecarí y aves diversas), los peces y las tortugas. Aún en la actualidad, un simple lacandón, maya de la cuenca del Usumacinta, dispone de alimentos más diversos y más abundantes que el indio de las Tierras Altas.

LA AGRICULTURA DE LOS ANTIGUOS MAYAS

Por otra parte, ¿no se comete un error cuando en principio se plantea, como lo hacían los especialistas hasta hace algunos años, que el maíz cultivado en la milpa, campo obtenido quemando la selva, constituía lo esencial de la alimentación de los indios? ¿No nos equivocamos a *fortiori* considerando que el maíz no se podía producir en la antigüedad indígena sino mediante el cultivo de campos quemados? De esa afirmación se desprendía que la agricultura maya no lograba sino escasos rendimientos, puesto que la milpa sólo es fértil de dos a cuatro años y luego hay que ganar nuevos campos a la selva. Es evidente que ese método agrícola sólo es conveniente para garantizar los recursos de pueblos o asentamientos rurales de escasa población. Pero, entonces, ¿de qué vivían los habitantes de las ciudades mayas clásicas?

En la época de su florecimiento, la región central presentaba una densidad de población estimada en 150 habitantes por kilómetro cuadrado. Algunas ciudades llegaban a 50 000 habitantes y, sobre todo los centros satélites y las aldeas, formaban un apretado tejido urbano casi continuo, aun cuando no alcanzara el nivel de concentración de aglomeraciones mexicanas como Teotihuacan o, posteriormente, México-Tenochtitlan. Es evidente que el área maya de El Petén no habría podido subsistir basada en el solo cultivo primitivo del maíz en la milpa.

El ejemplo de los lacandones actuales puede indicarnos el camino: esos indios, que viven en la gran selva de la cuenca del Usumacinta, cultivan desde luego el maíz quemando la jungla, pero su agricultura no se reduce a eso. Cultivan la calabaza y, naturalmente, el frijol, como todos los indios pasados y presentes, lo cual les asegura un suministro de proteínas, pero también la mandioca, el camote, el macal, la col caribe, tubérculos todos con los que sus mujeres preparan purés, mezclados o no con maíz. Sus chozas están rodeadas de hortalizas donde, junto con esas plantas, crecen el pimiento, el jitomate y el chayote, tanto como el algodón y el tabaco.

Recientemente, atrajeron la atención de los investigadores las plantaciones de algunos árboles frutales que aún existen en torno a las ruinas, sobre todo en Tikal. Muy probablemente se trata de vestigios de lo que fue una arboricultura capaz de hacer una contribución importante a la alimentación de los antiguos mayas. El ramón o "árbol del pan" (Brosimum alicastrum) figura en primer plano de esa antigua arboricultura. Ahora bien, el rendimiento de ese árbol es muy elevado, como lo han demostrado recientemente los trabajos de D. Puleston. Además, su fruto se presta particularmente al almacenamiento en esos depósitos subterráneos llamados chultún que son muy numerosos en Tikal.

No resulta ilógico admitir que, como sus descendientes lacandones, los mayas clásicos cultivaban y consumían tubérculos. Sabemos que las culturas más antiguas de la costa del Pacífico, las de Ocós y de Cuadros (1500 y 1000 a.c.), tenían esos tubérculos como base de su alimentación, a la manera de numerosas poblaciones sudamericanas; el maíz no se difundió sino de modo relativamente tardío en esas regiones.

En contra de una idea comúnmente aceptada, la agricultura de tumba-roza-quema no era la única practicada por los mayas para abastecerse de cereales. Como los olmecas, ellos pudieron recurrir a una agricultura intensiva en los bajos, zonas húmedas inundadas periódicamente cerca de los lagos o los ríos, lo cual les permitía obtener dos cosechas por año. Alrededor del 20% de la superficie de El Petén es propicia para ese tipo de cultivo. Las investiga-

ciones arqueológicas recientes muestran que los agricultores mayas supieron acondicionar el suelo formando terrazas o creando campos de terraplén en los bajos cercanos a Tikal y a Uaxactún.

La caza y la pesca debieron de contribuir en forma importante a la alimentación de la población. El venado cazado en trampas es motivo frecuente en los códices indígenas. Entre los animales comestibles se pueden señalar el tatú, el tapir, el pecarí, la tortuga, la iguana, incluso el mono y diversas especies de aves.

En conclusión, no hay duda de que la zona maya central suministró a la civilización clásica una base material más que suficiente para asegurar la subsistencia de la población.

Y no sólo la subsistencia, sino, don preciado del que podía nacer una civilización, el ocio. En un medio vegetal y climático un tanto distinto, según Morris Steggerda, el agricultor maya de Yucatán sólo dedica a su milpa 190 días al año para alimentar a su familia y alimentarse a sí mismo. En El Petén, el campesino maya de la antigüedad clásica probablemente tenía que librar una lucha más difícil contra la vegetación silvestre; tal vez la agricultura intensiva de los bajos también exigiera de su parte un esfuerzo más prolongado. Pero, en cambio, la arboricultura y la horticultura podían permitirle ahorrar tiempo. Como quiera que sea, la duración del trabajo indispensable al indio para procurarse lo esencial de su alimentación sin duda no representaba sino una fracción relativamente pequeña —entre la mitad y las dos terceras partes— del tiempo de que disponía en un año. Libre de la búsqueda obsesiva de los recursos vitales, el hombre puede reflexionar, imaginar e inventar. Pudo surgir una *élite,* asumir un papel dirigente, definir y utilizar el "tiempo libre" de la masa campesina, por una parte, para asegurar su propia subsistencia sin tener que intervenir directamente en el trabajo agrícola y, por la otra, para realizar sus sueños grandiosos, construir monumentos y esculpir bajorrelieves.

Ninguna civilización puede nacer y crecer, crear belleza, dominar una parte del mundo durante siglos, en fin, dejar una herencia a la humanidad si en sus cimientos no está el tiempo libre, sustraído a las necesidades inmediatas, irremplazable elemento de toda construcción intelectual. El campo y el granero, por ahí empieza todo: el templo y el palacio.

Como hemos de ver, en la época posclásica (desde el siglo X hasta la invasión española), el papel respectivo de las tres regiones mayas se modificará profundamente: la región central será estéril y como muda, en tanto que nuevas formas de civilización "mixtas", animadas por influencias no mayas, cobrarán impulso en Yucatán y Guatemala.

LOS MAYAS Y SUS VECINOS

Al oeste y al noroeste de su comarca, los mayas se encontraban en contacto con los pueblos autóctonos del México propiamente dicho, sea con los del Altiplano donde se construyeron sucesivamente las metrópolis de Teotihuacan, de Tula y de Tenochtitlan, sea con los constructores de Monte Albán o, en fin, con las ciudades de la costa del Golfo, antaño hogar de la civilización olmeca. Al sureste, la frontera cultural entre mayas y no mayas coincide con el valle de Ulúa y el lago Yojoa. Las ruinas de Los Naranjos, al noroeste de ese lago, son testigos de la influencia maya ejercida sobre la población lenca; allí se observan, por ejemplo, estelas "mayoides" pero sin inscripciones, y vasijas de barro cocido cuya decoración está hecha de seudoglifos, lejana imitación de la escritura maya. En fin, la vertiente del Pacífico de la América Central (sobre todo El Salvador) y Nicaragua fueron invadidas en diversas épocas por emigrantes mexicanos de lengua náhuatl (o mejor dicho náhuat, pues su dialecto no incluía la característica *tl* de los aztecas), que de ese modo llegaron a ser vecinos de los mayas.

A medida que avanzan las excavaciones arqueológicas en esas regiones, se ve con mayor claridad que todos esos pueblos mesoamericanos jamás dejaron, al menos desde la época olmeca, de mantener relaciones comerciales, intercambios activos entre la Tierra Fría y la Tierra Caliente, entre las regiones costeras y el interior, entre regiones ricas en minerales (obsidiana, jade, serpentina) y territorios de productos agrícolas particularmente apreciados, como el cacao. Rutas marítimas desde la laguna de Términos (Xicalango) hasta Honduras, rodeando toda la península de Yucatán, rutas fluviales a lo largo del Usumacinta y de sus afluentes, rutas terrestres a través del Istmo de Tehuantepec y a lo largo de la costa del Pacífico, todos esos itinerarios sirvieron a infatigables piragüeros, a enérgicos negociantes y a sus caravanas de cargadores, y también a soldados, a sacerdotes y a peregrinos. Los productos comestibles, las plumas, los tejidos, las cerámicas, los jades tallados viajaron; igualmente las ideas, los mitos y los rituales. Ocioso es decir que si las relaciones entre los mayas y sus vecinos más o menos cercanos eran bastante estrechas, las que vinculaban entre sí a los otros diversos centros mayas lo eran mucho más. Apenas empezamos a descifrar ciertos jeroglifos que nos revelan, por ejemplo, que un dignatario de Yaxchilán fue llamado a presidir en el siglo VIII un importante consejo en Piedras Negras.

LAS LENGUAS MAYAS

Desde el punto de vista de la lengua, el territorio maya constituía un bloque homogéneo. Entre el maya de Yucatán y los dialectos hablados en otras regiones, como el chol, el tzeltal y el tzotzil de Chiapas, el quiché, el mame, el cakchiquel de Guatemala o el chorti de Honduras existen relaciones estrechas, un tanto parecidas a las que se observan entre las lenguas europeas derivadas del latín, como el italiano, el francés o el español. A excepción de la lejana rama huasteca desligada del tronco maya hace tal vez tres mil quinientos años y establecida en el noreste de México, todos los indios que hablan maya están reunidos en esa parte de la América media.

Sabemos qué lengua hablaban a principios del siglo XVI los mayas de Yucatán o los quichés de Guatemala: a partir de la época de la Conquista se redactaron y con frecuencia se imprimieron textos en caracteres latinos, diccionarios y gramáticas. Se han publicado numerosos estudios modernos. Al parecer, tal como se habla en la actualidad, el maya sólo difiere un poco de la lengua de los indios que primero entraron en contacto con los españoles. Pero no sabemos qué variedad de maya, qué dialecto hablaban hace más de mil años los sacerdotes, los arquitectos, los escultores y el pueblo de Tikal o de Yaxchilán. Salvo indicación contraria, los textos o vocablos mayas citados aquí proceden del dialecto yucateco, el más conocido, tal y como lo observaron los conquistadores y los misioneros. Es evidente que se trata de una convención cómoda pero arbitraria: por ejemplo, cuando leemos una inscripción jeroglífica en Palenque hecha en el siglo VII, y traducimos caracteres por palabras como *Katún, Kin, Imix,* etc., nada nos permite afirmar que el sacerdote que redactó esa inscripción o el escultor que la grabó daban a esos signos el valor fonético que nosotros les atribuimos basados en informes recabados nueve siglos después en una región periférica.

Es muy posible que los constructores de Palenque hayan hablado no el maya yucateco, sino el dialecto chol que aún se habla en esa zona.

En la actualidad, los lacandones de la cuenca del Usumacinta hablan una variante de maya muy próxima al yucateco, en la que

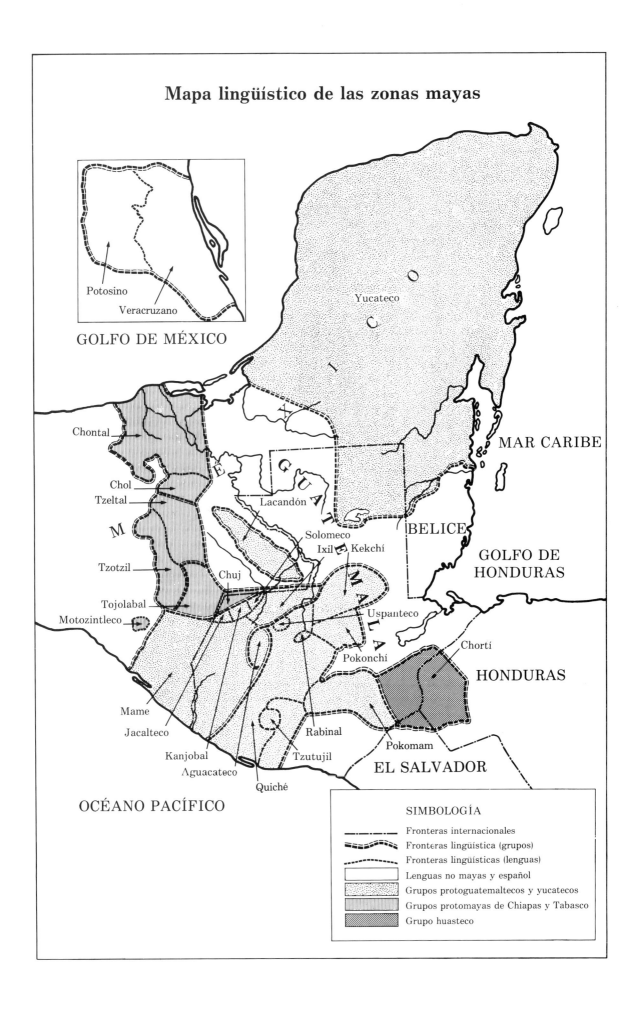

Mapa lingüístico de las zonas mayas

Potosino

Veracruzano

GOLFO DE MÉXICO

Yucateco

MAR CARIBE

Chontal

Chol

Tzeltal

Lacandón

BELICE

Solomeco

Ixil Kekchí

GOLFO DE HONDURAS

Tzotzil

Chuj

Uspanteco

Tojolabal

Motozintleco

Pokonchí

Chortí

HONDURAS

Mame

Jacalteco

Rabinal

Kanjobal

Pokomam

Aguacateco

Tzutujil

EL SALVADOR

Quiché

OCÉANO PACÍFICO

SIMBOLOGÍA

▬▬ ▬ ▬	Fronteras internacionales
▰▰▰▰	Fronteras lingüística (grupos)
∙∙∙∙∙∙	Fronteras lingüísticas (lenguas)
☐	Lenguas no mayas y español
⬚	Grupos protoguatemaltecos y yucatecos
⬚	Grupos protomayas de Chiapas y Tabasco
⬚	Grupo huasteco

sin embargo se descubren, al sureste, influencias guatemaltecas; pero nada permite afirmar que su lengua sea idéntica a la de sus predecesores de Yaxchilán o de Bonampak.

Por su parte, la escritura maya muestra una notable continuidad en su doble forma: por un lado, los glifos sumamente elaborados y enriquecidos con mil detalles, que en ocasiones llegan a constituir verdaderos cuadros de exquisita factura, y, por el otro, la escritura "cursiva" y simplificada que se aprecia desde el siglo V en las paredes de una tumba de Tikal y que caracteriza a los tres manuscritos (o códices) mayas conocidos, probablemente copias realizadas hacia 1200-1300 de libros más antiguos. Fue apenas en Yucatán, durante el período de decadencia de tres siglos que precedieron la invasión española, cuando la escritura comenzó a declinar tanto como las artes plásticas en general. Sin embargo, son reconocibles los caracteres trazados burdamente. Por lo cual parece que, a pesar de la diversidad de dialectos y de su inevitable evolución, con el transcurso de los siglos, la lengua escrita sólo varió un poco y siguió formando parte del ritual religioso, hasta la ruina de la civilización maya.

NACIMIENTO Y MUERTE DE LA CIVILIZACIÓN MAYA

Localizada desde la península de Yucatán hasta la costa del Pacífico, como se ha dicho con anterioridad, la civilización maya se sitúa en el tiempo desde fines del siglo III de nuestra era hasta la Conquista española. Las fechas extremas comúnmente admitidas son, para el principio, el año de 292 grabado en la estela más antigua de Tikal (estela 29) y, para el fin, el año de 1541 en que los conquistadores se apoderaron de Yucatán; en suma, la historia maya empieza con Diocleciano y termina con Felipe II.

Pero es evidente que las estelas con inscripciones jeroglíficas fueron precedidas por una larga evolución. El invento del calendario mesoamericano se remonta probablemente a varios siglos antes de nuestra era y, antes de los monumentos "duros" capaces de resistir a la intemperie y a los siglos, existieron frágiles santuarios de madera cubiertos con follaje. Los mayas arcaicos debieron esculpir la madera antes de abordar la piedra; ahora bien, fuera de dos o tres excepciones, las antiguas maderas talladas han desaparecido, víctimas de la humedad y de los insectos y, en ocasiones, de los incendios. Se puede apreciar distintamente el período Formativo que condujo a los premayas a ser los mayas clásicos que conocemos. En todo caso, desde antes del principio de nuestra era, los habitantes de Tikal construían importantes plataformas de mampostería, base de lo que más tarde iba a constituir la Acrópolis del Norte. Parece razonable hacer coincidir el período Formativo con una fase "protoclásica" de alrededor de cinco centurias, desde el siglo II antes de nuestra era hasta el siglo III de la era cristiana. Remontándonos más en el pasado, a partir de 1500 a.c., el período Preclásico se distingue primeramente por el auge de la civilización olmeca desde la costa del Golfo de México hasta el Altiplano Central, las montañas de Oaxaca y la costa del Pacífico; luego, a partir de los años 500 o

400, por una especie de efervescencia cultural que engloba el sureste de México y Guatemala. Entonces se ven multiplicarse las tentativas de invención de la escritura, muchas de las cuales no tendrán secuelas; igualmente se poblaron entonces las Tierras Bajas de El Petén y del Usumacinta. En esa época lejana, aún no es posible hablar de una civilización maya. Se adivinan vastos movimientos de pueblos, migraciones, la fundación de ciudades y poblaciones, núcleos de las futuras ciudades, y sin duda un florecimiento de nuevas ideas. En el siglo I de nuestra era, hace su aparición en Tikal, aunque sólo en la construcción de algunas tumbas, la bóveda falsa o "de piedras saledizas", tan característica de la arquitectura maya. Fragmentos de cerámica, objetos de obsidiana descubiertos en sitios de El Petén (Altar de Sacrificios, Seibal, Tikal) y de Bélice (Barton Ramie) nos permiten entrever intercambios comerciales entre los más antiguos asentamientos premayas desde el siglo VII antes de la era cristiana.

En el otro extremo, por decirlo así, de su duración, no se puede olvidar que la civilización maya reciente sobrevivió bien tras la Conquista española. La ciudad lacustre de Tayasal, a unos treinta kilómetros de Tikal, se mantuvo independiente, con sus jefes, sus ritos y sus dioses, hasta 1697. Los primeros mayas —si llamamos así a aquellos que construyeron las bóvedas más antiguas de Tikal— eran contemporáneos de Julio César, y los últimos fueron vencidos por el invasor europeo en tiempos de Luis XIV. Y es en la misma selva de El Petén, en el corazón del territorio maya, donde Tikal y Tayasal señalan el nacimiento y la muerte de una de las grandes civilizaciones de la humanidad.

Cierto, como todas las demás, esa civilización conoció épocas de auge y decadencia, de triunfo y de fracaso. Nada sobrepasa lo que se ha convenido en llamar el período "Clásico" de los mayas centrales, que abarca del año 292 al 909 inclusive, que atestiguan las inscripciones. Allí, por espacio de seis siglos, ese pueblo desplegó su genio en toda su plenitud. Tikal, Palenque, Piedras Negras, Yaxchilán y Copán —para no citar sino estas ciudades— son otros tantos santuarios del arte y del pensamiento. Pese a la imperfección de nuestros conocimientos, a pesar de los estragos del tiempo y de las demasiado numerosas zonas oscuras que ocultan a nuestros ojos tableros completos de esa civilización, no podemos sino sentir una profunda admiración por los arquitectos, los escultores, los talladores, los pintores, los astrónomos, los matemáticos que nos dejaron el testimonio de sus obras y de sus sabias especulaciones. ¡Qué maravillosa respuesta la suya al desafío de la selva asfixiante y del clima agotador!

El surgimiento de la civilización maya clásica nos parece tan repentino que podría creerse en una especie de generación espontánea, en una creación *ex nihilo*. Pero es una ilusión óptica; en realidad, a medida que se profundizan las investigaciones arqueológicas en México y Guatemala, poco a poco se ve dibujarse, como un rostro que surge de la niebla, el proceso que, hacia fines del siglo III, tuvo como resultado la cristalización de ese complejo original que nosotros llamamos civilización maya. Dos ideas deben tenerse presentes al principio de esta exposición.

18

Bajorrelieve olmeca llamado
"el Embajador".
La Venta, monumento 13

En primer lugar, no fue dentro de los límites del territorio maya, entre Yucatán y la costa meridional de Guatemala, donde se inventó la mayoría de los rasgos característicos de las grandes culturas mesoamericanas. Las "pirámides" más antiguas (llamadas así cuando más bien se acercan al cono o al cono truncado) se construyeron en La Venta, cerca de la costa del Golfo de México, en el actual estado de Tabasco, y en Cuicuilco, en el Valle de México. A las estelas esculpidas vinculadas a altares monolíticos cubiertos de bajorrelieves se les ve por primera vez en la historia del continente entre los olmecas de La Venta y San Lorenzo. La escritura jeroglífica preparada por los olmecas se desarrolló en Monte Albán, Oaxaca, antes de alcanzar la perfección entre los mayas. El calendario mesoamericano, invento único por su complejidad y su precisión, cuyo igual no se encuentra ni en América del Norte, ni en el Perú, probablemente nació entre los olmecas. En fin, como se ha indicado con anterioridad, los centros ceremoniales como Izapa y Kaminaljuyú conocieron un brillante auge cuando las futuras ciudades mayas aún no existían sino al tamaño de poblados.

En segundo lugar, ahora se sabe que sitios como Tikal y Uaxactún, en El Petén, estuvieron habitados en la época preclásica, entre los años 800 y 600 antes de nuestra era, por cultivadores de maíz que utilizaban recipientes de cerámica monocroma. Su género de vida no difería en nada del de campesinos indígenas de todas las Tierras Calientes de México y América Central en la misma época. ¿Presentaban ya esos "premayas", si pudiera lla-

19

márseles así, los rasgos físicos, como la cabeza redonda (braquice-falia) y la nariz "armenoide" que definen a los mayas de la época clásica? ¿Hablaban ya una lengua que fue antecesora de la lengua o las lenguas mayas que conocemos? No es posible afirmarlo. Sin embargo, como señala Thompson,[1] figuras de barro cocido de la época formativa muestran formas de cabeza y de nariz típicamente mayas, y el único cráneo más o menos conservado y descubierto en Uaxactún es extremadamente braquicéfalo.

En cuanto a la lengua de esos premayas, naturalmente ignoramos cuál era, pero se puede formular una hipótesis a partir de una prueba: el "bloque lingüístico" maya se sitúa enteramente al sureste de México y en Guatemala, pero una astilla desprendida de ese bloque, el huasteco, abarca parte de los estados de San Luis Potosí y Tamaulipas, mucho más al norte. ¿En qué época se produjo la ruptura entre la rama huasteca y el tronco maya? La glotocronología, ciencia que desde luego aún procede a tientas, permite establecer para ese acontecimiento una fecha que se situaría hacia el año de 1500 antes de nuestra era. Es precisamente la época en que empieza, en la parte meridional del estado de Veracruz y en la zona adyacente de Tabasco, la civilización olmeca.

Desde ese momento se pueden hacer suposiciones de que los pueblos de lengua maya o que, antes bien, hablaban un "premaya común" y habitaban en esa época a lo largo de la costa del Golfo, fueron escindidos en dos grupos por la irrupción de los olmecas. La fracción septentrional se habría dirigido hacia lo que actualmente es la región huasteca, y los demás habrían empezado la migración que habría de conducirlos a Yucatán y a El Petén.

Según lingüistas como Campbell y Kaufman, los antiguos olmecas habrían hablado la lengua zoque, confinada en la actualidad a ciertas zonas montañosas de Oaxaca. Ese pueblo zoque se habría incrustado como una cuña en la masa premaya, empujando a las dos fracciones hacia el norte y hacia el sureste respectivamente.

LOS OLMECAS Y LOS MAYAS

Los vestigios olmecas u olmecoides cubren vastos espacios de México y Guatemala, desde la región llamada "metropolitana" de los estados de Veracruz y Tabasco, que fue el centro de esa

[1] *Grandeza y decadencia*, p. 65, Fondo de Cultura Económica, México, 1959.

civilización, hasta el río Balsas y las montañas de Guerrero, por una parte, y hasta El Salvador e incluso hasta la península de Nicoya en Costa Rica, por la otra. El Altiplano Central en Tlatilco y Ayotla, el valle de Puebla en Las Bocas, la vertiente occidental en Chalcatzingo, estado de Morelos; en Oxtotitlán y Juxtlahuaca, Guerrero, Oaxaca en Monte Albán y Huamelulpan, la costa del Soconusco en Tonalá, Pijijiapan y Mazatán revelan la presencia de viajeros, de "colonos", de negociantes o de peregrinos olmecas. Dos esculturas casi idénticas, la estela de San Miguel Amuco, Guerrero, y el bajorrelieve rupestre de Xoc, Chiapas, a más de 900 kilómetros de distancia, ponen de manifiesto la poderosa expansión de esa cultura.

También es sorprendente notar la rareza o la inexistencia de rastros olmecas en el centro del territorio maya y en Yucatán. Cierto es que en arqueología no hay prueba negativa: quedan por excavar espacios inmensos, de suerte que siempre es posible que algún día aparezcan nuevos elementos. Todas las conclusiones sólo pueden ser provisionales. Lo cierto es que, según el estado actual de nuestros conocimientos, no se ha descubierto ni en El Petén ni en Yucatán nada que pueda calificarse de olmeca. Investigaciones tan minuciosas como las que se han hecho en Uaxactún, en Tikal o en las ciudades *puuc* no habrían dejado de encontrar vestigios olmecas en esos distintos sitios, si los hubiera habido. Por ejemplo, son bien conocidos los estratos preclásicos tempranos en Uaxactún; la cultura que reflejan los objetos de cerámica o los utensilios de piedra de esa época no es olmeca y no parece haber tenido ninguna influencia de esta cultura.

Si en un mapa de Mesoamérica se señalan las localidades en que se han descubierto, sea esculturas de grandes dimensiones necesariamente ejecutadas *in situ,* sea objetos portátiles y preciosos como jades tallados, se da uno cuenta que aparece un gran vacío, una zona, por decirlo así, "a-olmeca", que coincide con el conjunto del territorio maya, salvo en algunos sitios marginales: Abaj Takalik, La Lagunita, en Guatemala, Simojovel y Tenosique en el México sudoriental. Incluso si en ocasiones se cree distinguir algo vagamente "olmecoide", por ejemplo, en el estilo de los grandes mascarones en forma de cabezas de jaguar del monumento más antiguo de Uaxactún (la pirámide llamada "E-VII-Sub"), cuando mucho se trata de un lejano reflejo, como los rayos de un astro oculto ya tras el horizonte.

Uno se ve inducido a suponer —pues aquí nos encontramos en el terreno de las hipótesis— que, arrojados hacia el sureste por el florecimiento de la civilización olmeca, durante su migración y después de instalarse en El Petén y en Yucatán, los premayas permanecieron en un nivel cultural relativamente "primitivo", el de los agricultores mesoamericanos, aldeanos que vivían en chozas cercanas a sus campos, y que completaban su alimentación mediante la caza y la pesca, con una religión, un ritual y una organización social simples, sin clero especializado y sin Estado. Para ellos era desconocida la noción de "centro ceremonial", conjunto de santuarios y de monumentos, que predominó primero en la civilización olmeca y luego en todas las de Mesoamérica.

Por tanto, no se puede descubrir ninguna influencia directa de los olmecas sobre los primeros mayas. A partir del año 400 antes de nuestra era, la civilización de La Venta se desvanece definitivamente. Pero aparecen nuevos hogares, al sur de lo que posteriormente serán los dominios de los mayas clásicos. Esos hogares —contemporáneos en sus principios de la última fase olmeca, entre los años 600 y 400— se escalonan entre Chiapas y Guatemala, entre Izapa y Kaminaljuyú. El arte de Izapa retoma los temas olmecas de la estela y del altar, pero los monolitos con bajorrelieves de ese centro ceremonial se distinguen por un estilo dinámico y brillante; escenas que derivan de una mitología desconocida para nosotros se reconstruyen con una multitud de personajes y de atributos; motivos decorativos con volutas se incorporan a esos tableros decorativos. Contrariamente al arte olmeca, el de Izapa desconoce la estatuaria.

La influencia de Izapa se ejerce en toda una vasta zona de Mesoamérica e incluso, por una especie de contrapartida, en la región metropolitana olmeca: por ejemplo, el monumento C de Tres Zapotes, verdadera obra maestra del bajorrelieve, se vincula evidentemente al estilo de Izapa.

Se conocen otros centros como El Baúl y Abaj Takalik por la parte no olmeca de sus monumentos; Monte Alto, cuyas enormes estatuas obesas y monolíticas no tienen nada de olmecas, pero sobre todo Kaminaljuyú, con su fase llamada de "Miraflores" (hacia el año 200 a.C.), que ofrece la riqueza de sus tumbas abundantes en joyas de jade, de hueso y de obsidiana, y sus bajorrelieves con inscripciones que prefiguran la escritura jeroglífica maya.

Sin duda sería exagerado asignar a tal o cual de esos centros meridionales, sea a Izapa, sea a Kaminaljuyú, el papel de inspirador de la civilización maya o de intermediario entre la olmeca en decadencia y la fase "formativa" de los mayas. Entre el siglo IV antes de nuestra era y mediados de nuestro siglo II, hubo proliferación de actividades, de construcciones y sin duda de ideas, una nueva fusión de la herencia olmeca y una serie de perfeccionamientos de esas invenciones típicamente mesoamericanas: la cuenta del tiempo, la astronomía, la aritmética, la escritura jeroglífica.

De origen seguramente olmeca, esta última técnica, la de la escritura adaptada a la anotación de fechas y por consiguiente de la numeración, está presente tanto en las estelas de El Baúl y de Abaj Takalik, como de Kaminaljuyú. Como se explicará ulteriormente, el método maya clásico de fijación de fechas, la "Cuenta Larga", se basa en la enumeración de cinco períodos, a saber: el día, el "mes" de 20 días, el "año" de 360 días, el *katún* de 7 200 días (19.71 años), el *baktún* de 144 000 días (394.20 años) transcurridos desde la "fecha cero" (en 3113 antes de nuestra era) hasta la fecha considerada. Esos cinco períodos están generalmente inscritos en una doble columna vertical. Las cifras se transcriben a nuestra numeración en cinco partes separadas mediante puntos, por ejemplo: 8.12.14.8.15, la fecha maya clásica más antigua que se conoce, que figura en Tikal sobre la estela 29 y corresponde al año 292 de la era cristiana.

Ahora bien, es importante señalar que esa disposición de las cifras cronológicas en cinco partes, característica de la Cuenta Larga maya, se encuentra tanto en Tres Zapotes (estela C), zona "metropolitana" olmeca, y en la estatuilla olmeca de Tuxtla, como en El Baúl y en Abaj Takalik. Las cifras están representadas mediante barras para el número 5 y puntos o pequeños discos para la unidad. Por tanto, la Cuenta Larga fue empleada profusa y sistemáticamente por los mayas clásicos, que la perfeccionaron, como hemos de ver, mediante múltiples adiciones, pero no fue inventada por ellos. Constituye una parte importante del tesoro cultural legado por los olmecas y retomado por los centros proto-clásicos.

Mientras que el sur de México y Guatemala era teatro de una rica efervescencia intelectual y artística, el Altiplano Central mexicano veía encenderse un nuevo hogar que iba a brillar por espacio de varios siglos hasta en el lejano Petén. Allí se habían sucedido las culturas preclásicas desde el cuarto milenio antes de nuestra era. En torno a la laguna que recubría una gran parte del valle central (donde cerca de cinco mil años después se edificaría la capital azteca de México-Tenochtitlan), los cazadores con armas de sílex y obsidiana poco a poco se habían convertido a la agricultura. El maíz, el frijol, la calabaza, les suministraban lo esencial de su alimentación, junto con los peces y aves acuáticas, los venados y los conejos de los bosques vecinos, pues los mamuts que sus antepasados perseguían por las riberas del lago diez mil años antes habían desaparecido hacía mucho tiempo. Una vida sedentaria se había desarrollado en torno a poblaciones, graneros, campos de maíz. En Zacatenco, en Ticomán, en El Arbolillo y en Copilco, generaciones de campesinos modelaron la arcilla, fabricando recipientes e innumerables figurillas, y empezaron a tejer ropa utilizando las fibras del agave. En ese mundo aparentemente tranquilo, de evolución lenta, se introdujo el fermento olmeca, alrededor de cinco mil años antes de nuestra era. Las tumbas de Tlatilco revelan la presencia de "colonos" llegados de la costa del Golfo, entre ellos el del "bebé" de rasgos a la vez humanos y felinos que se representa en estatuillas de barro blanco cocido. Esa presencia olmeca, testimonio también en Tlapacoya y en Ayotla, al parecer no se tradujo en un dominio sobre los pueblos del valle. Es probable que, aunque en residencia permanente en ciertas localidades, los olmecas no ocuparon sino esporádicamente los alrededores de la gran laguna. Coexistieron pacíficamente con los aldeanos, tanto más fácilmente cuanto que sin duda la población todavía era poco numerosa y estaba dispersa. Su influencia se ejerció más bien como una especie de ósmosis. La idea fundamental de las civilizaciones mesoamericanas, la del centro ceremonial, fue aportada por los olmecas de la zona de Tierra Caliente donde se había concretado en el arte monumental. Las pequeñas sociedades campesinas del Altiplano Central aún no eran capaces de imitar a las de la costa del Golfo: no contaban con el número ni con la organización necesarios. Debido a eso el primer monumento, el de Cuicuilco, fue edificado apenas en el siglo III. Se trata de un cono truncado con un diáme-

*Tablero de madera
esculpida (Tikal).
Conjunto y detalle.
Museo de Etnografía,
Basilea*

tro de 150 metros, hecho de tierra acumulada con revestimiento de piedras, y terminado en una plataforma donde debía de elevarse un santuario de materiales ligeros. Alrededor del monumento y dispuestas a la manera de los rayos de una rueda en torno al cubo, se habían cavado tumbas. Es evidente que, para construirlo, hubo que reunir y dirigir a un número considerable de hombres separados del trabajo agrícola, lo cual supone cierta diferenciación social, una jerarquía, jefes, probablemente sacerdotes, puesto que el monumento era de naturaleza religiosa.

Teotihuacan y los mayas

Si en Cuicuilco y Tlapacoya los monumentos son aún de dimensiones modestas, al nivel de los grupos autóctonos que los construyeron, en Teotihuacan y poco antes de nuestra era, el centro ceremonial se levanta a una escala muy distinta. La construcción de la pirámide del Sol empezó desde el siglo I de nuestra era. Con una altura aproximada de 70 metros, y una base de 250, esa enorme masa de alrededor de un millón de metros cúbicos, hecha de tierra, de adobes secados al sol, de piedra y de estuco, fue la primera pirámide verdadera, en el sentido geométrico de la palabra, en el Altiplano mexicano. Y a su alrededor, en relación con la pirámide de la Luna, con el complejo monumental conocido con el nombre de la "Ciudadela", de acuerdo con un plan de urbanismo cuya espina dorsal es la inmensa *Miccaotli* o Calzada de los Muertos, desde los primeros siglos de nuestra era se constituyó una aglomeración con predominio religioso, foco de influencias y centro de peregrinación, caracterizada por una arquitectura majestuosa, un arte hierático y técnicas sumamente desarrolladas en los campos de la pintura mural, de la cerámica y de la piedra dura tallada.

Que entre el siglo I y mediados del VII la civilización de Teotihuacan haya podido brillar intensamente hacia el norte y hacia el sur, es indiscutible. Que se hayan incorporado numerosos rasgos culturales provenientes de la Tierra Caliente ex olmeca, lo demuestra la abundancia de representaciones de objetos, de plantas, de animales de las regiones tropicales en el arte de Teotihuacan. Que, en fin, haya inspirado particularmente, en el sur de Guatemala, la arquitectura de Kaminaljuyú entre los años 200 y 400, y que este último sitio haya mantenido relaciones estrechas con El Petén y sobre todo con Tikal, es lo que aparece cada vez con mayor claridad. Si se quisiera resumir en un diagrama ese juego de influencias y de parentescos, se podría trazar el cuadro siguiente:

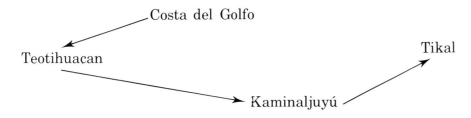

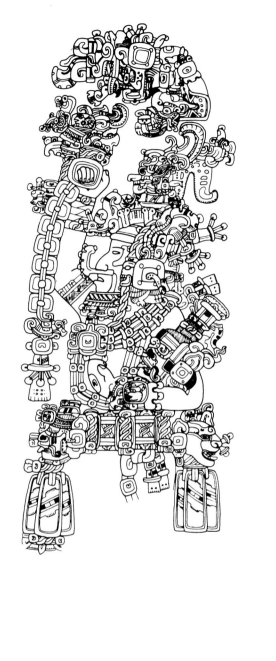

Tikal: estela 31 (detalle): un señor maya enmarcado por dos personajes que llevan, el de la izquierda, un átlatl, y el de la derecha, un escudo con la efigie de Tláloc

Pero, como hemos de comprobarlo, ello no excluye en modo alguno las relaciones directas entre Teotihuacan, Tikal y otras ciudades mayas.

Puesto que la escritura jeroglífica y la cuenta del tiempo son elementos fundamentales de las civilizaciones mesoamericanas, conviene preguntarse cuál era a ese respecto la situación de Teotihuacan. Fuerza es comprobar que la metrópoli de las Tierras Altas dejó pocas huellas escritas, grabadas o pintadas. Según Hermann Beyer y Alfonso Caso, se puede concluir que los teotihuacanos conocían la numeración expresada mediante barras (para el 5) y puntos (para la unidad), y que asociaban a esas cifras, glifos correspondientes con gran probabilidad a nombres de días. Una placa de serpentina tallada que representa a una

26

divinidad femenina con el número 7 y un glifo de "ojo de serpiente", publicada y comentada por Beyer, bien podría referirse a la diosa que, mil años después, los aztecas llamaron Chicomecóatl, "Siete-Serpiente".

Un glifo pintado en vasijas parece señalar el año. No hay rastro alguno de esos encadenamientos de cifras de cinco términos que corresponden a la "Cuenta Larga".

Teotihuacan:
Rostros estilizados
de Tláloc

Las observaciones anteriores permiten afirmar que esa Cuenta Larga, base de las especulaciones más brillantes de los mayas clásicos, tuvo origen en la zona comprendida entre el Golfo de México y el sur de Guatemala, y no en el Altiplano Central.

Al mismo tiempo que Teotihuacan levantaba sus pirámides, que Monte Albán emprendía el proceso de acondicionamiento y de reestructuración de su montaña transformada en ciudad y en necrópolis, y que empezaba la decadencia de Izapa y de Kaminaljuyú, los habitantes de El Petén se adentraban a su vez y un tanto tímidamente por el camino en que los habían precedido las civilizaciones mesoamericanas.

Desde el siglo i antes de nuestra era se edifica en Tikal una amplia plataforma de mampostería, con un espesor de dos metros, en el lugar que posteriormente será la Acrópolis del Norte. Esa plataforma servía de base a santuarios que no se conservaron, construidos probablemente de madera. Tumbas que contenían ricas ofrendas fúnebres se cubren con bóvedas de "piedras saledizas", tipo de construcción que en lo sucesivo será característica de la arquitectura maya clásica.

En Uaxactún, también en El Petén, se descubrió el monumento de piedra maya más antiguo que conozcamos, la pirámide llamada "E-VII-Sub" porque los mayas, por razones que ignoramos, la habían cubierto construyendo encima y a su alrededor una pirámide más grande llamada "E-VII" en los planos de los arqueólogos. Así, permaneció bastante bien conservada, con su revestimiento de estuco blanco y las dieciséis máscaras de jaguares estilizados que decoran la escalinata que conduce a la plataforma terminal. Cuatro horadaciones practicadas en una terraza corresponden evidentemente a postes que sostenían un pequeño templo de madera y ramas.

LOS PRINCIPIOS DEL PERÍODO CLÁSICO

Con la escritura jeroglífica y la bóveda "maya" de piedras saledizas, la aparición en Uaxactún de la bella cerámica policroma llamada *tzakol*, y el complejo "estela-altar", el período Clásico de la civilización maya acaba por instaurarse entre el principio de nuestra era y fines del siglo iii. La piedra angular es la Cuenta Larga o, mejor aún, las "Series Iniciales", es decir, las inscripciones cronológicas con cinco "grupos" de cifras.

Las más conocidas son:
— en Tikal, la estela 29: 8.12.14.8.15 (292 de nuestra era);
— con gran probabilidad proveniente de Tikal, la "placa de Leyden", conservada en Holanda luego de ser descubierta en Puerto Barrios en 1864: 8.14.3.1.12 (320);
— en Uaxactún, la estela 9: 8.14.10.13.15 (328).

Otros diez monumentos de Uaxactún se pueden considerar relacionados al baktún 8, en otras palabras, a un período que se extiende desde el año 41 hasta el año 435 de nuestra era. Pero, como se acaba de señalar, ninguna inscripción conocida hasta ahora es más antigua que la de la estela 29 de Tikal, es decir, el año 292.

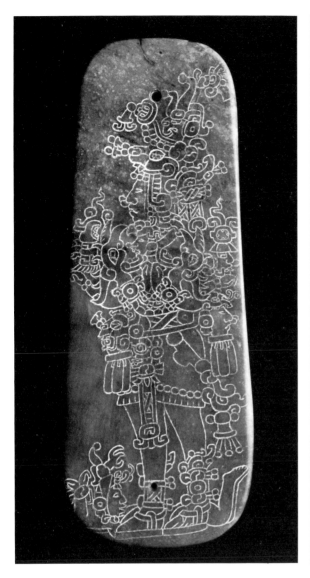
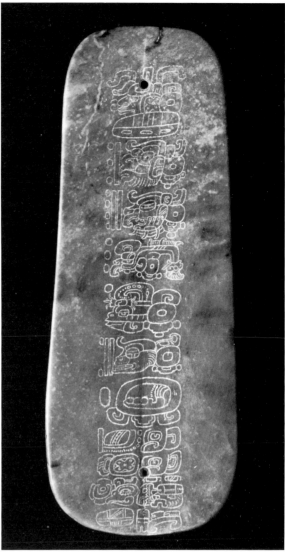

Placa de Leyden con la inscripción 8.14.3.1.12. Museo de Etnografía, Leyden

En qué momento la cultura premaya llega a ser la civilización maya o, para expresarnos como Thompson,[2] "¿Cuál fue el momento preciso en que el cachorro se convirtió en perro, el gatito en un felino mayor?" Si como criterios se escogen la coexistencia en centros ceremoniales de monumentos de piedra con bóvedas de piedras saledizas, de la cerámica policroma tzakol, y de estelas fechadas según el sistema de la Cuenta Larga, la civilización maya clásica se individualizó sin duda en los últimos años del siglo III. Tikal y Uaxactún se nos presentan como los dos primeros centros de esa nueva sociedad mesoamericana.

Dos sitios más, igualmente en El Petén, presentan inscripciones del "baktún 8": Balakbal, a unos sesenta kilómetros al norte de Uaxactún, y Uolantún, inmediatamente al sur de Tikal. Esas inscripciones se remontan respectivamente a los años 401 y 406 de nuestra era.

En el mapa y en el tiempo, a la manera de las ondas concéntricas que provoca un choque en la superficie de un lago, se puede

[2] *Grandeza y decadencia*, p. 73.

29

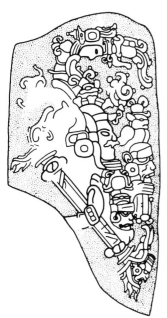

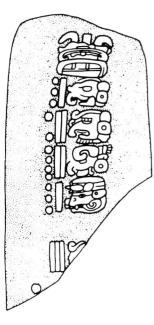

Tikal: estela 29 con la inscripción: 8.12.14.8.15 (detalle)

seguir la extensión progresiva de la civilización maya clásica tomando las fechas inscritas en las estelas. La costumbre que consiste en erigir estelas fechadas se propagó a partir del centro, de El Petén, en todas las direcciones. Con frecuencia, las fechas escogidas para la dedicación de aquellos monumentos eran los fines de katún o períodos de 19 años, 71 días (7 200 días), de suerte que se presentan en forma de dos cifras seguidas de tres ceros, por ejemplo: 9.1.0.0.0. (455 de nuestra era); en otras palabras, transcurrieron nueve veces 144 000 días, más 7 200 días, sin más años, meses o días, después de la fecha de partida. Pero se puede comprobar que las ciudades mayas rápidamente se acostumbraron a erigir estelas fechadas para señalar el fin de cada medio katún, o incluso, en ocasiones, el fin de un hotún o alrededor de cinco años. Así se han podido recabar fechas como 9.1.10.0.0., "fin de la primera mitad del 2º katún" (465), o 9.3.15.0.0., "fin del tercer cuarto del 4º katún" (509).

El desarrollo de la civilización clásica, fijada en el terreno por las estelas, llega a Copán, en el extremo sudoriental del territorio maya, desde la segunda mitad del siglo v (465), y antes de fines de ese siglo a Oxkintok, Yucatán, a Altar de Sacrificios, en el sur de la cuenca del Usumacinta, y a Toniná, en la meseta de Chiapas. A principios del siglo vi le toca a Xultún y a Naachtún, en la región central; a Piedras Negras, Yaxchilán y Palenque, en el valle del Usumacinta; y a Calakmul, en la base de Yucatán. Por lo demás, aun cuando en ella son raras las inscripciones, la península entra desde esa época en el ciclo de la arquitectura monumental, en Yaxuná, Acanceh y Cobá al norte; en Xtampak (Santa Rosa) y en Becán, al sur.

Entre 534 y 593 se hace sentir cierta disminución de las actividades de construcción. Ese "hiato" marca el límite entre el período Clásico temprano y el Clásico tardío. Pero, a partir de la fecha maya de 9.8.0.0.0 (593), la expansión vuelve al centro, en Yahá, El Encanto, Los Naranjos, Pusilhá; en Tzibanché, Yucatán, y Chinkultic, en la meseta de Chiapas. El siglo vii de nuestra era ve llegar la "oleada maya" a Edzná, en la costa occidental de Yucatán, y a la isla de Jaina. Numerosos sitios señalan puntos tanto al oeste y al sur de la península: Río Bec, Xpuhil, Hochob, como en el valle del Usumacinta y de sus afluentes (tzendales).

Tal vez sea el siglo viii el que corresponda al apogeo de la civilización maya. La escultura de Palenque y de Piedras Negras alcanza una cima que permanecerá sin paralelo en las artes plásticas de la América indígena. La estatuaria de Copán, las estelas de Quiriguá, los tableros en bajorrelieve de Yaxchilán y los frescos de Bonampak son testimonio de la extraordinaria maestría a la que llegaron los escultores y pintores mayas. También es la época en que las ciudades yucatecas, Labná, Sayil, Uxmal, dominan el paisaje de la península con sus grandiosos monumentos cubiertos de encaje de piedra. Dos nuevos centros importantes, Nakum y Seibal, erigen monumentos, el primero no lejos de Tikal, el segundo sobre un afluente del Usumacinta, el río de la Pasión.

A fines del katún 18 del baktún 9, en 790, diecinueve ciudades mayas, doce de ellas en El Petén, erigieron estelas conmemorativas en que estaba grabada esta fecha: 9.18.0.0.0. Veinte años después, sólo doce sitios, la mitad de los cuales en la región central, dedicaron estelas a la terminación del katún 19. En 10.1.0.0.0 (849), cinco centros; en 869, tres, entre ellos Tikal; en 889, es decir 10.3.0.0.0, tres, uno de los cuales era Uaxactún, levantaron monumentos fechados. El fin del katún 4, 10.4.0.0.0 (909) se conmemora con una inscripción labrada en Toniná y con un pectoral de jade grabado en Tzibanché. Es la última fecha de Cuenta Larga testimoniada efectivamente. De la inscripción de Tikal a la de Toniná, de la placa de Leyden al pectoral de Tzibanché han transcurrido poco más de seis siglos: esa fue la duración de la civilización maya clásica.

Volvamos a sus principios, tal como se nos presenta a fines del siglo III y en el siglo IV. Aún está lejos de alcanzar la perfección plástica que revelará su edad de oro. La representación de los personajes humanos en los bajorrelieves es rígida, estereotipada y desprovista de naturalidad. La influencia de las culturas decadentes de la región meridional —Izapa, Kaminaljuyú— todavía es visible en Tikal y en Uaxactún. Aún está en gestación un estilo propio y originalmente maya. Pero las dimensiones ya considerables de los monumentos hacen concluir que la población era lo bastante numerosa y sólidamente encuadrada por una jerarquía para ejecutar trabajos de tal magnitud.

Aquella sociedad se apoyaba sin duda en una base económica muy reducida. En materia de recursos naturales, El Petén sólo disponía de una piedra calcárea de buena calidad, propia para la albañilería, la escultura y la producción de cal. También se encontraban allí grandes cantidades de sílex, indispensable para la fabricación de instrumentos de tipo neolítico. Pero había que importar la obsidiana, otra materia prima para las herramientas, un vidrio volcánico que provenía de las Tierras Altas de Guatemala, o incluso del Altiplano Central mexicano: la obsidiana verde, particularmente apreciada, era uno de los artículos comerciales de Teotihuacan; se le extraía de yacimientos situados en la región de Pachuca. Los metates, piedras para moler el maíz, utensilios presentes en toda cocina, se tallaban en bloques de piedra volcánica que provenían de las montañas mayas de Belice. El jade, altamente apreciado, se importaba del valle del Motagua y de la cuenca superior del Chixoy, donde los olmecas ya habían explotado vetas de aquella preciosa piedra verde.

El Petén carecía totalmente de sal, que se debía traer de la costa del mar Caribe, junto con perlas, conchas, y carapachos de tortuga. Las ofrendas fúnebres de las ciudades de la región central contienen numerosos objetos provenientes del mar.

Tal como la hemos descrito con anterioridad, la agricultura maya antigua garantizaba a una población numerosa los recursos alimenticios que le eran necesarios. También la selva tropical suministraba en abundancia materiales de construcción, madera, lianas, follaje para las habitaciones ordinarias, corteza que se batía para hacer de ella una especie de papel (huun), colorantes, fibras con que se confeccionaban cuerdas.

Además de los cultivos de subsistencia, los mayas conocían el tabaco —fueron los inventores, o se cuentan entre los inventores, del cigarro puro— y el algodón, cuyas fibras se hilaban y tejían. Las pieles de pecaríes o de jaguares se utilizaban para confeccionar ropa y calzado. Atención especial merecen las plumas: como todos los indios mesoamericanos, los mayas se entusiasmaban por las plumas multicolores de las aves tropicales. En su´ habitat normal encontraban fácilmente plumas de loro, de guacamayo y de otras aves de la selva, pero las del quetzal, las largas plumas flexibles, verdes y doradas que apreciaban por encima de todas las cosas, se debían importar de las Tierras Altas de Guatemala.

Otra mercancía muy apreciada que los indios de El Petén también debían importar era el cacao. En cuanto a la bebida "de lujo" que con él se preparaba, sólo la consumían las capas superiores de la sociedad indígena; las semillas servían de moneda. Ahora bien, el cacao no se cultivaba sino en zonas alejadas del centro, en Guatemala, en Honduras o en la costa oriental de Yucatán. Era aquel un elemento importante del comercio entre la región central del territorio maya y la periferia.

La situación central de Tikal-Uaxactún sugiere que las primeras ciudades clásicas se encontraron en el corazón de una red de relaciones comerciales, en unión con la costa oriental del continente y con las Tierras Altas de Guatemala y de México. Importaron materias primas (obsidiana, piedra volcánica, jade, productos del mar), objetos o mercancías de lujo como las plumas de quetzal y el cacao y, desde luego, la sal. Exportaron su cerámica policroma y sin duda ricas telas de algodón, tal vez herramientas de sílex o de obsidiana reexportada.

Por lo demás, la economía y el comercio no son sino un aspecto de una realidad más compleja. Los primeros mayas clásicos no sólo exportaban cerámica o telas de algodón: también exportaban prestigio. Aquellos nuevos centros monumentales, con sus pirámides y sus santuarios, sus inscripciones jeroglíficas, su elaborado ceremonial, debieron de fascinar a los pueblos vecinos como lo había hecho el florecimiento olmeca un milenio y medio antes. A través de las selvas y los ríos se propagaba la imagen de esos monumentos, de esas estelas, de esos sacerdotes coronados con plumas, de aquellos extraños signos que permitían dominar el misterioso curso del tiempo. Se operó una especie de cristalización y sus efectos tendieron a crear como un campo de fuerzas. De Yucatán a las Tierras Altas se dejó sentir una fuerte atracción que desvió hacia El Petén, hacia Tikal, las miradas, las expectativas, tal vez las esperanzas de los hombres dispersos en los poblados. Así empieza, semejante a una aurora, el período Clásico temprano de la civilización maya.

II. Las ciudades clásicas:
de Tikal a Copán

TAL como empieza a manifestarse en El Petén, y sobre todo en Tikal y en Uaxactún, la arquitectura maya clásica es tan original y característica, tan reconocible a primera vista como pueden serlo la arquitectura gótica de nuestros países o la arquitectura griega de la época de Pericles. Incluso se distingue muy claramente de aquellas de las civilizaciones autóctonas vecinas y contemporáneas, así se trate de Teotihuacan o de Monte Albán.

Desde luego, evolucionó con el transcurso de los siglos, pero sus rasgos fundamentales se establecieron muy pronto, desde el período Formativo y, en cualquier caso, desde el principio de la época clásica.

LA ARQUITECTURA MAYA CLÁSICA

Uno de esos rasgos es la utilización de la bóveda de piedras saledizas. Esa bóveda se construye superponiendo, a uno y otro lado, del paso o de la pieza por cubrir, piedras talladas, de tal manera que cada capa desborde ligeramente hacia el interior comparada con la capa inmediatamente inferior. Los dos pilares o muros se acercan hasta unirse, formando una bóveda cuyas paredes pueden ser cóncavas o convexas, rectilíneas o curvas, mientras el aspecto general puede ser triangular, redondeado o incluso trilobulado, como ocurre con frecuencia en Palenque. Vista desde el interior, la bóveda de piedras saledizas evoca la choza maya tradicional, construida de materiales ligeros, cuya forma no ha variado desde hace dos mil años. Esa casa campesina autóctona se representa en bajorrelieves como motivo decorativo, por

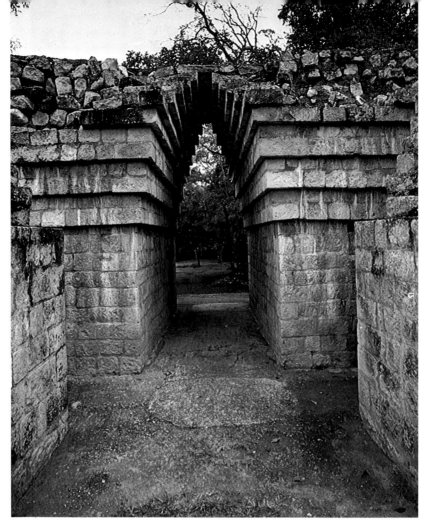

ejemplo, en Labná y en Uxmal. Las bóvedas más antiguas, de pequeñas dimensiones, fueron utilizadas para cubrir sepulturas, pero los edificios de Uaxactún y de Tikal las tienen desde el principio.

En contraste con el sistema arquitectónico más difundido en Mesoamérica, a saber la construcción de techos planos de ladrillos, piedras y cemento sostenido mediante vigas, la "bóveda maya" es sólida y durable. En casi todas partes resistió a los siglos, a las lluvias torrenciales y al empuje de los árboles. En cambio, su construcción exige muros gruesos y limita excesivamente la amplitud de las piezas cubiertas de ese modo. Son extremadamente estrechos no sólo los corredores sino también los santuarios o las salas de los palacios. El espacio máximo cubierto por una bóveda de ese tipo se encuentra en Yucatán ("El Mercado" de Chichén Itzá) y mide 4.52 metros. Pero casi en cualquiera otra parte, las dimensiones laterales de las cámaras de los edificios clásicos son mucho más reducidas.

Algunas bóvedas se reforzaban mediante vigas metidas en una y otra pared. En Palenque, las bóvedas del acueducto y de la cripta del Templo de las Inscripciones están sostenidas mediante vigas de piedra.

Con sus ventajas y sus inconvenientes, la bóveda maya se difundió poco a poco como las estelas fechadas, a partir de El

Petén, en todas direcciones. Su existencia se comprueba en Balakbal en el año de 408, en Oxkintok en el siglo V, en Tulum en el siglo VI.

Todas las ciudades del valle del Usumacinta construyeron edificios abovedados, en Bonampak, Yaxchilán, Palenque, etcétera. En el extremo sudoriental del territorio maya, en Copán; en el extremo noroccidental, en Comalcalco, se vuelve a encontrar la bóveda característica: en esta última ciudad, las bóvedas están hechas de ladrillos, único material de construcción disponible en esa zona costera de Tabasco.

Todos los grandes sitios de Yucatán, de Edzná a Cobá, de Uxmal a Río Bec, poseen edificios con bóvedas. En cambio, en el sur, ni siquiera un sitio tan importante como Kaminaljuyú presenta ningún ejemplo.

Inventada en la época preclásica y generalizada por todo el territorio maya en la época clásica, la bóveda de piedras saledizas permaneció como elemento esencial de la arquitectura monumental incluso durante el período Posclásico. En Chichén Itzá, después del año 1000, cuando domina la influencia tolteca originaria del Altiplano Central mexicano, las bóvedas mayas coexisten o se combinan con columnatas: amplias salas se cubren mediante cuatro o cinco largas bóvedas paralelas, sostenidas con pilares de estilo tolteca.

Sin embargo, no debe creerse que para cubrir edificios sólo se utilizó la bóveda maya. En Uaxactún y en Piedras Negras se construyeron techos planos. La arquitectura *puuc* de Yucatán (véase el capítulo IV) con frecuencia edificó palacios, como el de Sayil, con grandes salas cuyo techo de terraza se sostenía mediante columnas.

Otro rasgo general de la arquitectura maya clásica: la crestería que corona el techo de los templos y que, esculpida y calada, se lanza hacia el cielo acentuando la orientación vertical de las pirámides.

Todos los edificios de cierta importancia estaban puestos en lo alto de un basamento, plataforma de algunos metros de altura o pirámide que se elevaba e incluso rebasaba los 60 o 70 metros, sobre todo en Tikal. El templo clásico eleva, en la cima de su pirámide, el santuario propiamente dicho, compuesto de una o, más frecuentemente, de dos piezas abovedadas, y prolongado mediante su crestería. En contraste, los "palacios" se despliegan horizontalmente, a menudo en un solo nivel, de vez en cuando en dos o tres niveles, como largas piezas angostas y abovedadas, que sólo recibían aire y luz por las puertas o, en ocasiones, por exiguas aberturas. Algunos palacios presentan hasta tres o cuatro filas paralelas de habitaciones, algunas de las cuales no reciben sino indirectamente la luz del día. Plataformas o basamentos de mampostería y de estuco debían servir de asientos o de camas luego de ser recubiertos con esterillas o telas. ¿Se prestaban aquellos locales oscuros, pero frescos, a una habitación permanente? Cada época, cada pueblo tiene su propia idea de la comodidad. Es probable que los sacerdotes y los dirigentes mayas se contentaran con poco o con lo que a nosotros nos parecería poco.

Asientos ligeros, baúles de madera o de cestería y tapicerías debían bastarles, en tanto que la cocina era necesario hacerse, como frecuentemente ocurre aún en la actualidad en esas regiones, fuera del edificio principal, en un patio, bajo un techo de hojas.

La mayoría de las veces, los palacios se agrupaban en complejos cuya forma general era la de un cuadrilátero, alrededor de patios comunicados mediante corredores. No podemos sino adivinar sus funciones: lugares de reunión de la clase dirigente, sedes del poder, residencias de los sacerdotes y los novicios o incluso mercados, todo lo cual correspondía al triple aspecto del centro urbano maya: la religión, el mando, el comercio.

Pero la ciudad maya no sólo se compone de templos y de palacios. La caracterizan tres categorías de edificios especializados: el juego de pelota, que se practicaba en Mesoamérica desde la más remota antigüedad y exigía la construcción de una "cancha" encerrada entre dos muros paralelos, con "marcadores"; el baño de vapor (el temazcal mexicano); los observatorios, cuya construcción muestra hasta qué punto los mayas estaban atentos a los fenómenos celestes y preocupados por medirlos.

LAS CIUDADES MAYAS

¿En qué medida se puede hablar de una "ciudadela" o de una "ciudad" maya? Con sus plataformas, sus pirámides, sus templos y sus palacios agrupados irregularmente según los accidentes del terreno, el centro maya no respondía a nuestra idea de aglomeración urbana y presentaba un aspecto muy distinto del de ciudades mexicanas autóctonas como Teotihuacan o Tenochtitlan. El centro maya se acerca más al centro olmeca como La Venta. Sin embargo, la teoría según la cual cada ciudad maya no constituiría más que un centro ceremonial donde la población, dispersa en épocas normales dentro de vastos espacios, sólo se reuniría con ocasión de fiestas rituales, no parece corresponder a la realidad. Alrededor de edificios de mampostería, toda una población debía de habitar en chozas, que formaban "barrios" y desaparecían progresivamente en el campo, en torno a los sembrados y a lo largo de los senderos de la selva. Sin duda era necesario que, cerca de los templos y los palacios, hubiera guerreros, servidores, artesanos, escultores, grabadores, pintores, albañiles, mujeres para moler el maíz, preparar las comidas, tejer los mantos y las tapicerías. Sea como cisternas para el agua potable, sea como graneros para conservar maíz, tubérculos o el fruto del ramón (el árbol del pan), se utilizaban los chultunes o depósitos subterráneos cavados en la roca. Calzadas pavimentadas, o *sacbeob*, unían en Tikal los principales grupos de monumentos, y en otras regiones atravesaban la maleza y los pantanos de una ciudad a otra, por ejemplo, de Cobá a Yaxuná, Yucatán, a lo largo de 100 kilómetros. Todo lo cual supone un nivel de actividad, una intensidad de trabajo incompatibles con la imagen de una población las más de las veces dispersa que no se reunía sino a intervalos más o menos largos.

Sin duda la ciudad maya clásica no tenía ni el ordenamiento geométrico de la ciudad mexicana antigua ni su densidad demográfica.

El tejido urbano era más laxo y más irregular, lo que no excluía, como se ve claramente en Tikal, una sutil utilización de los accidentes del terreno (barrancas, aguadas) para poner de relieve los monumentos.

La naturaleza exuberante de El Petén permitía conservar y mantener, en plena ciudad, parques, porciones de selva tropical ricas en orquídeas y en aves multicolores.

En fin, basta contemplar un mapa arqueológico de El Petén para observar que los sitios arqueológicos clásicos no están lejos unos de otros sino que constituían, en la época de su florecimiento, una especie de constelación, cuya estrella más brillante seguramente era Tikal, aunque esa estrella no estaba sola: Uaxactún, Xultún, La Honradez, Nakum, Naranjo, Naachtún, El Palmar, Balakbal, Xmakabatún, Chochkitam, Tzimin Kax, Holmul, Chunhuitz, Ucanal, Ixkún, Kaxuinic, Benque Viejo, Uolantún, El Encanto, etc., gravitan en torno a Tikal en una zona que se extiende, de norte a sur, cuando menos 200 kilómetros y a lo largo de unos 100 kilómetros de este a oeste. A ello conviene agregar que la región está literalmente salpicada de vestigios de ocupación humana, es decir que los caminos que unían entre sí a los centros urbanos estaban bordeados de trecho en trecho por aldeas o pequeños grupos de chozas.

Tikal: edificio norte

Tikal. A la izquierda:
estela 10. A la derecha:
estela 16

Tikal: altar 5

En la medida en que podemos reconstituirla mediante el estudio de las inscripciones y de los vestigios arqueológicos, la historia de Tikal revela que en los siglos IV y V se ejerció una marcada influencia teotihuacana en la capital de El Petén y que existieron estrechos lazos entre esta última y la metrópoli religiosa de las Tierras Altas.

Parece probable que, cuando menos en un principio, esa influencia y esas relaciones hayan tenido como intermediario a la Guatemala meridional: Kaminaljuyú se había constituido en verdadero satélite de Teotihuacan, y la región de Escuintla abunda en vasijas, figurillas, objetos de toda especie en el estilo más puro de la ciudad mexicana.

Desde el Preclásico tardío, a partir del año 50 antes de nuestra era, las sepulturas de la Acrópolis del Norte de Tikal son ricas en ofrendas y están decoradas con pinturas murales del estilo de Kaminaljuyú. La *élite* de aquella época venía del sur o tomaba de allí sus gustos artísticos.

La obsidiana verde exportada de Teotihuacan hace su aparición en Tikal, junto con las hermosas vasijas de cerámica revestidas de estuco y pintadas al fresco o decoradas con tableros incisos: la tumba 22 y la tumba 10, donde fueron enterrados dos soberanos en 378 y 425 respectivamente, contenían numerosos objetos de estilo teotihuacano.

Característica de toda el área de influencia teotihuacana es la representación de Tláloc, dios de la lluvia, con su máscara de grandes ojos redondos ("anteojeras") y su boca de caninos curvos. Ese rostro tan fácilmente reconocible figura en varias estelas (núms. 18, 31, 32) y en vasijas de barro pintadas. Por lo demás, en la misma época Teotihuacan importaba cerámica policroma maya del tipo "Tzakol" fabricada en Tikal y en Uaxactún.

En diversas inscripciones se encuentran glifos que podrían designar a los soberanos sucesivos, con las fechas de su advenimiento y de su muerte. Tres de ellos: "Garra de Jaguar", "Hocico Curvo" y "Cielo Tempestuoso" se han vinculado particularmente a la expansión de Teotihuacan, que alcanza su clímax entre mediados del siglo IV y mediados del V. "Hocico Curvo" está representado en la estela 4 con atributos mexicanos, uno de ellos un emblema de Tláloc; al mismo tiempo, en la parte superior de la estela aparece un dios de nariz larga que, en lo sucesivo, figurará el "cetro maniquí" de que están provistos los dignatarios o sacerdotes mayas más importantes. Junto con "Cielo Tempestuoso", los bajorrelieves de la estela 31 muestran dos personajes —¿embajadores?, ¿guardias?— vestidos y armados a la manera de Teotihuacan, con el lanzadardos *(átlatl)*, que es el arma característica del centro de México, un casco con mentonera, y un escudo rectangular sobre el cual está grabada la máscara de Tláloc.

Es posible que un glifo compuesto del signo *cáuac,* "lluvia", y del *átlatl* sea el ideograma que designa a la gente de Teotihuacan, que adoraba a Tláloc y estaba armada de lanzadardos.

El hombre enterrado con ricas ofrendas fúnebres en la tumba 10 de Tikal probablemente sea "Hocico Curvo". Además de su es-

queleto y los de nueve víctimas —en Kaminaljuyú se tenía la costumbre de inmolar a esas víctimas—, en la sepultura se han encontrado numerosas vasijas decoradas al estilo teotihuacano.

Otros objetos más hacen resaltar la importancia de las relaciones de Tikal con Teotihuacan: la estela 32, que en realidad es una estatua de Tláloc; una vasija negra con decorado inciso que representa seis personajes vestidos a la usanza mexicana, en procesión hacia un templo cuyos rasgos arquitectónicos son los de edificios de Teotihuacan. En cambio, un séptimo personaje es típicamente maya, mientras que los seis restantes están provistos de *átlatl* y máscaras de grandes ojos redondos que evocan a Tláloc.

Pero a partir del siglo V, los rastros de influencia teotihuacana se atenúan y desaparecen. Se diría que, tras absorber todos los ricos elementos culturales aportados por la gran metrópoli mexicana, Tikal los ha asimilado y se adentra en lo sucesivo por la vía de la elaboración de su cultura original.

El período de florecimiento más brillante de Tikal corresponde a los siglos VII y VIII.

En esa época aparece una nueva forma de conjunto arquitectónico: el complejo de "pirámides gemelas", especie de santuario al aire libre y de grandes dimensiones, destinado probablemente a hacer el culto más accesible, más "popular".[1]

A principios del siglo VIII se erigen los gigantescos templos I y II que dominan la gran plaza central de la ciudad al este y al oeste.

En comparación con Tikal, Uaxactún no es sino un centro secundario, pero su antigüedad y los trabajos arqueológicos realizados allí, sobre todo por Sylvanus Morley, le confieren un lugar de honor en el estudio de la civilización clásica.

Antes de descubrirse en 1929 la estela 29 de Tikal, la más antigua de las fechas mayas conocidas era la de la placa de Leyden (320), pero la inscripción más antigua en un monumento se encontraba en Uaxactún, donde la estela 9 lleva la fecha 8.14.10.13.15, 9 de abril del año 328. Otros diez monumentos del mismo sitio datan del último cuarto del baktún 8 (337-435). Por tanto, Uaxactún participó desde el siglo IV en el auge del clasicismo maya naciente. Mas, por otra parte, el sitio estuvo ocupado desde mucho tiempo antes. La cerámica arcaica "Mamom" se presenta allí desde el siglo VII antes de nuestra era y la cerámica preclásica "Chicanel" a principios de la era cristiana. El monumento "E-VII-Sub", mencionado con anterioridad (p. 31), es una pirámide protoclásica recubierta por un edificio más reciente, y su estilo, que presenta vagas afinidades olmecas (mascarones de estuco a lo largo de las escalinatas), todavía no es típicamente maya. Su plataforma terminal servía de base a una construcción ligera sostenida por cuatro pilares de madera, lo que se orientaría a probar que la bóveda de piedras saledizas aún no se conocía en Uaxactún a principios de la era cristiana.

A partir del siglo IV, se encuentran en Uaxactún la Cuenta Larga, la bóveda maya y la cerámica policroma "Tzakol". Una de las raras pinturas murales que se conservaron en territorio maya

Página anterior:
Tikal: detalle de la
estela 4

[1] Paul Gendrop, *Les Mayas,* p. 69.

*Tikal: gran incensario
de cerámica policroma*

es la del templo B-XIII: representa personajes con ropa y peinados sumamente elaborados, sea sentados en un edificio de techo plano, sea de pie, en fila, al parecer tomando parte en un rito. Algunos de ellos tocan el tambor o sonajas.

Tikal: vasija policroma con decorado geométrico

El arte de la composición, la elegancia de las actitudes, la fineza y la seguridad del rasgo son tanto más notables cuanto que ese fresco data del Clásico temprano. Explicaciones con caracteres jeroglíficos se insertan en diversos lugares entre los personajes, y arriba de la escena están inscritos 72 signos del calendario, que van de 12 Imix a 5 Eb.

Se trata de la pintura mural más antigua conocida hasta ahora en todo el territorio maya, y basta una ojeada para asegurarnos de que estamos en presencia de una obra maya auténtica: vistos todos de perfil, los personajes se conforman al tipo físico ideal de la época clásica, con sus ojos almendrados, su nariz prominente, su frente inclinada, rasgo este oculto con frecuencia por un exuberante tocado, un voluminoso penacho adornado con plumas y en ocasiones, curiosamente, con una especie de visera.

Fue en Uaxactún donde por primera vez se descubrió un observatorio astronómico; en la actualidad se conocen unos quince. El monumento estaba destinado a fijar la posición del sol en los equinoccios y los solsticios. Desde lo alto de la pirámide E-VII, construida al oeste de una plaza, tres líneas de observación llegan

respectivamente al extremo noreste del templo E-I, al eje medio del templo E-II situado directamente al este, y al extremo sudeste del templo E-III. La línea de observación intermedia, marcada por dos estelas y por la puerta central del templo E-II, corresponde a la salida del sol el 21 de septiembre y el 21 de marzo, es decir, en el equinoccio de otoño y el equinoccio de primavera. La línea de observación orientada hacia el nordeste permitía observar la salida del sol el 21 de junio, solsticio de verano, mientras que la línea de observación orientada hacia el sudeste coincidía con la salida del sol el 21 de diciembre, solsticio de invierno. Aquel conjunto de edificios permitía entonces determinar el día más largo y el día más corto tanto como las dos posiciones intermedias del sol. La clase sacerdotal derivaba sin duda una parte de su prestigio y de su poder del hecho de que, gracias a un calendario basado en la observación y el cálculo, podía fijar las fases del trabajo agrícola y los ritos que las acompañaban, condición indispensable para las buenas cosechas, y por tanto para la vida misma del pueblo.

Por lo anterior se aprecia que un mismo centro "secundario" podía haber desplegado una actividad intelectual y artística nada despreciable. Otros sitios de la región central, por ejemplo Holmul

Zona central de Tikal (maqueta)

Página anterior: vasija policroma. Tumba del templo I de Tikal

49

o Uolantún, siguieron siendo más "provincianos", pero tal vez se trate también de centros donde no se han llevado a cabo excavaciones profundas.

En diversas localidades, todas comprendidas dentro de un radio del orden de los 100 a 110 kilómetros de Uaxactún, se han descubierto monumentos o grupos de monumentos destinados a servir de observatorios como en aquel sitio; así ocurre por ejemplo en Oxpemul, El Paraíso, Naachtún y Balakbal. Otro tanto sucede en Calakmul, Uxul, Nakum, El Palmar, Benque Viejo, Ixkún y Hatzcap Ceel.[2]

DIVERSIDAD Y UNIDAD

Sea como fuere, si ahora se considera no sólo El Petén sino el conjunto del territorio maya en la época clásica, no es posible dejar de sentirse impresionado por la diversidad tanto de los sitios por lo que toca a sus dimensiones como por las características de su arquitectura y de su arte. En la cuenca del Usumacinta son: Palenque, centro de un arte delicado y sutil, capital del bajorrelieve y del estuco; Yaxchilán, con dinteles de piedra esculpida de majestuosidad incomparable; Bonampak, con sus extraordinarias pinturas murales, verdadera enciclopedia ilustrada de la vida maya en la época clásica; Piedras Negras, ciudad de admirables estelas que refieren la historia dinástica de la ciudad; más al sur, Seibal, con sus estelas que reflejan influencias desconocidas. Si nos volvemos hacia el este, encontramos en Altún Ha la pieza de jade esculpida más sorprendente; en San José, Belice, un centro de medianas dimensiones pero al que activas relaciones comerciales unían con Honduras y con el golfo de México; en Pusilhá, numerosas estelas pero nada de monumentos de mampostería; en Lubaantún, por el contrario, hay bellas pirámides pero nada de estelas.

En el extremo sudoriental del territorio maya, Copán, con su majestuosa arquitectura y sus estatuas de traquita verduzca, sus monolitos, su acrópolis y su escalinata monumental con inscripciones jeroglíficas, constituye una de las cumbres de la civilización maya. No lejos de allí, Quiriguá, centro secundario, despierta la admiración por las dimensiones excepcionales y la gracia deslumbrante de sus estelas, por la perfección de sus altares en forma de monstruos mitológicos.

Al norte del territorio maya, cada una de las principales divisiones geográficas se distingue por su estilo particular: los inmensos palacios de rico decorado geométrico *puuc* en Uxmal, Labná y Sayil; el barroco del estilo *chenes* en Hochob y Xtampak; las torres y los templos simulados de Xpuhil y de Río Bec.

No cabe duda alguna de que durante seis siglos haya habido una civilización común a todo ese conjunto, concepciones religiosas, políticas y estéticas análogas, una lengua o una familia de lenguas inteligibles de uno a otro extremo de ese territorio, con una escritura y un sistema aritmético y cronológico conocido y

[2] Karl Ruppert, "A Special Assemblage of Maya Structures", en *The Maya and Their Neighbors,* pp. 222-230.

aceptado en general. Al mismo tiempo, se debe subrayar la originalidad de cada región, e incluso de cada centro. Si algunas ciudades como Tikal, Palenque, Piedras Negras, Copán, Uxmal, dominan el conjunto por sus dimensiones y por la exquisita perfección de sus artes, no existe, por decirlo así, un solo centro de vida maya que no haya brillado también con luz propia. Así, fuerte por su unidad, la civilización maya clásica desconoce la uniformidad. Lo que constituye su riqueza es la originalidad de cada uno de sus componentes.

La visión que en la actualidad ofrecen las ciudades en ruinas es profundamente emotiva. Podemos imaginar lo que era cuando, destacándose sobre el fondo de verdor que las rodeaba, las pirámides agudas de Tikal, el palacio de torre cuadrada de Palenque, la acrópolis de Copán, brillando al sol con toda la luz del estuco y de la mampostería, aparecían a los indios —viajeros, comerciantes, peregrinos, campesinos— al final de una larga jornada por las selvas. No es sorprendente que esas majestuosas moradas de los dioses y de los hombres, ni que quienes residían en ellas, con sus magníficas vestimentas, sus joyas de jade, sus largos penachos de plumas preciosas, hayan estado rodeados de admiración y respeto. Las ciudades mayas no estaban fortificadas, y aunque algunas escenas, sobre todo las pinturas guerreras de Bonampak, sugieran que en el seno de aquel universo o al contacto con lo no maya podían producirse incursiones ocasionales o breves conflictos, es razonable admitir que la vida clásica haya sido más bien pacífica. En cualquier caso, estaba muy lejos del militarismo invasor que caracteriza al período Posclásico. Se puede concluir que la autoridad se basaba en el prestigio de los sacerdotes y de los jefes mucho más que en la fuerza y en las armas. Si se compara el espectáculo que ofrecía el territorio durante seis siglos —*grosso modo* entre los años 300 y 900— y el de nuestro mundo europeo en la misma época, se ve uno obligado a concluir que, en aquel momento de la historia, la civilización se desplegaba antes bien en tierra de América que en la nuestra.

TIKAL

Entre 292 y 869, Tikal domina la zona maya central: casi seiscientos años de una actividad de construcción monumental que llegó a su apogeo en los siglos VII y VIII.

El centro de la ciudad está constituido por un extraordinario conjunto que se extiende en 16 kilómetros cuadrados. Se cuentan allí más de tres mil edificios distintos: templos y pirámides, palacios, residencias pequeñas y medianas, juegos de pelota, temazcales o baños de vapor; en torno a aquellos monumentos, en las terrazas y las plazas, se yerguen más de doscientas estelas generalmente vinculadas a altares. Se cuentan por centenares las ofrendas de objetos preciosos —cerámicas, jades— enterradas en escondites. Los arqueólogos han encontrado allí más de cien mil objetos, vasijas, utensilios, joyas, y alrededor de un millón de piezas de alfarería. Las construcciones visibles, que en su mayoría datan del período Clásico tardío (550 a 900 d.c.), recubren

Tikal: templo I, llamado "Templo del Gran Jaguar"

edificios y plataformas de los cuales algunos proceden del Clásico temprano (siglos III-VI) y otros de un período "Formativo" Preclásico cuyos vestigios más antiguos se remontan al año 600 antes de nuestra era.

Todo en el centro de Tikal es gigantesco. La Plaza Mayor está encuadrada por el templo I o "Templo del Gran Jaguar" —llamado así a causa del motivo grabado sobre un dintel interior— y por el templo II, frente a él, llamado también "Templo de las Máscaras". El primer templo tiene una altura de 52 metros, el segundo de 47. Una particularidad de la arquitectura de Tikal es que las pirámides en cuya cima se elevan santuarios, coronados a su vez por la crestería, son extremadamente abruptas y agudas, con escalinatas de vértigo en su fachada anterior. Los santuarios propiamente dichos se componen de tres piezas angostas y abovedadas.

El lado norte de la plaza está limitado por una terraza de aproximadamente 70 metros de largo, detrás de la cual se escalonan los palacios de la Acrópolis del Norte. Setenta estelas y altares se yerguen sobre la plaza y la terraza.

El Templo del Gran Jaguar fue construido alrededor del año 700, época en que se puso la más reciente de las cuatro capas de estuco de la plaza (la más antigua data del siglo II a.C.). Al parecer, una tumba cavada bajo la pirámide fue saqueada hace siglos. Pero la tumba abovedada conocida como "tumba 116", a seis metros bajo el nivel de la plaza, guardaba un suntuoso conjunto de ofrendas fúnebres, entre las cuales treinta y siete huesos grabados con inscripciones jeroglíficas y la representación de deidades con cabezas de animales que viajan en piragua. En uno

Página anterior:
Tikal: templo II,
visto desde la
Plaza Mayor (estelas)

de esos huesos grabados figura un dibujo preciso y delicado, el de una mano de artista que sostiene un pincel. Como, por cierto, todos los santuarios de Tikal, ese templo tenía dinteles de madera esculpidos, que en su mayoría fueron destruidos por la intemperie o los insectos, o llevados por viajeros que los enviaron a ciertos museos. Así fue como el suizo Gustave Bernoulli sustrajo en 1877 dinteles de los templos I y IV que actualmente se encuentran en el Völkerkunde Museum de Basilea. Una viga labrada del templo II está ahora en el Museo de Historia Natural de Nueva York.

Algunas estelas son lisas, otras están esculpidas. Las inscripciones de Cuenta Larga se refieren a fechas que van de 9.2.0.0.0 (475) a 10.2.0.0.0 (869). Al pie de las estelas hay escondites que ocultan ofrendas, entre ellas esos extraños objetos llamados "sílex excéntricos", hojas de piedra talladas muy finamente a manera de representar perfiles humanos.

La Acrópolis del Norte está formada por una colosal superposición de monumentos construidos unos encima de otros con el transcurso del tiempo. Bajo las capas más recientes están enterrados más de cien edificios. Aquí, la actividad de los constructores empezó muy tempranamente, dos siglos antes de nuestra era. Cuatrocientos cincuenta años después, por razones que nos son desconocidas, los edificios existentes (entre los cuales un templo adornado con mascarones) fueron arrasados, y se construyó tanto una nueva plataforma como cuatro palacios abovedados.

La tumba 48 está fechada con el año de 457, mediante una serie de glifos pintados en el muro de la cámara funeraria.

De una manera general, las tumbas y los escondites de ofrendas —recordemos que en este caso se trata de una tradición cuyo origen parece situarse claramente entre los olmecas— contienen objetos que los mayas consideraban preciosos y que para nosotros resultan reveladores: magnífica cerámica policroma y un jaguar de jade (tumba 196), cuatro estatuillas de madera estucada y pintada de azul, con la representación de Chac, el dios de la lluvia (tumba 195), pendiente de jade (tumba 77) y cerámica decorada al estilo de Teotihuacan (tumba 10).

La Acrópolis Central cubre una hectárea y media de terreno; mide 215 metros de largo de este a oeste. Se compone de seis patios rodeados de palacios, comunicados mediante escalinatas y corredores; el conjunto fue construido entre mediados del siglo VI y fines del IX. Más amplia aún, la plaza se extiende en más de dos hectáreas; en 1964 se descubrieron allí, en un escondite bajo una escalinata, unos cráneos: uno de los raros indicios de sacrificios humanos provenientes de la época clásica.

Dos soberanos cuyos nombres se desconocen, pero de los que se sabe que reinaron en Tikal de 681 a 733, y de 734 a 768, desplegaron una actividad extraordinaria. Los templos I y II datan del reinado del primero, a quien se debe atribuir también el templo V, de 62 metros de altura, cercano a la Acrópolis del Sur. Bajo esos dos reinados se trazaron amplias calzadas, que comunican entre sí los nueve grupos de edificios que constituyen el centro de Tikal.

Es en esa época cuando se ve aparecer una nueva fórmula

arquitectónica: los llamados conjuntos "de pirámides gemelas" —de los que en Tikal existen siete—, que se pueden considerar como santuarios al aire libre, con estelas o altares que representan al soberano en el momento de celebrar un rito, donde aparece a la vez como dignatario, dominando cautivos, y como sacerdote que ofrece o distribuye granos de maíz. Y también es en la misma época, bajo el segundo soberano, cuando se erige en 741 el más formidable de los edificios mayas, el templo IV, con una altura de 72 metros, y cuando en 766 se emprende la obra del Templo de las Inscripciones, que no fue terminado.

El último gran monumento de Tikal, el templo III, de 55 metros de altura, fue inaugurado en el año de 810 (9.19.0.0.0) por un personaje, soberano o dignatario importante, al que un dintel esculpido representa con realismo, obeso, vestido con ropa de piel de jaguar y acompañado por dos guardias o servidores. La inscripción más reciente corresponde al año de 869 de nuestra era. Fue entonces a fines del siglo IX cuando Tikal, como las demás ciudades mayas clásicas, cesó de erigir monumentos fechados. Se extinguió la vida civilizada, pero, durante varios siglos más, grupos de indios debieron de visitar esporádicamente los monumentos desiertos, tal vez para celebrar allí ritos religiosos (como todavía lo hacen los lacandones, quienes van en "peregrinación" a Yaxchilán), o para buscar los objetos preciosos enterrados en los escondites o en las tumbas.

Construido en un terreno accidentado, alrededor de depósitos naturales que le suministran el agua, el centro de Tikal debía de presentar un aspecto a la vez grandioso e irregular, con amplias perspectivas que terminaban en monumentos de dimensiones colosales, y también con zonas arboladas y floridas. No se conformaba al modelo de ciudad en tablero como Teotihuacan, pero nadie puede negar que nos encontramos aquí en presencia de una verdadera ciudad, pues los edificios pequeños constituían sin lugar a dudas unidades de habitación. Más de cien casas fueron objeto de excavaciones: se trataba efectivamente de residencias. Algunas estaban techadas con bóvedas de piedras saledizas, otras debieron de estar cubiertas con techo de hierba o de hojas. Se observó en ellas la presencia de pequeños santuarios, de altares familiares. Todo ello lleva a admitir que había allí una población permanente del orden de los 50 000 habitantes.

Trabajos recientes han demostrado que, en su conjunto, la aglomeración cubría una superficie diez veces superior a la del centro. La densidad de población no era uniforme: centros secundarios, administrativos o ceremoniales, agrupaban habitaciones repartidas conforme a los accidentes del terreno. A medida que se estaba más lejos de los grandes conjuntos monumentales, las mallas de la red urbana se hacían más anchas y más laxas, pero la ciudad no se diluía sino poco a poco en la selva, a lo largo de los caminos que, por lo demás, pronto iban al encuentro de otras zonas habitadas.

Con el transcurso de los siglos de florecimiento, la escultura de Tikal siguió siendo mucho más convencional, mucho menos variada que la de otras ciudades mayas de El Petén, como Yaxhá o

Naranjo y, sobre todo, que la de ciudades del Usumacinta. El motivo más frecuente es la representación de un alto dignatario, vestido y adornado lujosamente, coronado con largas plumas de quetzal. La cabeza, las piernas y los pies son vistos de perfil, el tronco y los brazos de frente. Esa convención es muy frecuente en el arte maya: sin embargo, algunas ciudades supieron representar al hombre visto de frente. Así ocurre con ciertas estelas de Tikal, sobre todo en la estela 4, aunque ésta sea sumamente antigua (quizás de principios del siglo v).

COPÁN, QUIRIGUÁ, BELICE

En el límite sudoriental del mundo maya, Copán es sin duda la segunda ciudad clásica, después de Tikal, por el número y las dimensiones de sus monumentos. La belleza de sus esculturas, que no se limitan al bajorrelieve sino que incluyen algunas de las estatuas más admirables jamás hechas en América y, en otro terreno, el extraordinario desarrollo de la astronomía y del cálculo, clasifican a Copán, junto con Tikal y Palenque, entre las ciudades de primera importancia. Alejada de El Petén clásico, Copán se encontró en contacto con los no mayas de la América Central: como en su "colonia" Quiriguá, en ella se observan esculturas del estilo de Cozumalhuapa, enclave mexicano situado en la vertiente meridional de Guatemala; dos pequeños fragmentos de metal, que eran parte de una estatuilla de oro, y fueron descubiertos en un escondite bajo una estela, son testimonio de relaciones con los orfebres de Costa Rica hacia fines del siglo VIII.

Copán se compone de un monumental grupo central y de dieciséis grupos satélites, en el valle del río Copán, afluente del Motagua. El Grupo Central cubre alrededor de 40 hectáreas, 6 de las cuales para la Acrópolis, enorme complejo de pirámides, de terrazas y edificios. En ella se encuentran sobre todo el templo 26, construido en el año de 756; el templo 11, erigido el mismo año, y el templo 22, dedicado en 771 al planeta Venus. Al norte de la Acrópolis, un amplio patio rectangular, de unos 100 metros de largo y 40 de ancho, conduce a la sorprendente Escalinata de los Jeroglifos: sesenta y dos peldaños en los cuales están grabados más de dos mil signos hasta llegar al templo 26, cuyas ruinas escondían la espléndida estatua del joven dios del maíz. Al centro de esa monumental escalinata, cada doce peldaños, se eleva una gran estatua.

Más al norte, la Plaza Mayor —cuadrado de 80 metros por lado— está rodeada en tres de sus lados por filas de bancas de piedra, mientras a la mitad del cuarto de ellos se levanta una pirámide. Los ritos del culto de las estelas debían desarrollarse allí ante los ojos de los espectadores aglomerados en las gradas. La mayoría de las veinte estelas y de los catorce altares descubiertos en Copán se encontraban en esa plaza. Los dos patios que forman parte de la Acrópolis presentan, entre otros rasgos característicos, una especie de tribuna, estelas (sobre todo la estela P, erigida en el año de 623), hermosísimos altares esculpidos y, principalmente, la Escalinata de los Jaguares, bordeada de estatuas de felinos donde estaban incrustados discos de obsidiana que figuraban las manchas de su pelambre.

Entre los demás monumentos de Copán, se destaca el Juego de Pelota, de un tipo característico de la época clásica, con taludes laterales en plano inclinado (y no paredes verticales como ocurrirá más tarde en Yucatán), tres "marcadores" —piedras esculpidas en forma de cabeza de guacamayo— a lo largo de cada lado, y otros tres sobre la línea media. No parece que los jugadores hayan utilizado en aquella época los anillos laterales que forman parte de los juegos de pelota del período reciente.

Pero es la escultura —por lo demás, con frecuencia imbricada estrechamente con la arquitectura— la que provoca asombro y admiración. En lugar de la piedra calcárea empleada en El Petén, los escultores de Copán tuvieron a su disposición una bella piedra volcánica, una traquita, de un matiz verde claro. La usaron con una asombrosa maestría. Más altas y más angostas que las de Tikal, las estelas de sección cuadrangular generalmente representan por su cara anterior a un dignatario, soberano o sacerdote, que sostiene en sus brazos la "barra ceremonial" en forma de serpiente de dos cabezas, adornado con joyas, tocado con plumas y vestido con telas ricamente bordadas. La mayoría de las veces ese personaje se destaca en altorrelieve, acentuado al punto de apare-

Doble página siguiente:
Copán: el Juego de Pelota

57

Plano de la sección central de Copán

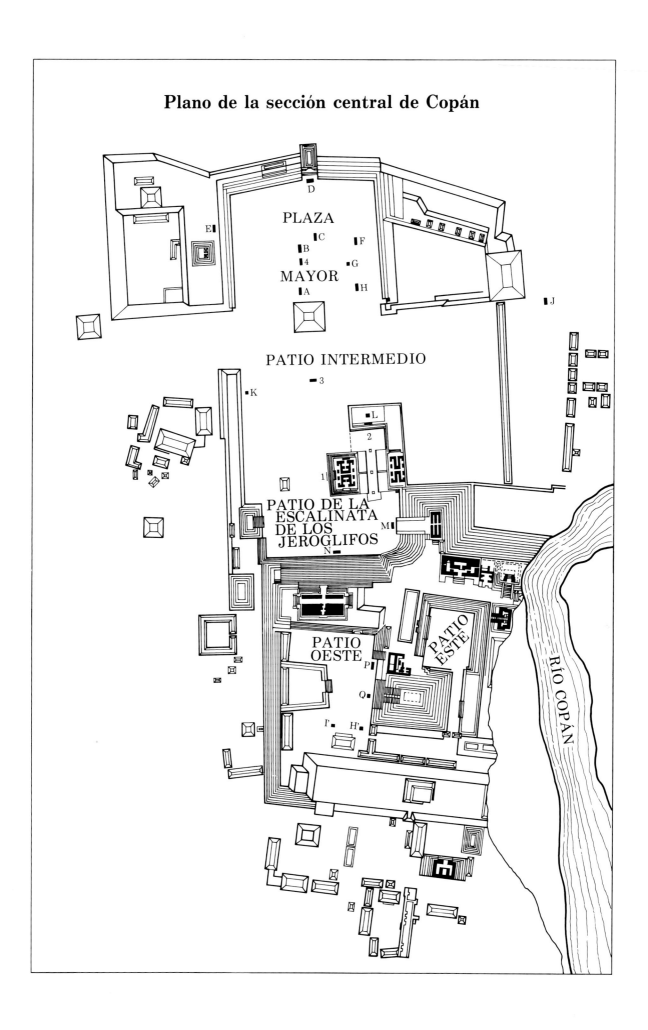

PLAZA

MAYOR

PATIO INTERMEDIO

PATIO DE LA
ESCALINATA
DE LOS
JEROGLIFOS

PATIO
OESTE

PATIO
ESTE

RÍO COPÁN

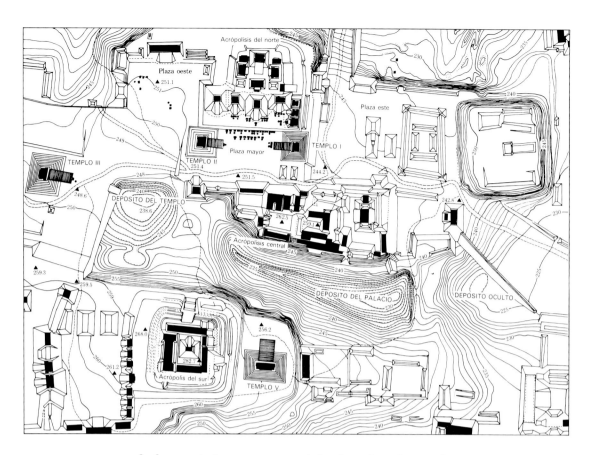

cer como una verdadera estatua monumental adosada a la estela. *Plano del centro de Tikal*
La cara posterior está cubierta de inscripciones jeroglíficas, con
fechas de Cuenta Larga, siendo Copán, junto con Palenque, una
de las raras ciudades donde existen inscripciones de "cuerpo entero" en que las cifras y los signos del calendario no se representan ni mediante glifos abstractos ni mediante rostros estilizados
sino con personajes en actitudes graciosas.[3] En cuanto a los altares, son monolitos esculpidos a modo de representar animales
fantásticos, serpientes, batracios, cocodrilos o incluso, como ocurre en el caso del altar D, dedicado en el año de 736, la máscara
esquelética de un dios de la muerte. Pero, como quiera que sea, lo
que más nos sorprende cuando contemplamos los vestigios de
Copán es la profusión barroca, el impulso lírico que anima a esa
escultura y da la impresión de agitarla como el viento agita las
hojas. También es la serenidad y la elegancia de algunos rostros,
que contrastan con los rasgos acusados y grotescos de otras estatuas. Todo en Copán es de alta calidad. La ciudad desempeñó un
papel de primera importancia en la vida intelectual del mundo
maya.

Las fechas inscritas en Copán sobre estelas y altares se escalonan entre los años de 455 y 805 de nuestra era. Es a fines del
siglo VII y principios del VIII cuando se afirma la hegemonía de
esta ciudad en el campo de la astronomía y de las matemáticas.
Algunas escenas esculpidas en altares se pueden considerar como
"congresos", reuniones de sacerdotes astrónomos llegados de di-

[3] En Copán, estela D: 9.15.5.0.0, 10 Ahau 8 Chen. En Palenque, tablilla: 9.10.11.17.0, 11
Ahau 8 Mac.

Copán:
estela H

Página siguiente:
Copán: el
"Portador de
Antorcha"

Copán: Escalinata de los Jeroglifos

versos puntos del territorio maya, incluso tal vez de Xochicalco, en el México meridional. En Copán, en Quiriguá, y también en Palenque y en Tikal, algunas inscripciones se sumergen, por decirlo así, en el pasado o en el porvenir por medio de cálculos vertiginosos que abarcan millones de años. Esos cálculos hacen uso de cuatro unidades de tiempo superiores a las cinco unidades (kin, uinal, tun, katún y baktún) de la Cuenta Larga.[4] ¿Hacia dónde se orientaban esas investigaciones matemático-

Página siguiente:
Copán: escultura
proveniente de
un monumento.
Museo de Copán

[4] Esas unidades son las siguientes:
1 pictún = 20 baktunes = 8 000 tunes o años de 360 días.
1 calabtún = 20 pictunes = 160 000 tunes.
1 kinchiltún = 20 calabtunes = 3 200 000 tunes.
1 alautún = 20 kinchiltunes = 64 000 000 de tunes.

Vista parcial del sitio de Copán

Página siguiente:
Copán: estela C, lado este

Copán:
puerta del templo 22

Copán, estelas

Copán:
altar, el dios de la muerte

cronológicas? A juzgar por los documentos de la época reciente, como los *Libros de Chilam Balam,* donde el pensamiento maya en decadencia no es sino un pálido reflejo de lo que había sido en su apogeo, los sacerdotes astrónomos al parecer se esforzaban por descubrir y por fijar ciertas fechas, correspondientes a configuraciones matemáticas determinadas, a fin de formular profecías.

A unos 40 kilómetros al norte de Copán, en territorio guatemalteco, el centro secundario de Quiriguá, que fue una "colonia", un satélite de Copán, levanta en la selva estelas erigidas a partir de 751. Menos elaboradas que las de la ciudad metrópoli, las estelas de Quiriguá miden más de 5 metros y algunas llegan a 10

o rebasan esa altura. Como en Copán, la cara anterior de cada estela representa a un personaje de alta jerarquía, y la cara posterior lleva glifos de Cuenta Larga, en ocasiones "de cuerpo entero". Más notables aún son los altares monolíticos zoomorfos, entre ellos la famosa "Tortuga de Quiriguá", que dan prueba de una imaginación fantástica y de un sentido plástico consumado.

En la parte inferior de la península yucateca, hacia su lado oriental, colindante con Guatemala y con México, el antiguo territorio británico de Belice[5] se relaciona estrechamente por su arquitectura y por su escultura con las ciudades de El Petén. Una ocupación humana muy antigua, mediante pequeñas ciudades de pescadores a lo largo de las costas y a orillas de los ríos, precedió el florecimiento de centros ceremoniales como Pusilhá (en donde las inscripciones se escalonan desde el siglo VI hasta el VIII), Barton Ramie, Lubaantún y Altún Ha. Fue en esta última ciudad donde el arqueólogo canadiense David Pendergast descubrió, en

Copán:
altar de la estela 2,
el Juego de Pelota

un escondite a media altura de la escalinata de una pirámide, un extraordinario bloque de jade con un peso cercano a los 4.5 kilogramos y esculpido para representar al dios del sol Kinich Ahau. Como en Copán, Altún Ha debía de tener relaciones —sin duda mediante la navegación a lo largo de la costa del Caribe— con la América Central: así lo indica el descubrimiento de un objeto de *tumbaga*, aleación de oro y cobre —una pieza de collar o pendiente en forma de garra de jaguar—, proveniente de Costa Rica o de Panamá.

[5] Honduras Británica se independizó en 1981.

Quiriguá:
estela

Quiriguá:
altar monolítico

III. Las ciudades clásicas de la cuenca del Usumacinta

El gran estilo de Palenque
Yaxchilán, ciudad religiosa y guerrera
Bonampak, enciclopedia ilustrada
de la vida maya
Piedras Negras
La influencia de los mayas putunes
Los Altos de Chiapas y la frontera
occidental del mundo maya

EL VALLE del Usumacinta, junto con los valles de sus afluentes: Jataté, Lacantún y Lacanhá, entre El Petén, la zona costera del Golfo y los Altos de Chiapas, forma un conjunto que en la época clásica conoció un auge artístico por todos conceptos comparable, e incluso en ciertos aspectos superior, al de las ciudades de la región de Tikal y Uaxactún, o de Copán. En el límite del mundo maya y del mundo mexicano, penetrado por los ríos que unen la costa —el antiguo país olmeca— y la Laguna de Términos con el corazón del continente, aquella parte del territorio maya dio forma durante la edad de oro a cierta variante de la civilización clásica; hacia el final, sufrió fuertes infiltraciones extranjeras que se reflejan sobre todo en Seibal.

Palenque, Piedras Negras y Yaxchilán se destacan, junto con Bonampak, entre los sitios que puntúan las riberas de los afluentes o que permanecen ocultos en la jungla. Numerosos son los centros secundarios como La Mar, El Cayo y Tzendales que, a pesar de sus modestas dimensiones, no dejan de seducir por la calidad exquisita de una estela o de un altar. Pero las tres grandes metrópolis político-religiosas mencionadas líneas arriba, a las cuales conviene agregar la "colonia" de Yaxchilán que fue Bonampak, reflejan más que cualquiera otra ciudad esa preciosa faceta de la civilización maya.

Página anterior:
bóveda maya.
Palenque, Templo de las
Inscripciones

73

Palenque, cuyas pirámides y cuyo palacio se levantan contra el trasfondo verde jade de la selva, como joyas en un joyero, tal vez seduzca más intensamente que las demás ciudades. Su situación, una especie de plataforma natural que domina la planicie costera, es espectacular; si bien los monumentos que forman su centro no igualan ni a Tikal ni a Copán por su altura o por su volumen, en cambio la sabia armonía que reina entre los santuarios y sus terrazas, entre el Palacio y su torre, entre el Templo de las Inscripciones y su pirámide, produce una impresión de serenidad y de elegancia, que la finura incomparable de sus bajorrelieves, la gracia aristocrática de los tableros modelados en estuco no pueden sino reforzar. Todo en Palenque lleva la marca de un estilo, desde los grandes bajorrelieves hasta las figurillas de jade: estilo maya, ciertamente, pero de un matiz y, por decirlo así, de un sabor particular que sólo pertenece al arte de esta ciudad.

Es probable que desde principios de la época clásica existiera en Palenque un pequeño centro, una pequeña villa, pero sólo a partir de la segunda mitad del siglo VI se manifiesta su propio genio. A decir verdad, en Palenque como en el valle del Usumacinta ape-

Palenque: vista aérea del Palacio y del Templo de las Inscripciones

nas en los siglos VII a VIII se despliega la actividad más brillante y más original.

Palenque: templo de las Inscripciones

La arquitectura de Palenque no es fundamentalmente distinta de la de El Petén, pero los santuarios son más vastos y más abiertos, las cresterías menos pesadas —por lo demás, descansan sobre la mitad del techo y ya no sobre el muro posterior—, las paredes del Palacio tienen aberturas tan anchas que se reducen a pilares, algunas salas tienen ventanas en forma de T. Sobre todo, las estelas se sustituyen con tableros admirables de bajorrelieves en el interior de los templos, o con dinteles esculpidos. Los bajorrelieves del Templo del Sol y del Templo de la Cruz, la losa esculpida del sarcófago del Templo de las Inscripciones, el Tablero de los Esclavos, para no citar más que esos ejemplos, se pueden contar entre las obras maestras del arte autóctono americano e incluso del arte mundial.

Un pequeño río atraviesa de una a otra parte el sitio de Palenque. Corre por un acueducto bajo una bóveda de piedras saledizas que hace honor a los ingenieros mayas.

En el interior de los tres templos (del Sol, de la Cruz y de la Cruz Foliada) los tableros de bajorrelieves representan el disco solar y el árbol de la vida —la planta de maíz estilizada— enmarcados por dos personajes de lujosa vestimenta y por importantes inscripciones jeroglíficas.

Los dinteles de las puertas están esculpidos en bajorrelieve; el que se encuentra a la derecha en la entrada del Templo de la Cruz representa a un anciano que fuma un cigarro o una pipa cilíndrica.

*Palenque:
el Templo del Sol,
el Palacio y
el Templo de las
Inscripciones*

Las representaciones de hombres o de dioses fumando el cigarro puro no son raras en el arte maya: véase por ejemplo el *Códice de Madrid*. En este caso, se trata de un dios, el protector del número siete.

*Palenque:
bajorrelieve del Palacio*

El Palacio, vasto complejo de edificios, de patios y de corredores, con una longitud de 100 metros y una anchura de 80, situado en una plataforma elevada, está dominado por una torre cuadrada de tres pisos. Ese rasgo excepcional sin duda se explica por

Palenque: ventana en forma de T

Palenque: bajorrelieve del Palacio

Palenque: el Palacio

la situación geográfica de la ciudad, al borde de uno de los contra-
fuertes de las colinas que dominan la planicie costera; es por
tanto una torre vigía, un puesto de observación desde donde se
podían vigilar los posibles movimientos de las poblaciones no
mayas.

Tras el hundimiento de la civilización clásica, cuando Palenque
fue abandonado, temporalmente se establecieron allí algunos extranjeros; éstos dividieron algunas salas del Palacio mediante
tabiques a modo de construir cámaras donde dejaron huellas de
su paso, en particular, "yugos" de piedra típicos de las culturas no
mayas de Veracruz y Tabasco.

Es evidente que el Palacio se desarrolló orgánicamente con el
transcurso del tiempo mediante la adición de patios y de salas.
Algunas esculturas, sobre todo las que representan cautivos o
enemigos vencidos haciendo acto de sometimiento, todavía resultan arcaicas por su vigor. Pero la mayoría de los bajorrelieves
encontrados en el Palacio, que proceden del período floreciente
(siglos VII-VIII), son testimonio de una maestría impecable. No se
puede sino admirar el arte de la composición, la seguridad del
trazo, la elegancia de las actitudes.

El Templo de las Inscripciones y la cripta que él recubre constituyen una doble obra maestra de la arquitectura y de la escultura. Fue en 1952 cuando el arqueólogo mexicano Alberto Ruz
Lhuillier, tras descubrir una escalera secreta —atestada de piedras y de escombros— que desde la plataforma superior se hundía
en la pirámide, llegó hasta la cripta donde, 25 metros abajo,
reposaba el sumo sacerdote o soberano Kin Pacal, "Escudo del

Página anterior:
Palenque:
el Templo de las
Inscripciones
visto desde el Palacio

Palenque: ejemplo de inscripción cronológica "de cuerpo entero". Bajorrelieve del Palacio. Museo de Palenque

Sol", muerto en el año de 692. Su sarcófago estaba cerrado mediante una pesada lápida esculpida: de una admirable calidad, el bajorrelieve representa a un noble maya captado en el momento en que, por decirlo así, se echa hacia atrás para morir, sobre la máscara del monstruo de la tierra. De su cuerpo surge el árbol de la vida, el árbol cósmico rematado por un quetzal. Dos cabezas de estuco, de espléndida factura, se habían colocado junto a la tumba, mientras que en los muros de la cripta, sosteniendo una bóveda consolidada mediante puentes de piedra, nueve divinidades, los Nueve Dioses del mundo de las tinieblas, silenciosamente montaban guardia alrededor de aquel gran muerto.

Kin Pacal había sido enterrado con sus anillos y sus brazaletes de jade, con dos estatuillas de jade, una de las cuales representaba al dios del sol, y sobre el rostro una máscara de jade compuesta de alrededor de doscientas piezas.

Aquel descubrimiento, uno de los más importantes y de los más significativos jamás realizados entre los mayas, demuestra que cuando menos en algunos casos las pirámides americanas pueden haberse concebido como monumentos funerarios. Sin embargo, ningún otro santuario-tumba comparable al de Palenque se ha

Palenque: bajorrelieve del Palacio.
Escena de ofrenda o de sometimiento.
El personaje de la izquierda entrega un
lujoso tocado de placas de jade y plumas
al señor o sacerdote

Palenque: bajorrelieve llamado
"Tablero de los Esclavos" (detalles).
A la izquierda: dignatario.
A la derecha: esclavo o cautivo
probablemente no maya

Páginas
anteriores:
Palenque:
cerámica que
representa el
rostro del dios
del Sol.

Palenque:
máscara
funeraria del
personaje
enterrado bajo
la pirámide del
Templo de las
Inscripciones

Palenque:
cabeza de estuco
descubierta en
la cripta del
Templo de las
Inscripciones

encontrado hasta ahora. Fue seguramente un hombre excepcional quien mereció que se edificara para él aquella morada subterránea cuyo secreto no fue roto sino más de mil doscientos años después. Los 620 glifos grabados en la piedra sobre el tablero interior del templo deben de contar su historia y exaltar su gloria. A todo lo largo de la escalerilla oculta que atravesaba el cuerpo de la pirámide, una especie de tubo de estuco unía la cripta con la plataforma superior. ¿Era tal vez un canal espiritual —podría aventurarse el neologismo de psicoducto— mediante el cual el difunto todavía podía comunicarse con los sacerdotes y entregar sus oráculos?

Palenque fue la capital del arte del estuco. En ninguna parte alcanzó tal grado de perfección el modelado de ese material. Las cabezas encontradas en la cripta del Templo de las Inscripciones son un testimonio de ello. Sobre todo, los tableros exteriores del Palacio, aun cuando hayan sufrido la intemperie, lluvias torrenciales y vegetación exuberante desde hace doce siglos, siguen siendo productos maravillosos de lo que podría llamarse un "arte cortesano", con los dignatarios empenachados, de una elegancia refinada, delante de los cuales están sentados o arrodillados personajes de menor importancia: motivo este que, a través del abismo del tiempo, vuelve a encontrar un tema favorito del arte olmeca, por ejemplo en las pinturas de Juxtlahuaca. Esos relieves de estuco eran policromos: aún subsisten huellas de pintura, el verde de los penachos de plumas, y el ocre rojizo de la piel.

YAXCHILÁN, CIUDAD RELIGIOSA Y GUERRERA

A juzgar por lo que Palenque nos muestra en su arte o por lo que en ella se ha descubierto, la nota dominante de la ciudad parece religiosa más que guerrera. No ocurre lo mismo con Yaxchilán donde, ciertamente, las escenas religiosas son numerosas e impresionantes, pero donde también se manifiestan dignatarios, soberanos que asumen actitudes belicosas, cuyas hazañas recuerdan las inscripciones.

Yaxchilán: dintel 15

Yaxchilán:
estela 15

La arquitectura de Yaxchilán es menos rica y menos variada que la de Palenque. Pero los edificios, próximos al río Usumacinta, o los escalonados en las colinas cercanas, sirven de soporte a los bajorrelieves más suntuosos. Doce dinteles labrados adornan cuatro templos;[1] datan de la primera mitad del siglo VIII. Treinta años después fueron erigidas cuatro magníficas estelas. Por una parte, los cuadros rituales son de una fuerza extraordinaria, al punto de que un espectador actual, frente a esas representaciones de ritos extraños o incluso impresionantes (por ejemplo, un personaje que, como penitencia, se inflige la tortura consistente en traspasarse la lengua y en hacer pasar por ella una cuerda erizada de espinas), vinculados a una religión de la que ignoramos casi todo, no puede evitar sentir una especie de presencia sa-

[1] Dos de esos dinteles (núms. 24 y 25) se encuentran en el Museo Británico.

grada. De las fauces abiertas de una serpiente sale un dios mientras que un fiel (¿una mujer?) se arrodilla ante él. Dos sacerdotes realizan una ceremonia, uno de ellos, sosteniendo en sus manos una cabeza de jaguar. Un ayudante blande una bandera de plumas preciosas. La fe profunda que animaba a esos hombres y a esas mujeres de una antigüedad lejana parece emanar de los dinteles por la magia del escultor.

Otros bajorrelieves tienen por tema la historia dinástica de la ciudad. Dignatarios armados de lanzas aparecen en el momento en que triunfan sobre sus enemigos: un dintel (el núm. 8) fechado en el año de 755 muestra a un jefe guerrero, llamado "Pájaro-Jaguar", vestido y adornado lujosamente, peinado con un extraordinario tocado de plumas en el que va encajada una estilizada máscara del dios de la lluvia, sosteniendo en la mano izquierda una lanza ceremonial adornada con plumas, y tomando con la mano derecha la muñeca izquierda de un hombre casi caído por tierra. Ese prisionero, de tipo maya con su frente inclinada, su nariz prominente y sus ojos almendrados, no lleva ni peinado ni vestimenta elaborada, sino sólo un adorno en la oreja, un collar y una especie de falda corta. Mientras que "Pájaro-Jaguar" calza sandalias de talonera alta, verdaderos botines, el vencido está descalzo. Sobre su cadera derecha está grabado un glifo compuesto que se puede interpretar como "Cráneo y joyas". Ese relieve narra lo que fue sin duda un acontecimiento muy importante en la historia de Yaxchilán y en la carrera del jefe vencedor, pues el glifo "Cráneo y joyas" vuelve a aparecer repetidas veces en las inscripciones tocantes a "Pájaro-Jaguar".

Es posible que una dinastía "Jaguar" haya dominado Yaxchilán en el siglo VIII; tal vez era originaria de Yucatán. En todo caso, por aquella época la ciudad misma ofrece una imagen un tanto belicosa. Desde el punto de vista estético, tanto como los relieves religiosos, las escenas guerreras son testimonio de la maestría de los escultores de Yaxchilán, quienes supieron representar a sus personajes en las actitudes más variadas y más dinámicas, como también trasmitieron de maravilla el lujo de las telas bordadas y la suavidad opulenta de los adornos de plumas. Finalmente, conviene recordar aquí que Yaxchilán es una de las pocas ciudades mayas donde la figura humana no siempre se representa de perfil sino a veces también de frente.

BONAMPAK, ENCICLOPEDIA ILUSTRADA DE LA VIDA MAYA

El descubrimiento de las pinturas de Bonampak, hecho en 1946 por Giles Healey, vino a significar una inmensa contribución a nuestros conocimientos sobre los mayas de la época clásica y a permitirnos precisar ciertos rasgos de su civilización en Yaxchilán. En efecto, Bonampak, pequeño centro cercano a Yaxchilán en el valle del Lacanhá, no era sino un satélite de la gran ciudad vecina. En él se encuentran bajorrelieves y estucos que no carecen de mérito, pero las tres grandes salas cubiertas de pinturas —milagrosamente conservadas por una fina capa calcárea translúcida que se formó en su superficie con el transcurso de los

Bonampak:
fresco que representa a
unos músicos.
Tomado de Mexique:
Peintures préhispaniques

siglos— nos ofrecen una especie de enciclopedia ilustrada de la vida maya a fines del siglo VIII. Y esa vida, fuerza es reconocerlo, presenta un carácter belicoso, militarista, sumamente marcado.

La pintura de Bonampak es un arte más popular y menos hierático que el de los bajorrelieves. Ese arte está animado por un soplo que barre las convenciones del arte teocrático o aristocrático. No retrocede ni ante la brutalidad ni ante la crueldad de las escenas guerreras, pero también se complace en mostrar aspectos de la vida cotidiana, el vestido y el adorno. Las mujeres y los niños ocupan allí un lugar importante. No se excluyen las actividades rituales: las danzas y la música, los sacerdotes con lujosas joyas de jade se pintan con exactitud. El pincel es más dúctil, más libre que el cincel: un prisionero casi desvanecido en los peldaños de una terraza se representa en perspectiva con una maestría excepcional.

¿Cuáles son los temas de los frescos de Bonampak? Antes que nada, tomaremos nota del tema ceremonial: servidores vestidos

con sólo un turbante y un taparrabos ayudan a un gran señor a ponerse un traje de ceremonia de abrumador lujo, hecho todo de plumas de quetzal y jades. Otros dignatarios son reconocibles por sus tocados sumamente elaborados y por sus largos mantos blancos. La ceremonia en sí consiste esencialmente en una danza ejecutada por personajes adornados y enmascarados para representar a los dioses de la lluvia y de la vegetación. Algunos de ellos llevan máscaras hechas de plantas o blanden pinzas de crustáceos. Un danzante es visto de perfil: en su ojo izquierdo tiene el signo en forma de T mayúscula de *Ik,* segundo día del calendario ritual, que significa "viento y lluvia" desde la época de los olmecas. Músicos y portadores de sombrillas completan el conjunto. La orquesta incluye trompetas, tambores verticales, sonajas, carapachos de tortuga que se golpeaban con un mogote de venado.

Aunque en bastante mal estado, los frescos de la tercera sala también incluyen escenas ceremoniales: se trata de danzas sobre

*Bonampak.
escena de batalla.
Tomado de* Bonampak,
la ciudad de los
muros pintados,
*por Agustín Villagra Caleti,
México, INAH, 1949*

las gradas de una pirámide, ejecutadas por personajes vestidos de extraordinarios trajes con largas alas.

Otro tema importante: la guerra. Sin aportar ninguna revelación propiamente dicha, puesto que la escultura de diversas ciudades mostraba a muchos cautivos y señores armados, las pinturas de Bonampak, con su naturalismo casi fotográfico y su encendido dinamismo, nos permiten ver, como nunca antes los habíamos presenciado, ese aspecto sanguinario de la vida maya en la época clásica tardía. La gran escena de batalla produce en el espectador un efecto impresionante, pues en ella, representados con habilidad consumada y en un furioso cuerpo a cuerpo, se mezclan los guerreros de Bonampak, reconocibles por sus tocados de una complejidad y una fantasía inauditas, y sus adversarios, mayas también ciertamente, aparecen a medio vestir (tal vez sorprendidos por una inopinada incursión), todo ello contra un trasfondo de verdeante jungla. Luego viene la escena del juicio de los cautivos. El gran jefe de Bonampak, con la lanza de gala en la mano, vestido y calzado con piel de jaguar, domina el cuadro desde lo alto de una plataforma con peldaños. Detrás de él, elegantes mujeres de vestidos blancos, provistas de abanicos; arriba de una de ellas está inscrito el glifo emblema de Yaxchilán. Dignatarios y guerreros de lujosos trajes rodean a los que están cautivos semidesnudos e imploran al jefe. Uno de los prisioneros, moribundo, está casi caído sobre los escalones. Sobre uno de los peldaños se halla colocada una cabeza cortada. Si bien ese cuadro es prueba de un sentido de la composición y de una habilidad gráfica incomparables, también es portador de informaciones perturbadoras sobre el avance del militarismo durante aquella fase tardía de la época clásica. ¿Se trata, como lo interpretan

Morley y Brainerd, de un sacrificio religioso para el cual, ante la necesidad de víctimas humanas, se desencadenó una "incursión" contra una pequeña población vecina, a fin de obtener prisioneros? Entonces habría que admitir que aquellos mayas del siglo VIII se adelantaron por ese camino a los mexicanos del Altiplano Central. A decir verdad, la patética escena que se acaba de describir parece más bien inscribirse dentro de un estado de guerra entre dos ciudades, reflejado ya en los dinteles de Yaxchilán. Sea como fuere, los frescos de Bonampak nos hacen revisar dramáticamente las nociones admitidas en general sobre el carácter más o menos siempre pacífico de la civilización maya del primer milenio. Nos vemos obligados a admitir que, al menos durante la fase más reciente (siglos VIII-IX), el jefe guerrero —ese dignatario militar que los mayas posclásicos llamaron "el verdadero hombre", el *halach uinic*— y ya no el sacerdote, detenta el poder. También es posible que esa supremacía del guerrero se haya limitado a ciertas ciudades. A ese respecto, y a reserva de nuevos descubrimientos, Palenque ofrece un evidente contraste con Yaxchilán y Bonampak, pues el poder claramente parece permanecer en manos más religiosas que militares.

Junto a las escenas de violencia, las pinturas murales de Bonampak nos dejan ver diversos aspectos de la vida de una ciudad: mujeres de la aristocracia, niños (uno de los cuales tiene la cabeza metida en el aparato destinado a deformar su cráneo), un anciano llevado en palanquín. Esos cuadros constituyen una verdadera mina de información sobre la ropa, las joyas, los instrumentos musicales, y el armamento de los antiguos mayas del Usumacinta. Arriba de las escenas y de los personajes, hay numerosos glifos inscritos en espacios que, evidentemente, están destinados a indicar nombres de personas y de lugares; algunos espacios permanecieron vacíos, lo cual significa que los pintores no conocían los secretos de la escritura: ellos debían limitarse a preparar espacios libres para los amanuenses, quienes, por razones que ignoramos, no siempre llegaron a llenarlos.

PIEDRAS NEGRAS

La magnificencia barroca del vestido y de los ornamentos que caracteriza a Yaxchilán y a Bonampak vuelve a encontrarse en Piedras Negras, importante ciudad sobre la margen derecha del Usumacinta; y también la constante guerrera, aunque en menor medida.

Arquitectónicamente, Piedras Negras se acerca mucho más a las ciudades de El Petén que los otros centros del Usumacinta. Como en Tikal, los templos están rematados por una cresta masiva. Sin embargo, majestuoso conjunto de edificios agrupados en una colina y en terrazas, la Acrópolis manifiesta en ciertos lugares la influencia del arte de Palenque. Un rasgo original es el número y el refinamiento de los temazcales o baños de vapor; muy característico también de Piedras Negras es el hecho de que esa ciudad erigió estelas cada 1 800 días, es decir, con ocasión de todas las fechas terminales de hotún (un cuarto de katún, o poco menos de cinco años solares), sin interrupción, desde el año de 608 hasta el de 810.

Pero es la escultura de Piedras Negras la que provoca asombro por su perfección, al mismo tiempo que abre fascinantes perspectivas al historiador de la civilización maya. La estela típica de ese sitio asocia hábilmente el bajorrelieve y el altorrelieve: en el cuerpo de la estela se ha cavado un nicho y en él se representa en escultura casi redonda a un personaje que parece surgir del bloque de piedra como los sacerdotes o los dioses de los altares olmecas. El resto de la superficie de la estela está finamente cincelada.

Las 35 estelas históricas de Piedras Negras, tal como las ha interpretado Tatiana Proskouriakoff, narran las etapas de la vida y de la carrera de siete soberanos. También es conmemorativo de un acontecimiento histórico el famoso tablero 3 del templo 0-13, fechado en el año de 761, con toda seguridad una de las cumbres de la escultura maya. Destacándose sobre un fondo rectangular enmarcado por magníficos jeroglifos, un personaje central domina la escena, agazapado sobre una plataforma elevada. Se trata de un alto dignatario, de un gran señor coronado con plumas de quetzal.

Dos grupos de personajes, de pie a uno y otro lado de la plataforma, lo escuchan en variadas actitudes; algunos parecen discutir entre sí. En fin, siete oyentes más están sentados ante el señor. Por las inscripciones se puede deducir que se trata de un consejo excepcional reunido para decidir respecto de la sucesión de un soberano de Piedras Negras, y ese consejo estaría presidido por un noble llegado de Yaxchilán. Aunque ese tablero haya sido golpeado y mutilado deliberadamente, tal vez en el momento del hundimiento general, sigue siendo impresionante por su composición sumamente equilibrada y por la perfección de su hechura.

Las mismas cualidades se encuentran en otras obras de Piedras Negras, así se trate del trono de piedra con respaldo calado del

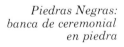

Piedras Negras: banca de ceremonial en piedra

Palacio J-6, o de los monolitos cuyos escultores supieron utilizar admirablemente sus formas más o menos irregulares. Algunas de esas estelas tratan aparentemente de temas religiosos. Así ocurre en el caso de la estela 40 (inaugurada en el año de 746), cuyo personaje principal, sin duda un sacerdote o un dios, tocado con una especie de mitra, siembra ritualmente granos de maíz. En cambio, la estela 12 (que data de 795) refleja las actividades guerreras de un *halach uinic* representado en lo más alto del monolito, mientras que a sus pies se amontonan unos cautivos. Toda la escena está concebida muy hábilmente a modo de transmitir el sentimiento del poder y de la autoridad del jefe, que planea, por decirlo así, en una actitud casi desenvuelta, por encima de la masa de los prisioneros. En el cuerpo de estos últimos están grabados unos glifos que sin lugar a dudas indican su origen. Contrariamente a los que se observan en las representaciones marciales de Yaxchilán y de Bonampak, los cautivos no tienen un tipo físico maya. Su nariz es recta o ligeramente cóncava, su cráneo no está deformado. A decir verdad, presentan un aspecto muy similar al de los cautivos sobre los cuales está sentado el gran señor del Tablero de los Esclavos de Palenque. Es

Piedras Negras: estela 12 (detalle): cautivos de tipo no maya

93

posible que indígenas no mayas, provenientes de la costa del Golfo, sea a través de la planicie que domina Palenque, sea por el Usumacinta, hayan sido vencidos y capturados por los mayas. Aun cuando los temas guerreros son relativamente poco numerosos en Piedras Negras, no se les puede dejar de lado: más que El Petén, el valle del Usumacinta da la impresión de haber sido una zona en que el aumento del militarismo se produjo junto con el más grande refinamiento de las artes plásticas.

LA INFLUENCIA DE LOS MAYAS PUTUNES

Una mirada al mapa muestra que, si se remonta el Usumacinta más allá de su confluencia con el Lacantún, se llega, en el corazón del antiguo territorio maya, a los dos ríos cuya unión forma el Usumacinta: el Chixoy, cuyo valle conduce hacia las alturas guatemaltecas de la Alta Verapaz, y el río de la Pasión, cuyas fuentes no distan más que unos 20 kilómetros de aquellas de los ríos que, al sur de Belice, desembocan en el Golfo de Honduras. Evidentemente, esa vía de penetración no era desconocida para los antiguos, comerciantes o guerreros. La región de la Laguna de Términos, al sur de la península de Yucatán, siempre fue propicia para los contactos entre los mayas —sobre todo los que hablaban el dialecto putún— y los no mayas, ya se trate de los pueblos del actual estado de Veracruz, ya de aquellos del Altiplano. En la época clásica tardía, los mayas putunes, atrevidos navegantes y comerciantes que Eric Thompson llamó "los

Chinkultic: "marcador" del Juego de Pelota: el jugador está representado en acción, golpeando la pelota con la cadera

94

fenicios del Nuevo Mundo", aportaron a centros como Altar de Sacrificios y sobre todo a Seibal, a partir del año 800, elementos no mayas incorporados a su propia cultura. Las estelas de Seibal representan personajes visiblemente no mayas.

En el tablero superior de la estela 3, dividida en tres secciones superpuestas, dos hombres frente a frente llevan puesta una máscara de Tláloc. Arriba, en unos espacios cuadrados, están grabados dos glifos muy estilizados pero que claramente parecen corresponder al *Cipactli* mexicano, el cocodrilo mítico, signo del primer día del calendario, con dos coeficientes numéricos, cinco y siete. Esa estela puede fecharse en la segunda mitad del siglo IX. Alrededor de 80 kilómetros al noreste de Seibal, en Ucanal, una estela erigida en el año de 849 representa a un personaje no maya, enmascarado, con un glifo calendárico que no es maya. En la confluencia del Chixoy y del río de la Pasión, en Altar de Sacrificios, el último monumento fechado es una estela que marca la terminación de un katún: 9.17.0.0.0 (711). Aunque el sitio sea de importancia secundaria, se ha encontrado en él cerámica policroma "Tepeu" del más puro estilo maya, en particular una vasija muy hermosa fechada en el año de 754, con la representación de seis personajes, muertos o vinculados a signos de muerte, uno de los cuales parece danzar con una monstruosa serpiente. Pero, a partir del siglo IX, la cerámica de tipo "Naranja fino" producida en grandes cantidades en la zona central de Veracruz es la que llega a Altar de Sacrificios en las embarcaciones de los comerciantes putunes. El decorado de esa cerámica mezcla los motivos mayas y nahuas.

La fecha más reciente recabada en Seibal es la del fin de katún 10.2.0.0.0 (869) que sólo precede por 40 años a la última fecha conocida del mundo maya clásico. Todo induce a creer que los invasores llegados del Golfo trataron vanamente de mantener la tradición clásica, pero fueron arrastrados en el hundimiento general.

Si se observa que la influencia de los mayas putunes fue enteramente efectiva al sur de la cuenca del Usumacinta, pero no en la parte central del valle,[2] tal vez se llegue con ello a una explicación del belicismo relativo de las ciudades clásicas de esa zona. En efecto, ellas tuvieron que repeler a los invasores llegados sin duda a bordo de sus embarcaciones; algunos prisioneros de tipo maya, otros con rasgos no mayas demuestran que, como posteriormente los itzaes, los putunes del siglo VIII fueron a su vez una población mezclada. No habiendo podido conquistar Piedras Negras ni Yaxchilán, habrían proseguido su navegación y se habrían apoderado más fácilmente de centros menos importantes.

[2] Como se ha indicado con anterioridad, parece ser que la dinastía "Jaguar" que reinó en Yaxchilán, en el siglo VIII, podía provenir de Yucatán, y más exactamente de la zona *puuc,* al norte de la península. Otra hipótesis propuesta por Thompson (1970, p. 40) se basa en el hecho de que, en la primera mitad del siglo VIII, las inscripciones cronológicas de Yaxchilán asignan al "mes" *(uinal)* un coeficiente inferior de un día al que exige el sistema clásico de Cuenta Larga. Ahora bien, el mismo error se observa en Edzná, al sur de Campeche. La hipótesis no es incompatible con la representación del dios Chac, por ejemplo en el dintel 8 de Yaxchilán, puesto que esa versión del mascarón del dios de la lluvia no está limitada a la zona *puuc* sino que se encuentra también en la región de Campeche.

Al oeste de la cuenca del Usumacinta se extiende la meseta de Chiapas, cortada por el río Grijalva, que desemboca en el Golfo de México. Entre Comalcalco en la zona costera y Chinkultic al sur, una larga franja de tierra, situada paralelamente al curso del Usumacinta, constituye la frontera occidental del mundo maya. Aun en la actualidad, una parte de esa región está poblada por indios de lengua maya (tzotzil o tzeltal). En época histórica reciente, el Imperio azteca en expansión llevaba hasta las inmediaciones del Grijalva a sus comerciantes y a sus guerreros, y dominaba a lo largo del Pacífico las rutas del Soconusco hacia la América Central. Durante el período Clásico de la civilización maya, ésta se encontró en contacto, al noroeste de esa zona, con las culturas autóctonas del Golfo y del Altiplano Central. Los fenómenos de mestizaje cultural, que marcan el fin del período Clásico, tienen origen principalmente en la región donde prosperaban los mayas putunes, en las tierras bajas que rodean la Laguna de Términos, en la base de la península de Yucatán.

De Comalcalco a Chinkultic, hay alrededor de 350 kilómetros de distancia. Numerosos sitios clásicos se elevan a todo lo largo de esa frontera: además de los mencionados líneas arriba, y procediendo de norte a sur, se pueden citar Jonuta, sobre uno de los brazos inferiores del Usumacinta; El Tortuguero y Tilá, sobre el río Macuspana; Toniná y los sitios vecinos de Pestac, Santo Ton y Quexil; más lejos, sobre un río que va a desembocar en la cuenca del Usumacinta, El Amparo y Santa Elena Poco Uinic; en fin, en el extremo meridional de la zona, Comitán, Tenam y Quen Santo.

Fuera de Comalcalco y Chinkultic, sólo la ciudad de Toniná es un centro importante, cuyas pirámides dominaban un valle próspero, de población densa (donde en la actualidad se encuentra la pequeña población de Ocosingo). Los demás sitios —a reserva de descubrimientos ulteriores posibles— no rebasaron el nivel de pequeños centros provincianos.

Comalcalco es el sitio maya más occidental, que en cierto modo sirve de contrapeso a Copán. También es la única ciudad maya construida de ladrillos, pues la baja llanura costera de Tabasco está desprovista de piedra de construcción. Ello no impidió a los mayas de Comalcalco erigir monumentos de tipo clásico utilizando la bóveda falsa o de piedras saledizas. Sus relieves de estuco no alcanzan la perfección de los de Palenque, pero no carecen de mérito. Jonuta, en la misma región, practicó el arte de las figurillas de barro.

Chinkultic es conocido principalmente por su bellísima escultura, cuya obra maestra es un "marcador" de juego de pelota, disco en el cual está representado un jugador en acción.

En Toniná, las inscripciones de Cuenta Larga delimitan una duración de más de cuatro siglos (495-909). Es la única ciudad en que se ha encontrado, hasta ahora, la inscripción 10.4.0.0.0, "fin del 4º katún del 11º baktún", correspondiente al 20 de enero de 909 de nuestra era, última fecha del período Clásico.[3] Así, los

---

[3] La misma fecha se encuentra en Tzibanché, Quintana Roo, pero en un pendiente y no en un monumento.

dirigentes de Toniná y los escultores que ejecutaban sus órdenes todavía estaban en actividad cuando aquella época de florecimiento tocaba a su fin. La escultura de Toniná es particularmente bella y, lo que resulta raro entre los mayas, hace uso frecuente de la estatuaria en redondo. Un tema frecuente es el del cautivo, arrodillado y con los brazos atados: testimonio de una orientación belicosa y militarista cuya huella ya hemos observado en el valle del Usumacinta.

Aunque poseamos poca información sobre la epigrafía de los otros sitios, se puede dar por sentado que su período de actividad se inscribe en el Clásico tardío, a partir del siglo IV o incluso del siglo VII. En Pestac, una inscripción de Cuenta Larga recuerda las de la región olmeca de Veracruz y Tabasco: en efecto, los coeficientes numéricos (9.11.12.9.0: 664 de nuestra era) no van acompañados de glifos que indiquen los periodos baktún, katún, etc., como es regla en todas las inscripciones mayas clásicas. Por ello, este método de notación se acerca a los de la estela de Tres Zapotes o de la estatuilla de Tuxtla.[4]

El fin del katún 18 (790) estuvo marcado por la consagración de estelas en Chinkultic y en Poco Uinic. Tilá erigió una estela al fin del 10º baktún (10.0.0.0.0), en el año de 830.

Toda gran civilización hace reinar a su alrededor una especie de halo donde se difunden los temas principales de su pensamiento y de su arte. La zona marginal que se extendía al oeste de prestigiosas ciudades como Palenque o Yaxchilán reflejó su brillo, y luego se apagó al mismo tiempo que ellas, siguiéndolas en su decadencia.

[4] Esas dos inscripciones provienen de la zona olmeca de Veracruz, y pertenecen a fechas derivadas de un baktún 7. *Cf.* Jacques Soustelle, *Les Olmèques,* pp. 165 y 166. [Hay edición en español del FCE.]

Uxmal:
Pirámide del Adivino

IV. La civilización clásica: las antiguas ciudades de Yucatán

EL ESTILO de las antiguas ciudades de Yucatán también es distinto del de las ciudades del sur, como el paisaje de la península difiere del de El Petén y del Usumacinta. Pocas pirámides, pero numerosos y magníficos palacios; pocos bajorrelieves figurativos, pero una abundancia de espléndidos decorados geométricos o de mascarones; inscripciones raras y a menudo indescifrables. Cierto, fue sin duda una variante de la civilización maya la que se desarrolló en Yucatán: los templos con crestería y las bóvedas de piedras saledizas están allí para demostrarlo. Pero las diferencias son profundas: a tal punto que hace mucho tiempo se admitía que las ciudades de Yucatán habían formado parte de un "Nuevo Imperio" maya, más reciente que el "Antiguo Imperio" de El Petén. Uxmal, Labná y Sayil habrían sido fundadas por mayas emigrantes hacia el norte luego de la caída de las grandes ciudades clásicas.

LA HISTORIA DE YUCATÁN

En la actualidad sabemos que la civilización maya yucateca fue contemporánea de la época de oro de Tikal, de Palenque y de Copán. El culto a las estelas fechadas jamás adquirió en la península la importancia que tenía en el sur, pero de todos modos se pueden recabar en Yucatán fechas de Cuenta Larga. La más antigua que se conoce proviene de Oxkintok, al nordeste: 9.2.0.0.0 (475). El oeste de la península nos da la estela 1 de la isla de Jaina: 9.11.0.0.0 (652) y varias inscripciones en Edzná que se escalonan de 672 a 782. En el este, Tulum tiene una inscripción fechada en 564; Ichpaatún da una fecha: 9.0.0.0.0 (593). Tzibanché se sitúa al principio de nuestro siglo VII mediante una inscripción en un dintel de madera: 9.9.5.0.0 (618), y en el mismo sitio se ha descubierto un pectoral de jade con la fatídica fecha 10.4.0.0.0, fin del katún 4 del baktún 11 (909 de nuestra era), que marca la caída definitiva de la civilización clásica.

En Chichén Itzá —cuyo auge prodigioso se sitúa, tras la invasión mexicana, en los siglos XI y XII de nuestra era—, una ciudad de mediana importancia precedió a la aparición de los itzaes, y en su Templo de la Serie Inicial es posible observar la fecha 10.2.10.0.0 (879).

Por tanto, no es dudoso que las ciudades yucatecas hayan nacido y crecido, si no tan tempranamente como Tikal o Uaxactún, cuando menos entre los siglos VI y X. Por otra parte, probablemente no hubo ningún "Imperio" maya, ni antiguo ni nuevo, sino ciudades-Estado autónomas más o menos vinculadas o federadas en ciertas épocas, compartiendo en común una cultura mucho más que un poder o una estructura política. Además, es lógico suponer que la propia religión no era uniforme en el sur y en el norte: la presencia obsesionante del mascarón de Chac, dios de la lluvia, en los monumentos yucatecos, no tiene paralelismo ni en El Petén ni en la cuenca del Usumacinta.

El destino histórico de Yucatán se desarrolló de una manera particular: tras la decadencia de la civilización clásica del sur, y sometida a la influencia de invasores mexicanos, la península fue escenario de un renacimiento. Una civilización mixta, maya-mexicana o "maya-tolteca", cobró auge allí mientras que en el sur todo había retrocedido definitivamente a la aldea y a la selva. Pero hay que cuidarse de confundir, por ejemplo, los monumentos posclásicos "mexicanos" de Chichén Itzá o de Tulum con los vestigios del período Clásico.

Una línea horizontal trazada de oeste a este entre la Laguna de Términos y la bahía de Chetumal corresponde de manera bastante precisa a la frontera cultural entre la zona central y la zona yucateca. Incluso es sorprendente comprobar hasta qué punto el estilo arquitectónico y escultural de los sitios que se encuentran al norte de esa línea, por ejemplo Río Bec y Becán, difieren profundamente del estilo de Calakmul o de Oxpemul, al sur de esa frontera. Ese hecho es tanto más notable cuanto que no existe ningún obstáculo natural, montaña o río, que pueda constituir un límite. De Calakmul a Xpuhil no hay sino unos 40 kilómetros y, sin embargo, los dos sitios ofrecen el espectáculo de un contraste notorio. Calakmul erigió 103 estelas, y no hay ninguna en Xpuhil: pero en esta segunda ciudad se despliega un estilo monumental sorprendente y exagerado, todo en perspectiva, tan distinto del estilo de los centros de El Petén como el gótico florido puede serlo de la arquitectura románica.

COBÁ, ACANCEH, DZIBILCHALTÚN

*Cobá:
la Gran Pirámide*

Sólo la región de la costa oriental de la península, la que está frente al mar Caribe, presenta mucho más semejanzas con la zona central, como también sus selvas altas, sus ríos y sus lagos prolongan, por decirlo así, en Yucatán, la naturaleza de El Petén. Cobá es un sitio de primera importancia cuyo estilo se emparienta estrechamente con el de las grandes ciudades clásicas. La ciudad, que dominaba una elevada pirámide, se levantaba alrededor de cinco lagos, el mayor de los cuales tiene más de 2 kilómetros de largo. Allí se han contado 32 estelas, 23 de ellas con inscripciones que se escalonan de 9.9.10.0.0 (623) a 9.15.1.2.8 (732): poco más de un siglo que, por consiguiente, parece haber sido la época del florecimiento de Cobá. Uno de los rasgos más originales de ese centro es el número y la importancia de los caminos artificiales, o *sacbeob,* que lo unían, sea con pequeñas ciudades o con aldeas, sea con la ciudad de Yaxuná. Dieciséis de esos caminos estucados se encontraron pese al tiempo, a las lluvias y a la vegetación; incluso se descubrió uno de los cilindros, rodillo de piedra de 4 metros de largo y 5 toneladas de peso, que se empleaba para aplanar la superficie de los *sacbeob.* El camino de Cobá a Yaxuná tiene alrededor de 100 kilómetros de largo y unos 10 metros de anchura. Los constructores utilizaban piedras trituradas y recu-

101

biertas de losas. El camino pasaba en terraplén elevado a través de los pantanos. A la entrada de Cobá, terminaba en una plataforma de 12 metros de ancho y 5 de alto. Puesto que los mayas no disponían de ningún animal de albarda o de tiro, un camino de ese tipo debía de utilizarse sobre todo para desplazamientos rituales o ceremoniales, mientras la plataforma ampliada tal vez se destinaba al acomodo de los cortejos. También es cierto que una calzada bien despejada y elevada debía de facilitar los viajes y los transportes a través de las selvas y los pantanos. Así, por ejemplo, un *sacbé* de 8 kilómetros de largo y 9 metros de ancho comunicaba Cobá con una localidad vecina, Kucicán, y de ese camino partían ramales hacia otras poblaciones pequeñas. Se tiene la impresión de que, durante el período que va de 623 a 732, Cobá fue una especie de capital regional, religiosa, económica y tal vez política, a poca distancia del mar, comunicada con Yaxuná, con el interior de la península y con toda una serie de localidades, mediante su red de caminos.

En el extremo norte y noreste de Yucatán, un sitio de modesta importancia, Acanceh, y otro que, por el contrario, tal vez sea el más extenso de toda el área maya, Dzibilchaltún, siguen siendo un tanto enigmáticos. Acanceh no tiene inscripciones, no tiene fechas. Se observa allí una obra de arte excepcional, un tablero de estuco modelado y policromado que representa animales: ardillas, murciélagos, serpientes y aves diversas. El color más frecuente es ese azul-verde turquesa subido que se conoce como "azul maya". Pero, ¿qué significado conviene atribuir a esas representaciones de animales? Por algunos conceptos evocan las pinturas murales o las cerámicas de Teotihuacan. Acanceh podría vincularse a la época clásica antigua, en que la influencia de la metrópoli del Altiplano brillaba muy lejos hacia el sur.

Entre Mérida y la costa, Dzibilchaltún debió de ser un sitio muy importante durante el período Clásico tardío, entre los siglos VIII y X. El sitio se extiende en 19 kilómetros cuadrados, y en él se cuentan más de 8 000 edificios, 240 de los cuales fueron construidos con bóvedas de tipo maya. En la época de su florecimiento, se estima en 40 000 habitantes la población de aquel centro: esta evaluación probablemente sea demasiado conservadora si se la compara con las cifras admitidas para la población de la zona central de Tikal.

Ese sitio conoció una ocupación humana muy temprana: desde el año 500 antes de nuestra era se levantaban allí pequeñas ciudades y, alrededor de tres siglos después, hacia el año 200, los habitantes construyen terrazas, plataformas ceremoniales, agrupadas en torno a las plazas. Pero, por razones que ignoramos, la evolución así iniciada, en vez de precisarse y de reforzarse como en El Petén, parece detenerse. Hay que esperar el principio del siglo VIII, el Clásico tardío, para que Dzibilchaltún se despierte antes de volver a caer, por lo demás, en una nueva decadencia a fines del siglo IX.

Todavía conocemos poco esa ciudad, que no deja de presentar rasgos bastante desconcertantes. En ella se construyeron más de veinte estelas, pero es imposible fecharlas: nos encontramos allí en presencia de una variación enteramente marginal o quizás de un enclave heterogéneo. La posición geográfica del sitio, en las proximidades del mar, favorece la hipótesis de un origen exterior. Por otra parte, algunas características de edificios que datan del siglo IX sugieren relaciones con el Altiplano Central mexicano; pero el principal monumento de la ciudad, el Templo de los Siete Muñecos, con sus ventanas y su torre central, no evoca ningún estilo maya, como tampoco un estilo mexicano. En el estado actual de nuestros conocimientos, Dzibilchaltún sigue siendo pues, en gran medida, un misterio.

LOS SITIOS "PUUC". UXMAL

Tres subdivisiones a la vez geográficas y culturales se escalonan de norte a sur en la parte occidental de la península, en los actuales estados de Yucatán y Campeche: la zona *puuc,* la zona *chenes* y la de Río Bec.

Puuc, "colina", es el nombre maya de una serie de eminencias de escasa altura que se extienden de oeste a este al sur de Mérida. Por extensión, es la palabra que designa una zona cultural y un estilo. En la época clásica, los principales centros *puuc* fueron Uxmal, Kabah, Sayil y Labná, pero numerosos vestigios de habitantes alrededor de esos centros demuestran que la región estuvo densamente poblada. Por lo demás, es evidente que la construcción de conjuntos monumentales tan considerables supone una mano de obra abundante. En esa región seca, donde no circulan corrientes de agua, la ocupación humana fue hecha posible por los cenotes, pozos naturales que permiten llegar a las aguas subte-

*Sayil:
fachada del
Palacio. Conjunto y
detalles*

rráneas, pero sobre todo por la invención de los chultunes utilizados como cisternas. Éstos son depósitos hemisféricos cavados en la tierra, con una capacidad considerada entre los 35 000 y los 40 000 litros. Las paredes de esas cisternas están revestidas de un cemento impermeable. La abertura circular que se encuentra en la parte superior está rodeada de un área cementada en ligero declive; de ese modo, las aguas de lluvia corren y se vierten en el chultún.

Aunque los sitios *puuc* incluyan pirámides rematadas por cresterías, sobre todo el templo de Labná y el de Uxmal llamado la "Casa del Adivino", el rasgo característico de la arquitectura de esa región es sin duda el Palacio, edificio horizontal construido sobre un terraplén. En torno a un patio central se agrupan palacios a modo de formar un cuadrilátero: así ocurre en el caso del llamado "Cuadrángulo de las Monjas", en Uxmal. Los palacios pueden no tener sino una planta baja como el Palacio del Gobernador de Uxmal, o tener pisos como el Palacio de Sayil. Los arquitectos *puuc* usaron profusamente la bóveda maya clásica, pero también techos planos sostenidos mediante vigas y columnas. De una manera general, la arquitectura de esta zona parece más flexible y más variada que la de El Petén.

En cuanto a la decoración de los monumentos, es muy distinta de la que se observa en los monumentos del sur. La fachada de un palacio *puuc* generalmente está dividida horizontalmente en dos partes. La franja inferior es lisa y carece de ornamento, en tanto que la superior tiene un decorado geométrico: rombos, grecas, a los que se agregan algunos elementos figurativos: serpientes, pequeños personajes, mascarones de Chac, el dios de la lluvia, caracterizadas por sus grandes ojos, por una boca provista de grandes colmillos y sobre todo por una nariz prominente y curva en forma de trompa. Ese decorado está constituido por numerosísimas piezas de piedra (alrededor de 20 000 para la fachada del Palacio del Gobernador en Uxmal), talladas previamente y luego ensambladas a manera de mosaicos.

Otros elementos característicos del decorado *puuc* son las pe-

queñas y falsas columnas encajadas en las fachadas, y las figuraciones de chozas mayas estilizadas.

En cambio, en ninguna parte se observan esos personajes en
bajorrelieve, esas escenas religiosas o históricas, esos tableros o
dinteles esculpidos, donde triunfa el arte clásico de El Petén y del
Usumacinta. Pero hay que reconocer que las fachadas *puuc,* cubiertas de un verdadero encaje de piedra, producen un soberbio
efecto decorativo.

Labná con su arco de espléndida bóveda maya; Sayil, cuyo palacio de dos pisos, con sus salas abiertas ampliamente por medio de
ventanas enmarcadas por columnas, es una obra maestra de gracia y de armonía; Kabah, donde abundan los mascarones de Chac,
invadiendo literalmente las fachadas: esos centros aparecen como
otros tantos satélites de Uxmal, la ciudad que dominó esa región
en la época clásica tardía. Por lo demás, Kabah se comunica con
Uxmal mediante un *sacbé* de alrededor de 12 kilómetros, por el
que hay que adentrarse pasando bajo un magnífico arco abovedado.

El sitio de Uxmal se compone de seis grupos de edificios, de los
cuales los más importantes son: el Cuadrángulo de las Monjas,
flanqueado por la Pirámide del Adivino o del Mago, y el Palacio
del Gobernador, con el edificio llamado "Casa de las Tortugas" (a
causa del friso esculpido que decora su fachada), además del
Juego de Pelota.

El Cuadrángulo de las Monjas se compone de cuatro largos
palacios agrupados en torno a un patio de 80 metros de largo y
aproximadamente 70 de ancho; se entra en él pasando bajo una

*Kabah:
fachada del
Codz Poop*

bóveda, a la mitad del lado sur del conjunto. El palacio que forma el lado septentrional está elevado en una terraza de 6 metros de altura, a la que se llega por una amplia escalinata. A unos 50 metros al oeste se eleva la llamada "Pirámide del Adivino", con una altura de 30 metros; es probable que los cuatro palacios, divididos en numerosas piezas, hayan sido habitación de los sacerdotes que servían en el templo. Este último presenta dos superposiciones de diversas épocas y de estilos diferentes. La fachada oeste del monumento deriva del estilo *chenes* mucho más que del estilo *puuc*.

El Palacio del Gobernador se levanta al sur del Cuadrángulo de las Monjas, del que no lo separan sino unos 150 metros; a medio camino subsisten las ruinas de un juego de pelota. La terraza de 16 metros de altura, sobre la que está construido el Palacio, cubre una superficie de dos hectáreas y media; el propio edificio, con una longitud de 110 metros, incluye 24 piezas. Está flanqueado al noroeste por la "Casa de las Tortugas", al sur y al oeste por un vasto conjunto de construcciones donde se destacan una elevada pirámide y un palacio rematado por cresterías caladas, al que se ha dado en llamar "el Palomar".

En Uxmal alcanza su apogeo la arquitectura *puuc*. Las dimensiones colosales de los principales edificios —por lo largos y no por lo altos, contrariamente a lo que ocurre en El Petén—, la armonía de sus proporciones, las perspectivas sabiamente llevadas que permiten sus posiciones respectivas y los niveles de sus terrazas, la juiciosa utilización de la bóveda de piedras saledizas, de una amplitud hasta entonces desconocida, concurren a conferir a los monumentos a la vez elegancia y majestuosidad. Pero quizá lo que seduce aún más sea la decoración de las fachadas, tanto por la sutil dosificación de las figuras geométricas y los motivos decorativos como por la perfección del trabajo de la piedra. Con sus rombos y sus trapecios, sus serpientes y sus mascarones, cada fachada es una obra maestra barroca de una originalidad exquisita. Por medios muy distintos, Uxmal se une a Tikal o a Palen-

que en el nivel más alto de las creaciones de un pueblo y de una cultura.

En ninguna parte tanto como en Uxmal se trató el mascarón de Chac como elemento decorativo, sobre todo en los ángulos de los monumentos, donde se destaca contra el cielo con su nariz en forma de trompa. En cuanto a la perfección del trabajo de la piedra, con la finura de la talla y el ajuste preciso de las piezas, esa ciudad no fue superada y ni siquiera igualada en ningún otro sitio.

El estilo *puuc* no se limita en absoluto a la zona de las colinas.

Uxmal, Cuadrángulo de las Monjas

Página siguiente: mascarón de Chac

Detalle de la fachada del palacio oeste

Página anterior:
Uxmal: Cuadrángulo
de las Monjas:
mascarones de Chac
superpuestos

Uxmal:
decorado de la Casa
de las Tortugas

La parte antigua de Chichén Itzá, que data del Clásico tardío, presenta de él ejemplos de buena calidad con monumentos, por lo demás de dimensiones modestas, como "la Iglesia".

LOS SITIOS "CHENES". HOCHOB

Más al sur, los sitios de la región llamada "Chenes" (de *chen*, pozo) retoman en resumen los procedimientos y los temas del estilo *puuc*, pero dentro de un registro más florido. El mascarón de Chac deviene ya no un ornamento de la fachada, sino la fachada en sí. Su boca monstruosa es la puerta por la cual se penetra en el palacio. Pero, a decir verdad, no hay división estanca entre *puuc* y *chenes*. Los sitios *chenes* más importantes, Edzná, Hochob, Santa Rosa Xtampak, están mucho más próximos, por su estilo, de los sitios de las colinas yucatecas que algunas ciudades de El Petén. Influencias exteriores, provenien-

Uxmal:
fachada del Palacio del
Gobernador (detalle)

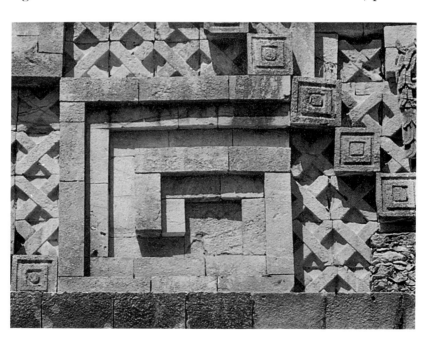

Página siguiente:
Uxmal:
Palacio del Gobernador

tes de la costa del Golfo, de Tabasco y de Veracruz, pudieron propagarse a lo largo de las costas. Esas influencias se señalan por medio de representaciones de personajes obesos, enanos, o incluso mediante motivos fálicos ajenos a la tradición maya.

Las ruinas de Hochob (municipio de Hopelchén, estado de Campeche) se pueden considerar características del estilo *chenes*. El edificio principal se compone de una construcción central rematada por una crestería calada, y por dos alas más pequeñas o menos elevadas. Cada uno de esos tres cuerpos de edificio se abre hacia el exterior mediante una puerta que no es otra cosa que las fauces de un ser monstruoso. A cada lado del cuerpo central, entre éste y las alas, se levantan dos pilastras con decorado geométrico (rombos), rematadas por un mascarón. Pero lo que impresiona sobre todo al observador es la profusión inaudita, la proliferación de elementos decorativos, sobre todo de grecas, que cubren la fachada. En cuanto a la crestería, está constituida por dos filas superpuestas de estatuas.

La propia abundancia florida se encuentra en otros sitios de la misma región, por ejemplo en Dzibilnocac, mientras que en Nucuchich es un mascarón colosal de estuco, con cerca de dos metros de altura, lo que adorna la fachada de una torre en ruinas.

Al oeste de Hochob y a unos cuantos kilómetros al sureste de la

ciudad de Campeche, el sitio de Edzná se señala tanto por las dimensiones de sus plazas ceremoniales y de sus monumentos como por su estilo, que aparece como marca de una transición entre las zonas *chenes* y *puuc,* e incluso la región central. Varios grupos de edificios y un juego de pelota se ordenan alrededor de vastas plataformas rectangulares. El edificio principal, en forma de pirámide, se eleva a más de 30 metros sobre una base cuadrada de 60 metros por lado. Innovación singular: los cinco cuerpos superpuestos de la pirámide están rodeados de galerías, flanqueadas por piezas que se abren mediante puertas, algunas de ellas sostenidas por columnas. En la cima de la pirámide, un santuario abovedado tiene como remate una alta crestería calada con aberturas verticales. Se llega a él por una ancha escalinata. Ese edificio estaba decorado con mascarones de estuco, de los que no subsisten sino fragmentos.

Varias estelas con personajes esculpidos e inscripciones de Cuenta Larga, cuyo estilo evoca a El Petén y al Usumacinta, dan fechas que se escalonan entre 672 y 810. Edzná fue por tanto contemporánea de los grandes centros del Clásico tardío.

Las dos zonas, *puuc* y *chenes,* presentan todavía un carácter común; la cerámica que se encuentra allí no es la de la época clásica maya de regiones situadas más al sur, la bella cerámica policroma llamada "Tzakol" y luego "Tepeu". Es una cerámica apizarrada que se encuentra tanto en la región *puuc* como en Oxkintok, más al norte, y en Edzná, más al sur.

También hay que tener presente el hecho de que, pese a las diferencias culturales y a las distancias, los mayas viajaban mucho más de lo que creemos a través de su territorio, principalmente por motivos religiosos. El Gran Cenote de Chichén Itzá, que debía alcanzar su más alto grado de celebridad después del año 1000, era ya una meta de peregrinación y de ofrendas en los siglos VII y VIII. Viajeros creyentes llegaban allí desde muy lejos. Entre los objetos que se han podido recuperar mediante dragados en el fondo del extenso pozo natural, figuran un jade grabado que muy probablemente provenía de Palenque, con la fecha de 690, y otra pieza sin duda de Piedras Negras que llevaba la fecha de 706. Por tanto, se debe representar ese mundo maya clásico, con su diversidad, formando sin embargo un todo en el interior del cual circulaban los hombres y las ideas.

La zona de Río Bec. Xpuhil

La tercera y última zona del Yucatán occidental, la que se encuentra, como se ha dicho, en contacto con la frontera cultural entre la región central y la península, es la conocida como Río Bec, llamada así por referencia a uno de los sitios más notorios. Es sorprendente observar que el estilo de Río Bec, geográficamente el más cercano a El Petén, estéticamente es el más alejado de él. Un monumento típico de ese estilo es el templo de Xpuhil: la fachada del santuario, que se abre mediante tres puertas, está enteramente esculpida con motivos geométricos y mascarones; pero, sobre todo, el monumento está dominado por tres torres, dos situadas lateralmente, y una al centro y retraída. Cada torre tiene la forma y el aspecto de una pirámide decorada con enormes mascarones, y está rematada por un templo con crestería al que se llega por una empinada escalinata. Pero sólo es una ilusión óptica: los seudopeldaños de escalinata no son sino estrías talladas en la masa, y los templos son postizos. Casi podría decirse que esas torres, construidas a fines del período Clásico (hacia el año de 875), son una parodia de las pirámides de Tikal. ¿O se trata quizás de una imitación que podría poseer cierto valor simbólico en la liturgia?

Aún se conoce poco esa zona, que parece haber gozado de una gran prosperidad agrícola y que literalmente está salpicada de vestigios arqueológicos.

En Becán, un foso de 2 a 4.5 metros de profundidad sin duda fue concebido como fortificación, lo que no deja de ser sorprendente puesto que las ciudades clásicas no estaban fortificadas. Pero Becán se encontraba próxima a la frontera cultural, y probablemente política, entre El Petén y Yucatán. Estudios recientes[1] muestran que, al principio del período Clásico (siglos III-V), ese sitio estuvo en contacto con Teotihuacan: en efecto, en niveles clásicos antiguos se encuentran allí utensilios y puntas de lanza

---

[1] Joseph W. Ball, *Actes Congr. Int. Amér.*, París, t. VIII, pp. 271 y ss.

116

de obsidiana verde, materia prima que sólo podía provenir del centro de México (de la región de Pachuca) y constituía uno de los elementos del comercio de Teotihuacan con el mundo maya, desde El Petén hasta la costa del mar Caribe. Las excavaciones hechas en Altún Ha, Belice, han revelado en ese centro la presencia de la misma obsidiana. Tanto en Becán como en Altún Ha, la técnica del tallado de la piedra que permite obtener puntas de dos caras es idéntica a la de Teotihuacan.

A partir de mediados del siglo V, se ven aparecer en Becán los rasgos esenciales de la cultura maya de El Petén: la cerámica y el complejo estela-altar, en tanto que deja de utilizarse la obsidiana verde del Altiplano Central. Las construcciones que hasta entonces no se levantaban sino en el interior del foso fortificado se establecen fuera: indicios todos que se pueden interpretar con el significado de que El Petén (¿Tikal?) extendió su influencia y quizás su dominio a la región de Becán.

Como quiera que sea, la zona de "Río Bec" conservó al fin y al cabo su originalidad: en los campos de la arquitectura y la escultura siguió siendo muy distinta de El Petén. De presentar analogías, sería más bien con el estilo *chenes*, el cual, en cierto modo, supera al de los sitios del sur. Por ejemplo, Chicanná podría calificarse de sitio *superchenes*, con sus fachadas que no son sino las fauces enormemente abiertas de un monstruo, o tal vez del dios creador Itzamná, erizadas de colmillos y enriquecidas con un exuberante decorado de grecas y de volutas.

Jaina

A cierta distancia de la costa occidental de Yucatán, la isla de Jaina, necrópolis cuyas tumbas contienen figurillas de barro policromo en abundancia, nos permite contemplar un aspecto original y poco conocido del arte maya. De individuos o grupos, esas estatuillas son muy distintas a la vez del arte decorativo y geométrico de la vecina península y de las escenas rituales o históricas de la escultura de El Petén y del Usumacinta, aunque la estilización del rostro humano se conforme a las convenciones de la zona central. Se trata aquí de un arte mucho más popular, hecho de observación aguda y a menudo humorística. Algunos personajes se representan con una intención caricaturesca evidente: trajes recargados de ornamentos, tocados gigantescos; una anciana sonríe maliciosamente; un viejo desdentado y arrugado estrecha contra sí a una joven. Todos los tipos, todas las ocupaciones se incluyen entre esas figurillas, verdadera enciclopedia en tres dimensiones de la vida maya en el siglo VII: señores en actitudes llenas de dignidad, mujeres que accionan su telar, jugadores de pelota con su grueso cinturón protector, sin olvidar a algunas personalidades del mundo divino como una diosa de la luna o, mejor aún, motivo bastante frecuente, una divinidad que sale del cáliz de una flor. En cualquier caso, es sorprendente encontrar una forma de arte tan sonriente, tan próxima a la vida, concentrada en una necrópolis.

Jaina no es el único sitio en que ese arte de las figurillas de

Página siguiente:
Jaina:
figurilla de barro.
Museo de Antropología,
México

Jaina:
figurilla de barro

cerámica haya florecido en la época clásica. En Jonuta, estado de Tabasco, sobre el Usumacinta inferior y a unos 320 kilómetros al suroeste de Jaina, se han descubierto figurillas y cabezas de barro de buena calidad. También en Lubaantún, Belice, sitio de la región central, se pueden observar figurillas que representan sobre todo jugadores de pelota, no exentas de fuerza, sin alcanzar el nivel estético de las figurillas de Jaina.

A decir verdad, parecería que, bajo la pesada capa del arte "oficial" religioso o dinástico de la civilización clásica, hubiera subsistido una tradición mucho menos hierática, más naturalista, que aflora en Jaina pero que se puede encontrar en los frescos de Bonampak, con sus escenas familiares pese a la importancia del aspecto ceremonial. Esa tradición naturalista se puede comparar con una corriente subterránea como las que circulan bajo la costra calcárea de Yucatán y revelan los cenotes.

Página anterior:
Jaina:
figurilla de barro.
Museo de Villahermosa

Por lo demás, ¿no se manifiesta ese mismo fenómeno en otras partes de México? La cerámica llamada de Occidente (Colima y

Nayarit) con sus representaciones de hombres y de animales, sus escenas de diversos personajes, la vivacidad y el humor que de ellas se desprenden, aparece como prolongación y floración de la cerámica preclásica, con sus figurillas torpes que sin embargo buscan reflejar la diversidad de los seres, de los trajes y los ornamentos. Mientras que en el centro de México la ahogaron las civilizaciones con predominancia teocrática, como la civilización olmeca y posteriormente la de Teotihuacan, esa forma de arte sobrevivió y conoció un auge sorprendente en los límites del noroeste de Mesoamérica, al margen de las grandes civilizaciones clásicas.

Jaina:
mujer con
telar de cintura.
Figurilla de barro.
Museo de Antropología,
México

LA CERÁMICA DE LAS TIERRAS ALTAS

Volvamos a los mayas: la cerámica pintada de las Tierras Altas de Guatemala, las vasijas de Nebaj, de Chamá, de Ratinlinxul, decoradas con escenas mostradas con realismo y a veces con humor, representan también esa veta "no teocrática" que bien puede haberse desarrollado en esa región marginal en que la civilización azteca no ejerció sino una influencia moderada y que permaneció fuera del gran movimiento de ideas y de ritos materializado mediante el culto de las estelas fechadas.

La vasija de Ratinlinxul es quizás la representación más antigua del negociante típico de la antigüedad mesoamericana —al que los aztecas honrarán como *pochtécatl*—, pues sin duda a él es a quien se ve a los lados de la vasija, bien arrellanado en un palanquín, abanico en mano, con su séquito: un cargador cuya carga está sujeta a una correa para la frente [*mecapal*], tres guardias con penacho. . . e incluso un perro.

Las escenas pintadas en las vasijas de Chamá y de Nebaj resultan de más difícil interpretación. Unas y otras muestran personajes con tocados sumamente elaborados, en actitudes muy vivas y de un realismo tal que es posible preguntarse si no se trata en verdad de retratos.

Esa forma de arte gráfico se desarrolló en el alto valle del Chixoy, sin que se le pueda vincular con una arquitectura o una escultura análogas a las de la zona central o del Usumacinta. Se trata pues de un fenómeno marginal, que se manifiesta al nivel de pequeñas poblaciones rurales, situadas al margen de las grandes ciudades clásicas.

Vasija de cerámica policroma

V. Decadencia y renacimiento: fin del período Clásico y principios del Posclásico

El enigma del hundimiento maya
La dislocación de la sociedad maya clásica
Renacimiento en Yucatán
Chichén Itzá, capital maya posclásica
Mayapán: la decadencia

COMO un corazón que late cada vez más débilmente y termina por detenerse, el ritmo de las inauguraciones de templos y de estelas va disminuyendo a partir de los últimos años del siglo VIII (diecinueve ciudades erigen monumentos fechados al término del katún 9.18.0.0.0, es decir, 790 de nuestra era) y las dos únicas fechas conocidas de principios del siglo X, 10.4.0.0.0 (909), una en Toniná, en la meseta de Chiapas, y la otra en Tzibanché, Quintana Roo, marcan el fin del período Clásico.

¿Qué ocurrió durante esos 119 años? ¿Cómo explicar que una civilización vigorosa, fuertemente original, que había llegado a un alto grado de perfeccionamiento intelectual y artístico, haya desaparecido de manera tan completa? ¿Sucumbió al asalto de los elementos o de otras sociedades humanas? ¿O bien se derrumbó porque se hallaba oculto en sí misma un germen de destrucción?

Todas esas preguntas se han planteado y discutido desde hace decenios y decenios.

Una abundante bibliografía, coloquios y congresos se han dedicado últimamente a ese episodio dramático de la vida autóctona en el continente americano y, también fuera del episodio mismo, al examen que suscita el gran problema de la muerte de las civilizaciones.

Nadie puede pretender siquiera haber encontrado una respuesta irrefutable a esos interrogantes. Sin embargo, algunos aspectos se pueden considerar suficientemente aclarados, y cuando menos se pueden descartar ciertas hipótesis.

Antes que nada, con toda seguridad se puede dejar de lado la idea apocalíptica de los males naturales: temblores de tierra o epidemias que hubieran arrasado de pronto a las ciudades mayas. Evidentemente, los monumentos clásicos sufrieron por la intemperie y tal vez más todavía por la vegetación exuberante que los cubrió, y dislocó algunas veces: no fueron derribados ni destruidos por los sismos. Por otra parte, la zona central está muy lejos de las líneas de falla de la corteza terrestre y no fue alcanzada por los cataclismos que devastan periódicamente el altiplano de Guatemala. Nada permite afirmar que el territorio en que se desarrolló la civilización maya haya sufrido algún cambio de clima de tal magnitud que esa civilización no hubiera sobrevivido. Por otra parte, es muy posible que en determinados momentos algunas epidemias hayan diezmado la población y debilitado las ciudades. Pero habría que suponer que persistieron durante más de un siglo y sería sorprendente que no quedara ningún rastro de ellas ni en las inscripciones ni en las tradiciones. Además, la mayoría de las enfermedades que contribuyeron a reducir la población en las zonas tropicales de México y de Guatemala, como la viruela y el paludismo, fueron introducidas por los europeos a partir del siglo XVI. J. Eric S. Thompson ha demostrado que, según todas las posibilidades, la población maya no decreció de manera drástica tras el hundimiento de los grandes centros urbanos: se repartió en pequeñas comunidades rurales, cada vez más aisladas unas de otras, pues el abandono de las ciudades tuvo por resultado la recesión económica y la ruptura de las relaciones comerciales.

¿Habrá sufrido entonces la civilización clásica el choque de otras sociedades no mayas que la habrían destruido mediante la invasión y la guerra? Nada, absolutamente nada apoya esa hipótesis. Cierto, acá y allá se pueden señalar algunos rastros de violencia: de ese modo fue golpeado el famoso tablero 3 de Piedras Negras. Pero se trata de hechos esporádicos, en realidad muy raros, que evocan, más que la intervención exterior de guerreros enemigos, el alzamiento de una parte de la población, e incluso una venganza política o dinástica.

Como lo hemos mencionado, durante el período final se pueden apreciar influencias externas e incluso irrupciones de elementos no mayas, sobre todo en Seibal, en el siglo IX. Pero es conveniente no confundir un efecto con una causa; en otras palabras, si los mayas más o menos mexicanizados de la costa del Golfo, los putunes o chontales, pudieron desempeñar un papel importante en el corazón del territorio maya clásico, fue porque, en su fase de expansión, se encontraron frente a una civilización afectada ya en su dinamismo, y tal vez moribunda.

Ya hemos visto que los indicios de influencias o de penetraciones no faltaron ni siquiera en pleno florecimiento clásico. Es posible que la presión de los hombres y de las ideas llegados del Altiplano Central se haya acentuado a partir del año 800 d.C., no sólo en la zona de El Petén y del Usumacinta, sino también en Yucatán. En el noreste de la península, no lejos de Chichén Itzá, la gruta de Balankanché fue un verdadero santuario subterráneo consagrado a dioses mexicanos, y sobre todo a Tláloc. Una fecha obtenida mediante el método del carbono 14 corresponde a 870, con un error posible de 100 años.

Así, todo lleva a investigar las causas de ese acontecimiento, no en el exterior de la sociedad maya, en la naturaleza o en grupos humanos extranjeros, sino más bien en el interior de ella misma. Una primera serie de consideraciones se apoya en factores económicos: basada únicamente en el cultivo de la milpa, es decir, en la producción del maíz en tierras barbechadas por tumba-roza-quema, la civilización urbana habría sido víctima de una trágica desproporción entre sus recursos alimentarios demasiado limitados y su población en crecimiento.

En efecto, es posible que ese desequilibrio haya desempeñado algún papel en la decadencia de las ciudades. Sin embargo, no hay que olvidar que, contrariamente a la teoría expuesta líneas arriba, la agricultura maya antigua disponía de recursos variados y abundantes: maíz cultivado en tierras particularmente fértiles de los bajos, tubérculos comestibles, ramón o árbol del pan, etc. Por otra parte, si la penuria de víveres hubiera derivado orgánicamente de la inadecuación de los sistemas agrícolas, habría tenido que manifestarse, no tardíamente en el siglo IX, sino desde la época de florecimiento cuando la actividad de construcción monumental exigía el máximo de esfuerzos. Se puede admitir que, durante la fase final, el campesinado haya asegurado menos eficazmente que antes el reabastecimiento de los centros. Pero en ese caso se trata de un hecho social y político, y no de una fatalidad económica.

Otros elementos de explicación se pueden encontrar en la desintegración progresiva de la sociedad tradicional. A juzgar por las descripciones de los grandes centros, la casta sacerdotal, depositaria de la herencia espiritual e intelectual, parece haberse alejado cada vez más de las realidades cotidianas. Si durante mucho tiempo gozó de un prestigio y de una autoridad ilimitados fue porque, disponiendo del calendario y de los ritos, y misteriosamente vinculada al mundo divino, ordenaba soberanamente los trabajos de los hombres, fijaba las fechas de las ceremonias y aseguraba la continuidad de las estaciones y de las subsistencias. El campesino maya, cuyo trabajo suministraba su base a la sociedad compleja y brillante de las ciudades, obedecía a los sacerdotes porque le parecían amos del tiempo y de los elementos. Pero a medida que aquellos sacerdotes consagraban cada vez más su actividad a insondables especulaciones matemáticas, a cálculos vertiginosos, a incursiones en el abismo del tiempo y a la observación de las profundidades del espacio, un foso de incomprensión debía ahondarse entre ellos y la masa del pueblo.

Al mismo tiempo, con el ascenso del militarismo, los señores de la guerra suplantan a los sacerdotes y les quebrantan su poder. Tal vez en las ciudades haya habido luchas entre un partido tradicionalista, sacerdotal y conservador, y un partido militar,

belicoso y revolucionario, como ocurrió en Tula, en el Altiplano Central, cuando Tezcatlipoca destronó al rey sacerdote Quetzal-cóatl. De todos modos, la fuerza creciente de las dinastías sedientas de poder —el bajorrelieve del templo III de Tikal, inaugurado en 810, representa a uno de esos jefes, personaje obeso vestido con una piel de jaguar— no dejaba de introducir en la sociedad maya clásica un factor de dislocación.

Es posible imaginar que la masa campesina, cansada de suministrar su trabajo, el producto de sus campos, la fuerza de sus brazos, sea a una *élite* sacerdotal perdida en las nubes, sea a jefes guerreros proclives a las aventuras, poco a poco haya dejado de asumir la parte que le correspondía tradicionalmente en la sociedad. Es posible que se haya replegado sobre sí misma, desinteresándose de la vida urbana. La palabra "huelga" sería demasiado fuerte y demasiado moderna; una especie de secesión, con frecuencia pasiva, que de vez en cuando tomaba forma de revueltas o de levantamientos campesinos, bien pudo prolongarse y agravarse de generación en generación durante esos 120 años fatales. Otros factores se combinaron sin duda para hacer irreversible la decadencia: disminución del comercio, inseguridad vinculada al belicismo, exilio o "reconversión" de la *élite* intelectual, empobrecimiento de los artesanos, los escultores, los pintores, los talladores, los alfareros. A partir de cierto grado de desintegración, el proceso se acelera irresistiblemente.

En cualquier caso y sean cuales fueren las causas de ese trágico "caer del telón", lo cierto es que, luego de las fechas terminales, cesan completamente toda construcción de templos o de palacios, toda inscripción y toda escultura. En Tikal, en Palenque, grupos cada vez más reducidos y cada vez más incultos acampan pasajeramente en las ruinas, desplazan o reutilizan estelas, acondicionan pequeñas piezas en las grandes salas de los palacios, tratan posiblemente de saquear tumbas. Después del año 400 antes de

126

Chichén Itzá:
Templo de los Guerreros

nuestra era, el mismo espectáculo se nos ofrece en La Venta, el gran centro olmeca: tal es el destino de toda civilización que muere.[1]

El abandono de las ciudades clásicas fue total. Cuando Hernán Cortés, en 1525, atravesó el sur de México y El Petén en su camino a Honduras, pasó a poca distancia de sitios tan importantes como Palenque y Tikal. Todo lo pasó por alto. En esencia, las ciudades mayas clásicas no fueron redescubiertas sino el siglo pasado, enterradas bajo las lianas y la selva, entre los monos, los loros y los jaguares.

Así, el silencio volvió a hacerse sobre lo que fueron seis siglos de una bella aventura humana. Pero, más al norte, en Yucatán, donde la eclosión de la civilización clásica fue más tardía que en El Petén o el Usumacinta, nuevas fuerzas trabajan ya mientras otras pronto van a entrar en acción.

RENACIMIENTO EN YUCATÁN

Hacia fines del siglo X y principios del XI, todo parte de esta región-eje en la base de la península de Yucatán, donde coexisten o se mezclan tres etnias: los mayas chontales, también llamados putunes, que hablan un dialecto próximo al de Yucatán y que, a bordo de sus embarcaciones, rodean toda la península y penetran hasta El Petén por la vía fluvial; los nahuas que descienden del Altiplano Central, donde se levanta la gran metrópoli guerrera de Tula; los pueblos de la costa del Golfo y de la Tierra Caliente, aquellos que los aztecas más tarde llamaron totonacas, "los de Tierra Caliente", u olmecas-uixtotin, "los del país del

[1] Las ruinas de Yaxchilán siguen siendo hasta la actualidad un lugar sagrado para los lacandones de la cuenca del Usumacinta, que van allí una vez al año para quemar incienso ante los monumentos y para adorar algunas esculturas. Al menos ellos respetan esos vestigios, cuyo origen atribuyen a los dioses.

caucho y del agua salada". Los primeros ciertamente son mayas, pero fuertemente influidos por sus vecinos nahuas; en la época de la Conquista española, su territorio se extendía desde el río Copilco, al oeste de Comalcalco, hasta la costa meridional de Campeche, y, junto con la gran Laguna de Términos, comprendía los deltas del Grijalva y del Usumacinta, territorio anfibio sembrado de lagunas y recorrido por ríos perezosos, donde en gran parte se vivía en barcas, de donde viene su nombre mexicano de Acallan, "el país de las barcas". De cada 14 nombres de personas conocidos entre los mayas putunes, 11 son de origen náhuat.[2] Algunas poblaciones náhuat eran vecinas de las poblaciones mayas en el delta del Grijalva. Los señores de Potonchán pertenecían a una familia de nombre Cipaque, es decir Cipactli, el monstruo acuático o cocodrilo mítico que corresponde al primer día del calendario ritual y adivinatorio. Conviene recordar aquí que el glifo Cipactli figura dos veces en la estela 3 de Seibal, testimonio de una influencia extranjera, durante el siglo IX, en el valle del río de la Pasión.

Una rama de aquellos mayas putunes, probablemente muy mexicanizada, era conocida con el nombre de itzaes; esa rama debía desempeñar un papel histórico muy importante.

Los nahuas que residían en aquella zona de los deltas, o que iban allí para ejercer el comercio —hasta allí llevaban las mercancías provenientes del Altiplano Central, que los mayas putunes distribuían en Yucatán y hasta en Honduras—, debían constituir un grupo bastante mezclado: negociantes, aventureros y mercenarios, exiliados políticos expulsados por los desórdenes de Tula. Las tradiciones mayas de Yucatán hacen de ellos un retrato poco halagüeño:

> Sus corazones se ahogan en el pecado. Muertos están sus corazones en el pecado carnal... Torcida es su garganta, ladeada su boca, entrecerrados sus ojos, y se le escapa la saliva... Muy niño estuve en Chichén, cuando el perverso, el señor de la guerra, se apoderó de nuestro pueblo. Ay, en Chichén ha vencido el hereje... Se ha dicho que fuimos criados por Mizcit-Ahau... como animales domeñados.

Así se expresaba el "Profeta-Jaguar", el *Chilam Balam* de Chumayel.

Mizcit Ahau, "el Señor Mezquite", por el nombre de un espino, de la familia de las mimosas, que crece en el centro de México y en los desiertos del norte, designa evidentemente a un jefe guerrero nahua. La herejía es la religión mexicana introducida en Yucatán por los invasores.

En cuanto a la gente de la costa del Golfo, en lo que actualmente es el estado de Veracruz, aportó a ese "crisol" lo que siempre la caracterizó en la historia autóctona: un gusto artístico muy vivo, el sentido del color y del ornamento, y también —elementos no mayas y no nahuas— cultos fálicos y escenas eróticas.

Desde el año de 869, una familia maya-mexicana, los Tutul Xiu (forma mayizada del nombre náhuatl *Xiuhtótotl*, "pájaro de turquesa") se destacó en la región de los deltas. Setenta y nueve años

---

[2] Se trata aquí del dialecto que, a diferencia del azteca, no toma en cuenta el fonema -*tl*.

después, en 948, los xiu penetran en Yucatán y, desde 1007, se instalan en Uxmal. La gran ciudad clásica estaba abandonada. Comportándose como advenedizo poco escrupuloso, el jefe de la familia, Ah Zuitok Tutul Xiu, ¡alardeará de haberla fundado!

Pero es sobre todo en 918 y 987 cuando Yucatán va a asumir sus nuevos rasgos y a cobrar un auge extraordinario con el impulso de dos grupos de inmigrantes.

En 918, habiendo rodeado la península por el norte, los putunes itzaes se apoderan de la isla de Cozumel en el mar Caribe, cerca de la costa oriental de Yucatán, desembarcan enfrente de la isla en Polé y se instalan en Chichén Itzá; más exactamente, dan el nombre de Chichén Itzá, "a la orilla del pozo de los itzaes" (alusión al gran cenote que es característica esencial de la ciudad), a una ciudad de estilo *puuc* y de mediana importancia en la época clásica.

En 987, una nueva oleada de invasores, compuesta en gran parte por toltecas, es decir, por gente de lengua náhuat llegada de Tula al mando de un prestigiado jefe, penetra en Yucatán por el suroeste y se establece en Chichén Itzá. Ese jefe se llama, en maya, *Kukulcán,* "serpiente-pájaro quetzal", traducción del Quetzalcóatl nahua-tolteca. Aunque los textos tradicionales, los *Libros de Chilam Balam,* difícilmente sean favorables a los invasores, no parece que éstos hayan encontrado una fuerte resistencia por parte de los mayas. Se libraron combates, evocados mediante algunas pinturas murales y en las escenas grabadas en discos de oro, pero pronto se resolvieron en favor de los recién llegados. Al mismo tiempo que introducían en Yucatán conceptos arquitectónicos, artísticos, y religiosos muy nuevos, los tolteco-itzaes respetaron las creencias y las costumbres de la región. Probablemente poco numerosos y no habiendo mujeres entre ellos, no tardaron en mezclarse con la población y en adoptar su lengua. Sin embargo, las familias más influyentes siguieron afirmando orgullosamente su origen mexicano.

Chichén Itzá, capital maya posclásica

Chichén Itzá, la ciudad de la Serpiente Emplumada, dominó el este y el norte de Yucatán durante más de dos siglos. La civilización mestiza tolteca-maya se refleja allí en todas las obras del hombre, desde la pirámide hasta el juego de pelota, desde el oro

Chichén Itzá: el "Caracol"

Chichén Itzá:
columnata y pirámide
llamado El Castillo.

Chichén Itzá:
columnata

Página siguiente:
Chichén Itzá:
El Castillo
visto desde lo alto del
Templo de los Guerreros.
Columna en forma de
serpiente emplumada,
Chacmool, estatua
"portaestandarte".

cincelado hasta el fresco. El renacimiento posclásico se afirma en ella con el vigor casi bárbaro de los invasores mexicanos, vinculado a la finura incomparable de los artistas mayas.

El sitio de Chichén Itzá se extiende a lo largo de aproximadamente 4 kilómetros de norte a sur. La parte meridional de la ciudad data del Clásico tardío: es la ciudad *puuc,* de la que no sabemos qué nombre llevaba entonces.

Los principales monumentos de aquella época son: el Templo de la Serie Inicial, donde se aprecia la única fecha conocida en Chichén Itzá, 10.2.10.0.0 (879), fecha tardía; "La Iglesia", edificio de excelente estilo *puuc;* el Templo de los Tres Dinteles, y el monumento llamado *Akab Dzib,* "escritura oscura", donde está grabada una inscripción indescifrable. Poco más al norte se yergue el observatorio llamado "El Caracol", torre cilíndrica a cuya parte alta se llega por una escalera de caracol; la cámara de observación, destruida en parte, permitía mirar, mediante troneras, en dirección de algunos puntos del horizonte, sobre todo observar la puesta del Sol el 21 de marzo (equinoccio de primavera) y determinar las declinaciones de la Luna al sur y al norte. Ese monumento debió de construirse antes de la invasión itzá, muy a fines de la época clásica, a principios del siglo X.

Aunque relativamente poco importante, la ciudad *puuc* de Chichén Itzá era un centro de peregrinación conocido en el mundo maya: se sabe que, entre las ofrendas arrojadas en el Cenote Sagrado, se han encontrado jades tallados provenientes de Piedras Negras y sin duda de Palenque. Es significativo que los itzaes y los toltecas hayan tomado bajo su mando los puntos de peregrinación más importantes: el de Ixchel, la diosa de la Luna en la isla de Cozumel; el de Itzamná, el dios creador, y el del Sol en Izamal; el de los Chaques, dioses de la lluvia en Chichén Itzá.

No es dudoso que en ello deba verse un designio político. Asimismo, la yuxtaposición de divinidades mexicanas y de dioses mayas en los monumentos —Quetzalcóatl y Chac en la fachada del Templo de los Guerreros— revela una voluntad deliberada, entre los invasores, de contemporizar con los autóctonos y de

El tzompantli de Chichén Itzá

Detalle del tzompantli

abrir camino a un sincretismo que les permitiera afirmar sin demasiada dificultad su hegemonía.

Un fresco del Templo de los Guerreros nos ofrece la imagen de la *Pax tolteca* tal como reinó en el transcurso de los dos siglos de esplendor de Chichén Itzá. Una población situada en la costa se pinta allí con sus chozas a la manera tradicional, sus árboles, varios indios entregados a sus ocupaciones —portadores cargados con fardos, comerciantes apoyados en sus bastones de viajero—, escena apacible y típicamente maya: pero en un extremo del pueblo se levanta un templo del que surge, agresiva, una serpiente emplumada; y, a lo largo de la costa, patrullan tres embarcaciones, cada una de las cuales, además del piragüero, lleva dos soldados armados de escudos redondos y lanzadardos. El dios y los guerreros de Tula velan sobre la antigua tierra maya de Yucatán.

Ese fresco debe compararse con varias pinturas murales del mismo templo y del Templo de los Jaguares. Se trata de escenas de combate entre toltecas y mayas. Algunos prisioneros son arrastrados, con el cuerpo pintado de largas líneas rojas, para indicar que están destinados al sacrificio. Y los sacrificios humanos se representan en uno u otro de esos templos, con una precisión que no deja lugar a dudas; se trata claramente del sacrificio según el método característico de los pueblos del centro de México: se tiende a la víctima sobre la piedra de los sacrificios, dos sacerdotes la sostienen de las muñecas y los tobillos, un tercero le asesta el golpe del cuchillo de sílex que, abriéndole el pecho, permitirá al oficiante arrancarle el corazón.

Obtenidos probablemente en Costa Rica o en Panamá y cincelados en Yucatán, los discos de oro encontrados en el Cenote evocan escenas análogas. En la tierra o en el mar —los mayas en

133

Chichén Itzá:
disco solar,
mosaico de turquesa
y obsidiana

balsas, los toltecas en embarcaciones—, los guerreros extranjeros combaten victoriosamente a los autóctonos. Sus penachos de plumas de águila, sus lanzas y sus lanzadardos contrastan con los tocados de largas plumas de quetzal y las lanzas trabajadas de los mayas. Uno de esos discos narra la última prueba de un sacrificado, quien contempla a una serpiente emplumada que planea por encima de los sacerdotes.

Guerreros, sacrificios humanos, serpientes emplumadas: la arquitectura y la escultura de Chichén Itzá reflejan las de Tula, la lejana metrópoli de las Tierras Altas, como el investigador francés Désiré Charnay había sido el primero en observarla en el siglo pasado. La bóveda de piedras saledizas aún se emplea en Chichén Itzá, con frecuencia para cubrir vastas salas gracias a diversas bóvedas sostenidas mediante columnas. En general, Chichén Itzá es mucho más tolteca o mexicana que maya, con sus columnatas, sus fachadas y sus atlantes, pero con una finura y una complejidad en la elaboración, de las que puede concluirse que los planos y los diseños fueron mexicanos, pero que los constructores y los escultores fueron mayas. Así, en comparación con la metrópoli, la ciudad filial brilla con una luz más viva y Tula es la que parece "provinciana".

Los rasgos fundamentalmente toltecas de la arquitectura y de la escultura de Chichén Itzá son los siguientes:

a) Santuarios con fachada de entrada a la que enmarcan dos columnas en forma de serpientes emplumadas, cuya cabeza descansa en el suelo mientras que el cuerpo constituye el fuste de la columna y la cola, adornada de crótalos, sostiene el dintel.

b) Numerosas representaciones, sea de serpientes emplumadas, sea del "hombre-pájaro-serpiente", complejo mítico puramente tolteca.

c) Frisos de jaguares y de águilas que sostienen corazones humanos en sus garras: donde evidentemente se trata de los sacrificios y de las dos "órdenes" militares que habrán de encontrarse entre los aztecas, los "caballeros águilas" y los "caballeros tigres".

d) Cráneos esqueléticos esculpidos en los costados de una plataforma, el *tzompantli,* sobre la cual un caballete de madera servía para exponer los cráneos de los sacrificados.

e) Guerreros representados en bajorrelieve, principalmente en los pilares de las grandes salas de columnatas, con sus penachos de plumas de águila, sus escudos redondos, sus lanzadardos y su pectoral en forma de mariposa estilizada.

f) Atlantes esculpidos de cuerpo completo, que sostienen una losa o un altar.

g) Estatuas "portaestandartes" erigidas en lo alto de las escalinatas que conducen a los santuarios.

h) Estatuas de Chacmool,[3] personajes semirrecostados, con la cabeza levantada y el rostro vuelto hacia alguno de los lados, que sostienen en sus manos, sobre el vientre, una especie de cuenco circular. Esas esculturas típicamente toltecas se encuentran en todas las regiones de México en las que Tula ejerció influencia.[4]

i) Juegos de pelota en forma de doble T, delimitados mediante muros verticales en que se han encajado dos anillos.

j) Emblemas dispuestos en "almenas" al borde de los techos; algunas de esas almenas representan escudos y lanzas entrecruzadas, o incluso conchas estilizadas en forma de G mayúscula cuando han desaparecido las cresterías tan características de la arquitectura maya clásica.

La zona posclásica de Chichén Itzá empieza, alrededor de 500 metros al norte de los monumentos antiguos (Tres Dinteles, Akab Dzib), con la "Tumba del Gran Sacerdote", pirámide-tumba que data del año de 998, y con el cenote llamado Xtoloc, que proveía de agua potable a la población de los alrededores. Está limitada al este por el grandioso conjunto —sin duda el grupo monumental más impresionante de la antigüedad americana— que forman el Templo de los Guerreros, las Mil Columnas, el Mercado, flanqueados por varios juegos de pelota y temazcales o baños de vapor. Al oeste, el tzompantli, con sus bajorrelieves de calaveras gesticulantes, precede el inmenso terreno del Juego de Pelota de 180 metros de largo y 75 de ancho que enmarcan dos palacios (¿templos o tribunas?) al norte y al sur, tanto como el Templo de los Jaguares por el costado occidental.

En fin, al centro de la zona se levanta El Castillo, santuario de Kukulcán-Quetzalcóatl. Cuatro escalinatas permiten llegar al templo mismo, cuya fachada se ve enmarcada por serpientes em-

---

[3] Término inventado por el imaginativo arqueólogo norteamericano Augustus Le Plongeon (1826-1908), cuyo uso se mantiene tradicionalmente.

[4] Las recientes excavaciones del Templo Mayor de México han permitido descubrir un Chacmool policromo vinculado al santuario de Tláloc.

Doble página siguiente: Chichén Itzá: el Templo de los Guerreros y El Castillo

Chichén Itzá:
el Cenote Sagrado

plumadas mientras que las jambas de las puertas están esculpidas y representan guerreros toltecas. Las excavaciones realizadas
a partir de 1924 por arqueólogos mexicanos y estadounidenses
revelaron que la pirámide de El Castillo recubría un templo más
pequeño y más antiguo, donde se encontró un trono de piedra roja
incrustado de discos de jade que representan un jaguar. Sobre ese
trono descansaba un disco solar, un mosaico de turquesa y obsidiana. En el Templo de los Jaguares, el Sol se representa sentado
en un trono semejante al que se descubrió bajo El Castillo. Por
tanto, se puede concluir que el santuario más antiguo, construido
a principios del período Posclásico, estaba consagrado al culto del
Sol, mientras que el templo más reciente se hallaba puesto bajo la
invocación de Kukulcán-Quetzalcóatl, una de cuyas formas es
la Estrella de la Mañana. No está por demás recordar aquí que el
principal edificio de Tula, en Hidalgo, es un templo dedicado al
culto de la Estrella de la Mañana.

Alrededor de 300 metros al norte de la zona monumental que se
acaba de describir, y unido a ella mediante una calzada o *sacbé*
(camino blanco) se abre el Cenote Sagrado, los dominios de los
Chaques, dioses de la lluvia, y lugar de peregrinación desde la
época clásica. En él se arrojaban ofrendas: vasijas de cerámica,
jades tallados, discos de oro para obtener el favor de los Chaques
y, en caso de sequía prolongada, víctimas humanas. La tradición
oral exigía que aquellas víctimas fueran doncellas. Sin embargo,
en 1909, el cónsul de los Estados Unidos en Mérida, Edward H.
Thompson, emprendió el dragado del fondo del Cenote; las osamentas humanas recogidas así habían pertenecido a unos 40
individuos. De 35 cráneos, 13 provenían de hombres de 18 a 55
años de edad, 8 de mujeres de las que 6 tenían de 21 a 34 años en
el momento de su muerte, y 14 de niños que tenían entre 18
meses y 8 años. Con excepción de los de 4 niños de poca edad,
todos aquellos cráneos habían sido deformados, lo cual demuestra
que los sacrificados pertenecían a la aristocracia. Puesto que las
peregrinaciones empezaron cuando menos en el siglo VII y no

cesaron sino después de la Conquista española, al parecer los sacrificios de víctimas humanas arrojadas al pozo natural fueron relativamente poco numerosos.

Sea como fuere, la imaginación popular había tejido en torno del Cenote y de los Chaques toda una red de mitos: de ese modo, se creía que si alguna de las víctimas lograba sobrevivir se convertía por ese hecho en mensajero de los dioses.

Por sus dimensiones, y sobre todo por su complejidad, el Templo de los Guerreros constituye la cima de la arquitectura de Chichén Itzá. Los constructores asociaron allí en un solo conjunto a la vez armónico y majestuoso tres elementos fundamentales: las columnatas que bordean tanto la fachada anterior del monumento, de cara al oeste, como su fachada meridional, con una extensión total de más de 200 metros; la pirámide de cuatro cuerpos, cuya escalinata principal une la inmensa sala, actualmente sin techo, con el santuario; y, en fin, el propio santuario, vasto cuadrilátero al fondo del cual se erige un altar masivo sostenido por atlantes. Las columnas, de sección cuadrada, están esculpidas y representan a los guerreros que dieron su nombre al edificio. En lo alto de la escalinata, estatuas de portaestandartes parecen aguardar que en sus manos abiertas se vengan a fijar los estandartes de plumas preciosas que se izaban para las grandes fiestas. Si bien la viga superior de la entrada ha desaparecido, las dos serpientes emplumadas que la sostenían aún están allí y, entre ellas, en el eje de la escalinata y de la entrada, parece montar guardia un misterioso Chacmool. En las paredes del santuario se alternan las figuraciones del hombre-pájaro-serpiente mexicano y del Chac maya con su larga nariz curva. Como El Castillo, el Templo de los Guerreros fue construido encima de otro edificio recubierto por él, el Templo del Chacmool, donde los arqueólogos encontraron una de esas características estatuas toltecas.

Si el Templo de los Guerreros es testimonio de la coexistencia o

Chichén Itzá: altar sostenido por atlantes, detalle del Templo de los Guerreros

incluso del sincretismo de las religiones tolteca y maya, el pequeño palacio situado al norte del gran Juego de Pelota, como una especie de tribuna para espectadores de calidad, refleja una serie enteramente distinta de ideas y de ritos. Ocho cuadros nos revelan un mundo extraño y perturbador. Sacerdotes con tocados de los que salen altos penachos de plumas se consagran, entre plantas de abundante follaje, a ritos enigmáticos. Uno de ellos parece dirigirse a dos felinos hacia los cuales se inclina. Otro contempla unas aves que vuelan ante él. Dos ayudantes depositan una cabeza humana en un recipiente, en tanto que una mujer de largos cabellos que le caen sobre los hombros, vestida con una túnica por encima de pantalones bombachos, les lleva un cuenco que sostiene con precaución. Más allá, un cadáver envuelto en una pieza de tela está tendido por tierra a los pies de dos ayudantes. Otro cuadro representa un ídolo fálico ante el cual un sacerdote descubre sus órganos sexuales, sin duda para escarificarlos y ofrecer su sangre. Todo lo cual, tan poco parecido a las figuraciones mayas o mexicanas, refleja un ritual y una mitología, ¿pero qué ritual y qué mitología? ¿De dónde proviene esa mezcla de sexualidad, de

Arriba:
Chichén Itzá:
el Juego de Pelota,
vista que incluye
el Templo de los Jaguares

Abajo:
Chichén Itzá:
campo de juego y anillo

Página anterior:
Chichén Itzá:
plataforma superior
del Templo de los Guerreros.
Entrada del santuario.
Chacmool.
Fachada adornada
con representaciones
de Chac, el dios maya,
y de la serpiente emplumada,
el dios tolteca

141

ritos macabros y de representaciones animales? Sin duda de aquellas poblaciones de la costa del Golfo que entran por una parte en el "coctel" pluriétnico de los invasores instalados en Chichén Itzá.

El propio Juego de Pelota, verdadero *tlachtli* mexicano, está adornado con bajorrelieves que se cuentan entre los más acabados y más impresionantes del arte posclásico: en ellos se ven los dos "equipos" de jugadores en elegantes uniformes, con todas sus vestimentas y sus accesorios (cinturones almohadillados, rodilleras, etc.). Uno de los "capitanes" sostiene en una mano un cuchillo de sílex y en la otra la cabeza de su rival que acaba de decapitar. Y del cuello mutilado brotan plantas floridas y serpientes. Asociado al de las serpientes y de la vegetación, ese tema del sacrificio por decapitación se encuentra en el arte religioso de la vertiente oriental mexicana, como lo demuestra por ejemplo la bien conocida estela de Vega de Alatorre, Veracruz. ¿Habrá que concluir que cada "encuentro" del juego de pelota terminaba con el sacrificio de un "capitán"? Esa costumbre sería poco compatible con lo que sabemos del *tlachtli,* tal como se practicaba todavía en la época de la Conquista, juego aristocrático con un trasfondo

142

cosmológico y religioso, pero que sobre todo daba lugar a apuestas de bienes considerables, joyas, esclavos, propiedades.

Los bajorrelieves de Chichén Itzá se deben considerar más bien como expresión de mitos que vinculaban el juego a un concepto general del mundo, de la vida y de la muerte.

MAYAPÁN: LA DECADENCIA

Chichén Itzá resume a nuestros ojos todo el brillo del renacimiento posclásico puesto en marcha por la doble invasión de Yucatán. Sin embargo, no debe olvidarse que la ciudad de la Serpiente Emplumada no fue la única en desempeñar un papel importante en el Yucatán de los siglos X a XIII. Había naturalmente localidades como Izamal y Cozumel, y una serie de ciudades costeras, de puertos y de centros comerciales. También estaban Uxmal y los Tutul Xiu. Finalmente, se ve aparecer en la historia a la ciudad de Mayapán.

Diego de Landa atribuye a Kukulcán-Quetzalcóatl la fundación de esa ciudad. Según él, el soberano de Chichén Itzá habría dado a esa nueva ciudad su nombre mexicano-maya Mayapán, "la bandera de los mayas";[5] allí habría instalado a los grandes seño-res del país, y allí habría vivido con ellos varios años. Luego de lo cual, habría partido por mar hacia México, "y tras su regreso fue considerado por los mexicanos como uno de sus dioses con el nombre de Quetzalcóatl".

Ese relato más bien confuso proyecta en el pasado la fundación de Mayapán. Es dudoso que aquel acontecimiento haya sido contemporáneo de los principios del florecimiento de Chichén Itzá. Ni siquiera se puede estar seguro de que una "triple alianza" entre Chichén Itzá, Uxmal y Mayapán haya dominado realmente el

[5] Del nombre de los mayas y de la palabra náhuatl *pantli,* "bandera".

norte de la península. La arqueología nos permite representarnos a Mayapán como una ciudad de un nuevo tipo en el mundo maya, ciudad fortificada, rodeada completamente de un muro de cerco con 9 kilómetros de largo, dentro del cual se apretujaban 3 600 edificios, templos y residencias. Ese modelo de aglomeración deriva evidentemente de una época agitada, en que los riesgos de guerra hacen necesarias las fortificaciones. Se trata entonces de una fase tardía en que ya no reinaba la *Pax tolteca*. El estilo epigonal que caracteriza a Mayapán refuerza esa conclusión: los edificios principales no son sino torpes imitaciones de los templos y de los palacios de Chichén Itzá, con sus columnatas mal construidas y donde los defectos de la albañilería se disimulan bajo gruesas capas de estuco.

Landa afirma que los nobles yucatecos, "luego que hubo partido Kukulcán", se pusieron de acuerdo para confiar el mando principal a la familia Cocom. Según otras fuentes, los Cocom habrían tomado el poder por la fuerza valiéndose de los servicios de mercenarios mexicanos llegados de la costa del Golfo (de Tabasco). Como quiera que fuese, la hegemonía de Chichén Itzá tocó a su fin a principios del siglo XIII (¿1224?), y con ella el renacimiento yucateco.

A su vez, Mayapán va a asumir por espacio de dos siglos un dominio cada vez menos aceptado. Chichén Itzá es abandonada. Cierto número de emigrantes penetran hasta El Petén y allí fundan Tayasal, en la laguna de las Flores; ¡sus descendientes mantendrán allí su independencia hasta el año de 1697!

Por lo que toca a Yucatán, se puede afirmar que la caída de Chichén Itzá marca el principio de una decadencia que no hará sino agravarse hasta la invasión española.

VI. Aspectos de la vida de los mayas

Los "Libros de Chilam Balam"
y el "Popol Vuh"
Los códices mayas
Vestimenta y ornamentos
de los antiguos mayas
La jerarquía social
La religión: ídolos, sacrificios humanos
Los dioses de Yucatán
Escritura y calendario
La Cuenta Larga cae en desuso
Los portadores de año
Inscripciones lunares
La cosmogonía maya

Es POCO lo que sabemos de la vida de los mayas en la época clásica. Vivieron y desaparecieron sin testigos que hayan dejado una descripción de su cultura. Nuestras únicas fuentes de información sobre ellos son los vestigios que la arqueología pone a la luz, los bajorrelieves y la estatuaria, las pinturas murales y las figurillas, los jades y las cerámicas: material considerable, cierto, pero cuya interpretación no siempre es fácil. En cuanto a las inscripciones, pese a la labor tesonera de los investigadores desde hace más de un siglo, se hallan muy lejos de ser descifradas verdaderamente. La civilización maya antigua nos presenta un rostro enigmático, como habría sido el del Egipto de los faraones si no hubieran existido ni Herodoto ni Champollion.

Muy distinta es la situación de nuestros conocimientos sobre la fase posclásica de la civilización maya, desde las invasiones tolteca-itzaes hasta la Conquista española. Para ese período, disponemos en efecto de dos categorías de fuentes: en primer lugar, como en el caso de la época clásica, monumentos, esculturas, frescos y todos los objetos descubiertos en las escavaciones; pero sobre todo, documentos escritos, sea en maya, aunque en caracteres latinos, sea en español.

Página anterior: vasija de barro, decoración en relieve con fondo de color. Valle del Motagua

LOS "LIBROS DE CHILAM BALAM" Y EL "POPOL VUH"

Instruidos por los misioneros, los indígenas aprendieron muy pronto a emplear el alfabeto latino. La transcripción de los sonidos propios a su lengua presentaba ciertas dificultades. Las consonantes "enfáticas", glotalizadas, que no existen en las lenguas europeas, hubieron de ser anotadas, ya mediante letras dobles: *pp*, ya mediante una *c* invertida (ɔ) para representar el sonido *ts'*, que por lo demás se escribe frecuentemente como *dz*. Se convino en que la letra *c* tendría siempre el sonido *k (cimi = kimi, ceh = keh)*, mientras que *k* correspondía a la consonante glotalizada. El sonido *sh* fue transcrito mediante la *x*, que aún tenía ese sonido en español a principios del siglo XVI.

Dos convenciones análogas se adoptaron en Guatemala para transcribir los dialectos mayas de ese país, como el quiché. Sin embargo, la mayoría de las veces la *h* aspirada se denota mediante la jota española.

En Yucatán, los documentos más importantes, los más ricos en información son los *Libros de Chilam Balam (Chilam =* adivino, profeta; *Balam =* jaguar). Se trata de recopilaciones de relatos históricos, de anales, de profecías, evidentemente transcripciones de manuscritos jeroglíficos desaparecidos. Toda la cronología se basa en la *Cuenta de los katunes*. Esos libros fueron redactados poco después de la Conquista española en diferentes localidades: se conoce una docena de ellos, algunos fragmentarios. Los que más valor histórico representan son los *Libros de Chilam Balam* de Chumayel, de Maní, de Kauá y de Tizimín.

Redactado probablemente en el siglo XVIII, el *Ritual de los bacabes* es un libro de recetas y de fórmulas mágico-medicinales más reciente donde se mencionan numerosas divinidades: ¡no hay menos de 170 de ellas!

En tanto que las obras mencionadas hasta ahora están escritas en maya yucateco, el *Popol Vuh* fue redactado en maya quiché. Su título se puede traducir como "Libro del Consejo", literalmente el libro *(vuh)* de los que se sientan en una esterilla *(pop)*, símbolo de la autoridad. Es el libro sagrado de los quichés y puede considerarse una de las cumbres de la literatura religiosa mundial, de tanto que seduce por el despliegue de imaginación mitológica en la descripción del más allá o de la creación del mundo, por el aliento poético que anima las narraciones tocantes al pasado del pueblo quiché. La historia misma de esa obra es bastante extraordinaria: redactada en lengua maya-quiché y en caracteres latinos entre 1555 y 1560, el manuscrito del *Popol Vuh* se conservaba en Chichicastenango entre los descendientes de los nobles quichés. El padre Francisco Ximénez, dominico, nacido en España en 1666, estuvo encargado de la parroquia de Chichicastenango de 1701 a 1703. Allí llegó a su conocimiento la existencia de ese libro. Lo copió y se propuso traducirlo, no sin practicarle algunos cortes, pues creyó ver en ellos la obra del diablo. Dividido, como lo estuvieron muchos misioneros, entre una sincera simpatía por los indios y una violenta hostilidad hacia los aspectos religiosos, considerados "demoniacos", de su cultura, Ximénez estudió a conciencia las lenguas autóctonas. Sucesivamente cura de diversas parroquias del país, luego superior de un convento dominico y finalmente cura en la ciudad de Guatemala, donde murió en 1729 o 1730, aquel religioso escribió varias obras, entre ellas un *Tesoro de las lenguas cakchiquel, quiché y tzutuhil.*

El segundo volumen de ese libro, titulado *Arte* (gramática) de las tres lenguas indígenas, no dedica sino 72 páginas a la descripción de esas lenguas, mientras que 112 contienen, en 12 columnas, el texto quiché y la traducción española del *Popol Vuh.*

Por otra parte, erudito y prolífico escritor, el padre Ximénez había escrito entre 1715 y 1722 una *Historia de la provincia de San Vicente de Chiapa y Guatemala* acerca de la evangelización de aquellas regiones por parte de los dominicos, y creyó conveniente incluir allí su traducción del *Popol Vuh.*

El manuscrito del padre Ximénez fue utilizado hacia fines del siglo XVIII por el canónigo Ramón de Ordóñez y Aguiar. Ese escritor de imaginación exuberante incorporó a su *Historia de la creación del cielo y de la tierra* una versión sumamente alterada del libro quiché, del que pretendió sacar un audaz argumento para su tesis favorita: según él, ¡los indios de México y de Guatemala eran descendientes de cananeos arrojados de Palestina por Josué!

El infatigable Brasseur de Bourbourg, cura de la población quiché de Rabinal en 1855, recibió el manuscrito del *Popol Vuh,* es decir el segundo volumen del *Tesoro* lingüístico del padre Ximénez, de manos de un noble quiché, Ignacio Coloche. En 1861, Bourbourg publicó en París el texto quiché con una traducción francesa y copiosos comentarios. A su muerte, cuando su colección de documentos se dispersó, el erudito norteamericano Edward E. Ayer compró el manuscrito para agregarlo a su colección lingüística en que están representados más de trescientos dialectos autóctonos de América. Esa colección se conserva actualmente en la Newberry Library de Chicago.[1]

Los cakchiqueles, vecinos y rivales de los quichés, nos han dejado sus *Anales,* donde el relato histórico supera por amplio margen a los mitos y a la cosmología, y describe incluso la llegada de los españoles.

Si bien los mayas no tuvieron para describir su civilización un antropólogo genial como Sahagún para los aztecas, sin embargo Diego de Landa, el obispo de Mérida, luego de dedicar una parte de su carrera a perseguir la religión indígena, a destruir los ídolos y a quemar los libros, escribió hacia 1566, durante una estadía en España, su *Relación de las cosas de Yucatán,* que sigue siendo la fuente fundamental de nuestras informaciones sobre los mayas de principios del siglo XVI. Cierto, no es una fuente exenta de defectos; por lo demás, el texto que poseemos, encontrado en España por Brasseur de Bourbourg en el siglo pasado, probablemente sea una versión abreviada de la obra original, que se ha perdido.

---

[1] No deja de tener interés señalar que la versión española del *Popol Vuh* de Ximénez fue publicada en Viena en 1857, por el doctor Carl Scherzer, bajo los auspicios de la Academia Imperial de Ciencias.

Entre las traducciones recientes del libro quiché, se señalarán las de George Raynaud (al francés, 1925), de Antonio Villacorta y Flavio Rodas (al español, 1927), de Leonhard Schultze-Jena (al alemán, 1944) y de Adrián Recinos (al español, 1947); esta última ha sido objeto de una versión en inglés por Delia Goetz y Sylvanus Morley, en 1950. Una traducción inglesa más reciente fue publicada por Munro S. Edmonson, en 1971.

Los tres manuscritos jeroglíficos autóctonos llamados códices que han subsistido hasta la actualidad constituyen una categoría distinta de documentos. Redactados entre 1300 y 1500 de nuestra era, son por tanto más recientes que el período Clásico de la civilización maya, pero más antiguos que el período descrito por Landa. Se aprecian en ellos ciertos glifos que no se encuentran en las inscripciones clásicas. Pero no es dudoso que una gran parte de su contenido, por ejemplo los cálculos astronómicos del *Códice de Dresde,* provenga directamente de manuscritos más antiguos. Dicho en otras palabras, esos códices pueden ser considerados, al menos en parte, como una nueva edición de libros de la época clásica.

Los códices mayas están formados de una larga franja de papel *(huun)* obtenida moliendo la corteza de un *Ficus* —técnica practicada todavía en la actualidad por los lacandones—[2] y luego cubierta de una delgada capa de cal. Los glifos y las ilustraciones que los acompañan se dibujaban y coloreaban al pincel sobre esa superficie blanca. El manuscrito no estaba ni enrollado en volumen cilíndrico como los libros de la antigüedad mediterránea, ni dividido en páginas como los nuestros, sino plegado a manera de biombo. El *Códice de Dresde* tiene más de 4 metros de largo cuando está desplegado; se compone de treinta y nueve secciones escritas por ambas caras.

Tras mencionar, "algunos caracteres o letras con los que escribían sus libros", Diego de Landa agrega: "Hallámosles gran número de libros de estas sus letras, y porque no tenían cosa en que no hubiese superstición y falsedades del demonio, se los quemamos todos, lo cual sintieron a maravilla y les dio mucha pena."

La *Relación de las cosas de Yucatán* redactada por ese prelado no representa desgraciadamente sino una exigua compensación por todo lo que él mismo había destruido.

El más importante y el mejor conservado de los tres códices es el *Dresdensis,* que fue analizado en el siglo pasado por Förstemann, el conservador de la Biblioteca Real de Dresde, y comentado en 1972, por J. Eric S. Thompson.

En 1860, en un canasto de papeles viejos cercano a una chimenea de la Biblioteca Nacional, el *Códice de París,* llamado *Peresianus,* fue encontrado por Léon de Rosny, uno de los primeros investigadores franceses que estudiaron seriamente la escritura maya. Un sobre roto llevaba el apellido "Pérez", de donde viene la designación del códice. Nadie supo nunca explicar de dónde ni cómo llegó a la Biblioteca Nacional un manuscrito tan raro y precioso. Desgraciadamente en mal estado, trata de temas puramente religiosos.

En fin, el *Códice de Madrid,* llamado *Tro-Cortesianus,* había sido dividido, se ignora en qué circunstancias, en dos fragmentos, uno de los cuales pertenecía a don José de Tro y Ortolano; el otro había sido adquirido en Extremadura por un aficionado que, cre-

---

[2] Los lacandones no fabrican papel, sino una especie de "cartón" utilizado para confeccionar algunas prendas u ornamentos rituales.

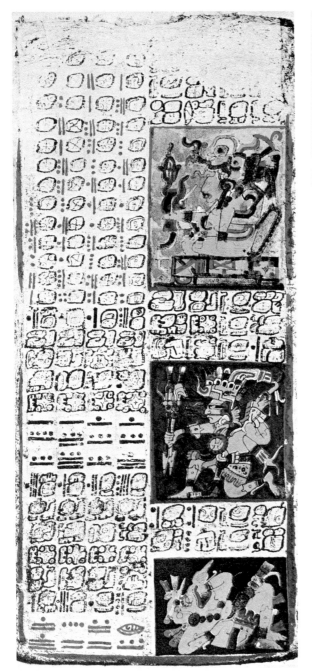
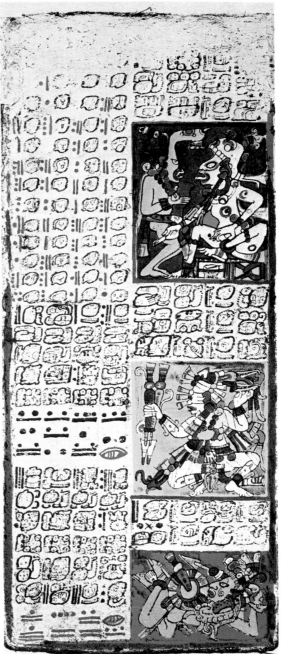

yendo o imaginando que aquel manuscrito había sido llevado por Cortés, le dio el título de *Cortesianus*.

Francisco de Montejo y muchos de sus soldados eran originarios de Extremadura: es probable que aquella sección del manuscrito haya sido llevada por alguno de ellos. Fue Brasseur de Bourbourg quien demostró que los dos códices no eran sino uno: se trata de un manual de adivinación.

Así, *ningún* libro maya clásico llegó hasta nosotros; ningún manuscrito antiguo fue descubierto en Yucatán, ni en ninguna otra región maya, en el curso de investigaciones arqueológicas. En cuanto al contenido de esos tres libros, es de carácter muy limitado. ¿Qué sabrían los futuros arqueólogos de nuestra civili-

Codex Dresdensis: Tablas de Venus. Tomando de Comentario sobre el Códice de Dresde, *por J. Eric S. Thompson*

151

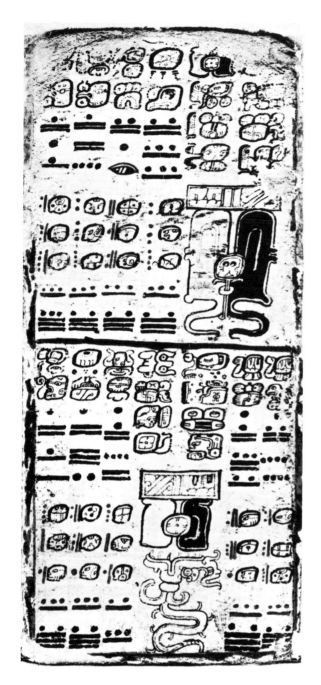
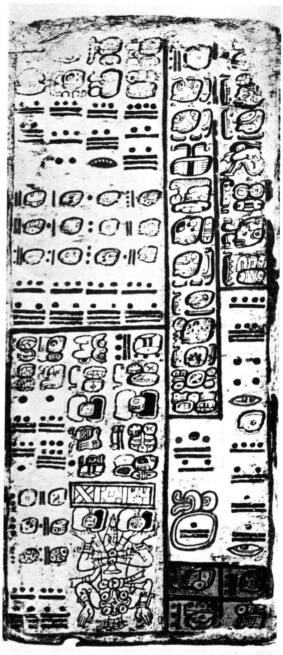

zación si para informarse sobre nosotros no tuvieran sino un almanaque, un misal y la clave de los sueños?

De lo anterior se desprende que toda descripción de la vida de los mayas debe rodearse de muchas precauciones, siendo la primera evitar confundir lo clásico y lo posclásico al atribuir retrospectivamente a la gente de Tikal o de Palenque lo que se pudo observar en Yucatán ocho siglos o incluso mil años después. Sin duda es cierto que las civilizaciones mesoamericanas en general, y la de los mayas en particular, fueron muy conservadoras y tradicionalistas. Pero no hay que olvidar las irrupciones no mayas en Yucatán. Nada permite afirmar que las descripciones de Landa se puedan trasponer en el tiempo y en el espacio para ser aplicadas a las ciudades de El Petén o del Usumacinta.

Para interpretar diversos aspectos de la civilización maya también se debe resistir a la tentación de sacar provecho de los conocimientos mucho más detallados que poseemos sobre el centro de México, incluso sobre los toltecas y antes que nada sobre los aztecas. En lo cual, una vez más, no es absurdo tomar en cuenta cierta homogeneidad de las culturas mesoamericanas, aunque de unas a otras sólo se puedan sacar conclusiones prudentes, pues están separadas por largas distancias y por siglos.

Vestimenta y ornamentos de los antiguos mayas

Las artes plásticas nos informan sobre la vestimenta y los ornamentos de los antiguos mayas. Para el hombre, lo esencial de la ropa es el taparrabo, larga franja de tela de algodón enrollada alrededor de la cintura y pasada entre las piernas, cuyos extremos, a menudo adornados con bordados y con plumas, caen por delante y por detrás. Esa prenda masculina aparece desde la época olmeca y se mantiene sin cambio hasta el siglo XVI entre todos los pueblos civilizados de Mesoamérica; es el *ex* de los mayas y el *máxtlatl* de los aztecas. En cuanto al atuendo femenino, se le ve representado, ya en los frescos de Bonampak, ya en las figurillas de Jaina, como una amplia túnica blanca adornada con bordados, parecida al *huipil* de las mujeres mayas del Yucatán actual. Algunas mujeres representadas en los bajorrelieves de Yaxchilán llevan vestidos suntuosos cuya tela está enriquecida con motivos geométricos o florales.

El algodón, cultivado en los jardines cercanos a las habitaciones, se hilaba con ayuda del malacate de barro, y se tejía con el telar característico de toda la América precolombina: esas dos actividades todavía son en la actualidad patrimonio de muchas mujeres indias, en particular de las lacandonas, y todo permite pensar que así ocurría ya en la antigüedad. La gran diosa Ixchel, protectora de las tejedoras, se representa en el *Códice Tro-Cortesiano* en el momento de trabajar en el telar tradicional.

Antaño como ahora, se extraían de ciertas plantas las tinturas aplicadas a los tejidos.

Si bien se componía fundamentalmente de elementos simples, la vestimenta masculina o femenina podía llegar a un alto grado de refinamiento. Los dignatarios esculpidos en la piedra del dintel 3 de Piedras Negras llevan, por encima de su *ex*, faldas de tela que caen por debajo de la rodilla. Los aristócratas de Palenque representados en los tableros de estuco del Palacio también tienen faldas al parecer sumamente adornadas con bordados o tal vez con placas de jade cosidas, que unas veces les llegan a la rodilla y otras hasta la pantorrilla. Análoga vestimenta está representada en Comalcalco (relieves de estuco) y en Jaina (figurillas), mientras que los servidores que se ven apresurarse alrededor de un gran señor en Bonampak van cubiertos, de la cintura a la rodilla, de espléndidas telas enrolladas.

En Yucatán, la vestimenta masculina de la época posclásica da la impresión de una mayor sobriedad, de una sencillez casi militar. Sin embargo, posteriormente, como antes del fatídico

Jade tallado y collar de jade provenientes de la cripta del Templo de las Inscripciones de Palenque

154

*Jade tallado,
proveniente de Nebaj:
personaje conversando
con un niño o un enano.
Museo Nacional
de Arqueología y
Etnología, Guatemala*

siglo X, se ve a los personajes importantes, sacerdotes o señores, agregar a su atuendo un manto o una capa que les cae desde los hombros, blanco en Bonampak, policromo y bordado en Yaxchilán, más o menos adornado en el Yucatán posclásico, donde se le daba el nombre de *pati*. Ese tipo de vestimenta se representa ya en la escultura de la época olmeca y se usa con el nombre de *tílmatl* en Tenochtitlan, cerca de tres mil años después.

Fuera de los pesados collares y pectorales de jade cargados de pendientes y de mascarones, el atuendo masculino casi siempre dejaba el torso al descubierto. Sin embargo, el jefe guerrero de Bonampak aparece vestido con una especie de casaca de piel de jaguar; cerca de él, sus lugartenientes tienen el torso y la mitad del cuerpo igualmente cubiertos de pieles de jaguar. El despojo del felino no es sólo un ornamento: simboliza todo aquello que fascinaba a los indios en el animal salvaje, su fuerza misma, expresión de potencias telúricas, su crueldad al mismo tiempo que su belleza. El arte olmeca nos ha dejado la magnífica figurilla de Atlihuayán, ese hombre envuelto en una piel de jaguar como los jefes militares de Bonampak. La pelambre manchada del felino adorna también las lanzas de ceremonia de los dignatarios o sirve de manto real al soberano que inaugura, en 810, el último gran templo de Tikal.

155

Chichén Itzá:
atlante del Templo
de los Guerreros

La escultura y la pintura clásicas y las descripciones españolas
de la época más reciente muestran la abundancia y la gran
variedad de joyas que portaban los hombres y las mujeres: anillos, collares, pectorales, orejeras, brazaletes, pulseras y ajorcas.
El jade, la maravillosa piedra verde que adoraron todos los pueblos civilizados de Mesoamérica, constituye la materia prima de
esas joyas. La tumba del Templo de las Inscripciones de Palenque
contenía una rica muestra de joyas de jade. Posteriormente, en
Yucatán, el oro y el cobre contribuyeron al lujo del aderezo.

Pero nada se acerca a la fantasía casi delirante de los tocados,
montajes compuestos y multicolores donde, sobre una armadura
de madera o de caña, se escalonaban máscaras de animales o de
dioses, jades, mosaicos de plumas y telas bordadas, que coronaban
inmensos penachos. Las más preciadas eran las plumas del quet-

Página siguiente:
Machaquilá: estela 4

zal, largas y suaves, verdes y como salpicadas de polvo de oro; el ave sólo se encontraba en los bosques meridionales, a altitudes medias. Aquellos tocados no sólo eran objetos de lujo. Correspondían a la jerarquía y las funciones de quienes los llevaban, como se puede imaginar mirando a los dignatarios representados en Bonampak.

Como algunas figuraciones hechas en vasijas de barro pintado (así la famosa vasija de Nebaj, del Museo Británico), los frescos precisamente de aquel sitio nos informan sobre el penacho, otra forma de gran tocado que parece haber estado de moda algunas veces. En Bonampak, es el tocado de los servidores y de los músicos. En Nebaj, todos los personajes tienen la cabeza cubierta con tocados de formas rollizas adornadas de inmensos penachos e incluso, en un caso, de una especie de figura de plumas que representa un pez. Una figurilla de Jaina, de intención quizás humorística, muestra a un señor en actitud ventajosa, con un tocado esférico de dimensiones extravagantes.

Si los guerreros toltecas de Chichén Itzá se señalan por la

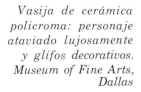

Vasija de cerámica policroma: personaje ataviado lujosamente y glifos decorativos. Museum of Fine Arts, Dallas

sobriedad de sus penachos de plumas de águila —plumas cortas y rígidas como las que adornan la cabeza de las cariátides de Tula—, en cambio, el gusto por los tocados complejos y lujosos parece haber persistido en Yucatán entre los mayas tardíos. Incluso el arte decadente de Mayapán muestra dignatarios o divinidades con espléndidos tocados y, en las pinturas "mexicanoides" de Tulum, la cabeza de las divinidades se adorna con extraordinarios montajes de ornamentos y de plumas.

Para un período intermedio, volviéndonos hacia los códices, se ven en ellos personajes sobrenaturales que también llevan tocados sumamente complejos. Por tanto, se puede concluir que una verdadera constante persistió con la misma fuerza a lo largo de doce siglos de desarrollo, de expansión, de luchas y de tribulaciones. El hecho amerita tanto más ser señalado cuanto que, al contrario de lo que se puede observar en otros campos, no se

Plato de cerámica policroma. Tumba del edificio A-I, Uaxactún. El agujero practicado en el centro de este plato indica que fue "muerto" ritualmente para ser colocado en la tumba. Museo Nacional de Arqueología y Etnología, Guatemala

159

Página siguiente:
Yaxchilán: dintel 26.
Escena ritual donde se
representa como ofrenda
una cabeza de jaguar

arraiga en una tradición más antigua, de origen olmeca: en efecto, la escultura olmeca nos muestra personajes, humanos o divinos, con tiaras, diademas o cofias rígidas, a veces con tocados, pero nada que anuncie la abundancia barroca del tocado maya.

Cada civilización tiene su propio ideal de belleza y estiliza en su arte la figura humana, para hacerla conformarse en lo posible a ese modelo ideal.

Así como no todos los griegos de la Antiguedad eran necesariamente parecidos a las estatuas de Fidias o de Praxiteles, es probable que, individualmente, los antiguos mayas podían apartarse del tipo humano que reproducen siglo tras siglo los bajorrelieves, las pinturas y las figurillas. Pero es cierto que aún en la actualidad, en Yucatán o entre los lacandones, podemos observar esos rostros de ojos almendrados, de nariz convexa y prominente, "armenoide" según los especialistas, que parecen haber sido copiados por los escultores de Yaxchilán o los pintores de Bonampak. La persistencia de ese tipo físico a través de las vicisitudes

Jugador de pelota con el cinturón de protección almohadillado. Figurilla de barro de Jaina

160

de diecisiete siglos es bastante notable. Por otra parte, tanto en la época reciente como en la época clásica, los mayas se esforzaban por acentuar artificialmente algunos rasgos étnicos: de allí sobre todo la deformación craneana obtenida manteniendo la cabeza del niño de corta edad entre dos tablas sujetas por un pedazo de tela o una correa. Así se lograba que la línea de la frente prolongara la línea de la nariz. A juzgar por las figuraciones del arte clásico, cuando menos todos los mayas pertenecientes a los medios dirigentes sufrían ese tratamiento en su tierna infancia. En aquella época, sobre todo en Palenque, la nariz de los personajes aristocráticos —por ejemplo, en el caso de las hermosísimas cabezas de estuco descubiertas en la cripta del Templo de las Inscripciones— se prolonga hacia lo alto mediante una larga arista entre ambos ojos. La misma representación caracteriza la máscara de jade del soberano inhumado en esa cripta y el espléndido perfil del gran señor que domina con su elegante presencia el Tablero de los Esclavos. Con su nariz larga y prominente, su frente inclinada, sus ojos ligeramente rasgados, sus labios un tanto gruesos y entreabiertos, ese personaje resume todos los rasgos de lo que fue una *élite* llegada a un alto grado de refinamiento.

La arraigada costumbre de deformar los cráneos se mantuvo en Yucatán hasta la época de la Conquista española. Por lo demás, se apreciaban particularmente unos ojos un tanto estrábicos. Se dice que, para obtener ese resultado, las madres suspendían de la frente de sus hijos, entre los ojos, algún pequeño objeto, una borla que atraía su mirada.

No es seguro que los mayas de la época clásica se hayan pintado el rostro o el cuerpo, ni que hayan recurrido al tatuaje, costumbres conocidas para el período reciente. Al parecer, los sacerdotes de Yucatán se embijaban con pintura azul. Cuando realizan ciertos ritos religiosos, los lacandones actuales pintan de rojo, con *koxop*, su ropa y su rostro.

El calzado maya tradicional nos es muy conocido por las múltiples representaciones de todas las épocas; se trata de la sandalia *(xanab)*, análoga a la que aún en la actualidad llevan los indios, pero mucho más elaborada. En general, la sandalia se fija al pie mediante dos correas que pasan entre el dedo gordo del pie y el segundo dedo, y entre el tercero y el cuarto dedos respectivamente, además de un nudo que va sobre el empeine. Como complemento, el talón va protegido por una talonera finamente decorada, que con frecuencia se prolonga hasta rodear el tobillo como una bota corta.

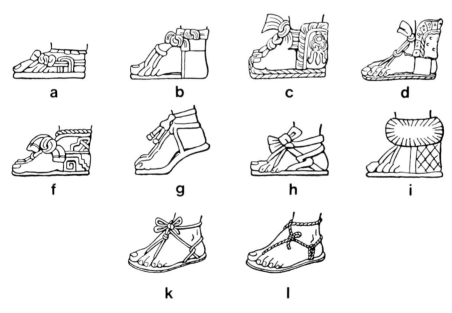

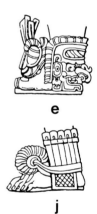

Tipos de calzado maya (tomado de Morley, The Ancient Maya, fig. 8): a-f: sandalias representadas en los monumentos de la época clásica. g-j: sandalias de la época posclásica. k: método antiguo de fijación de la sandalia por medio de dos correas. l: sandalia moderna, fijada mediante una sola correa

Los dignatarios, los sacerdotes, los soberanos, los guerreros o los dioses representados por los artistas mayas están provistos de múltiples atributos, algunos de los cuales aparecen en reiteradas ocasiones.

Así ocurre en la época clásica con la "barra ceremonial". Se trata ciertamente de un distintivo de altas funciones sacerdotales. Probablemente de madera esculpida, el objeto consta de una parte rectilínea que termina por uno y otro lado en dos cabezas de reptiles o de dragones fantásticos. El sacerdote la lleva horizon-

Vasija de cerámica policroma. Museo Nacional de Arqueología y Etnología, Guatemala

talmente ante sí, sobre ambos antebrazos y en ocasiones, aunque más raramente, en diagonal.[3]

Si la barra ceremonial es testimonio de la elevada posición de quien la porta en la jerarquía sacerdotal, el "cetro maniquí" es símbolo de poder y de soberanía. Se compone de un pequeño personaje, especie de enano de nariz larga, una de cuyas piernas, en forma de serpiente, sirve de empuñadura. Ese enano aparece desde el siglo IV, el año de 378 en Tikal, en la estela (núm. 4) que anuncia la llegada al poder de un nuevo soberano; allí se le

[3] La actitud del sacerdote que lleva la barra ceremonial recuerda la de los sacerdotes olmecas que llevaban en brazos el bebé-jaguar, o la de esa diosa olmeca de Chalcatzingo, que lleva de esa manera, no un bebé-jaguar, sino una barra marcada con una especie de doble voluta *(cf.* Jacques Soustelle, *Les olmèques,* p. 89).

La barra ceremonial llevada en diagonal está representada, por ejemplo, en Naranjo (estela 25, año 615 de nuestra era). Las magníficas pinturas murales de Cacaxtla, Tlaxcala, representan personajes "mayoides" que llevan barras ceremoniales en diagonal.

representa en lo alto de la estela, con el rostro vuelto hacia abajo. Su presencia parece tener como fin confirmar la legitimidad del poder de aquel jefe. Posteriormente, durante todo el período Clásico, ese pequeño personaje constituye el cuerpo del cetro que los altos dignatarios sostienen por la pierna en forma de serpiente. ¿Vuelve a encontrarse este signo en la época clásica en Yucatán? Tal vez un objeto rematado en una cabeza de serpiente que aparece en el Templo de los Guerreros sea una especie de versión

Vasija de cerámica
policroma.
Museo de Villahermosa

Sílex proveniente de Quiriguá, Guatemala

Página siguiente: Sílex "excéntricos". Los sílex finamente tallados adornaban el extremo de los bastones ceremoniales

abstracta del cetro clásico, como lo cree Morley,[4] pero esto no es seguro. En todo caso, estaría lejos del vigor barroco del cetro como está representado en El Petén o en el valle del Usumacinta.

La lanza, símbolo del mando militar, del poder de los guerreros, se representa de manera naturalista en la época posclásica del Yucatán belicoso, pero ya en la época clásica, con frecuencia aparece adornada de plumas o de piel de jaguar en Yaxchilán, en Piedras Negras y en Bonampak. El *átlatl,* el lanzadardos, arma típica del Altiplano Central, sólo se representa en el arte clásico para caracterizar a los mexicanos llegados de Teotihuacan a Tikal, por ejemplo. En cambio, figura frecuentemente en las esculturas o las pinturas yucatecas recientes.

La jerarquía social

En Yucatán, la sociedad maya de la época posclásica, tal como nos es descrita por los cronistas y sobre todo por Landa, estaba fuer-

---

[4] Morley, *The Ancient Maya,* p. 147, fig. 6.

166

Cancuén: "marcador"
de juego de pelota que
representa a dos jugadores
provistos del cinturón
protector. Entre ellos,
la pelota de caucho

temente jerarquizada. En lo alto, los nobles *(almehen-ob)*, miembros de cierto número de familias aristocráticas, ejercían funciones administrativas y detentaban los mandos militares. La mayoría de ellos se enorgullecía de un origen mexicano que hacían remontarse a un Imperio tolteca semimítico, "Tulan-Zuyúa". Todo candidato a una función importante debía presentar una especie de examen, respondiendo a preguntas capciosas, llamadas "lenguaje de Zuyúa". Entre aquella clase de dirigentes hereditarios se reclutaban los magistrados y los jefes guerreros, pero, antes que nadie, el primero de todos, "el hombre verdadero", el *halach uinic,* de quien emanaban todos los poderes y a quien se entregaba el tributo pagado por los habitantes de los territorios sometidos a su autoridad. Cada uno de los pequeños estados combatientes de la fase final tenía a la cabeza un *halach uinic* perteneciente a una de las grandes familias nobles: Tutul Xiu, Cocom, Chel, etc. Ese soberano nombraba "gobernadores", los *batab,* cuya misión era tanto administrativa (sobre todo debían velar por la buena ejecución de los trabajos agrícolas y por el pago regular del tributo), como judicial y militar. Visto el estado de

guerra endémico que asolaba a Yucatán durante los dos últimos siglos, aquel aspecto de las funciones del *batab* tendía a ser cada vez más importante. Pero, en ese campo, aparece otro dignatario, el *nacom,* cuya tarea consiste claramente en dirigir en el nivel más alto las operaciones militares, pero que está rodeado, como los flámines romanos, por una estrecha red de tabúes: elegido por tres años, durante aquel lapso no debía tener relación con mujer alguna, ni comer carne, ni embriagarse. Fuera del maíz, no comía sino pescado e iguana. Los utensilios de que se servía eran separados de los otros de la casa. Se le tenía gran veneración, se quemaba copal ante él como ante un dios. Al parecer, era él quien, discutiendo las cuestiones militares con los *batab,* formulaba la estrategia, dejándoles el mando efectivo de los guerreros en el terreno.

La segunda categoría social era la de los sacerdotes: ciertamente importantes y respetados, no ocupaban sin embargo más que la segunda posición, después de los dignatarios. La función guerrera, hipertrofiada durante la fase final, supera a la función sacerdotal, como había ocurrido entre los toltecas cuando la victo-

Toniná: disco de piedra esculpida

169

Vasija de cerámica policroma: personaje que lleva un tocado en forma de cabeza de venado. Museo de Guatemala

ria simbólica de Tezcatlipoca, el guerrero, sobre Quetzalcóatl, el gran sacerdote. *Ah Kin,* el término general que designaba a los sacerdotes en Yucatán, significaba: "el del sol". Según Landa, el sacerdocio era hereditario: los hijos de los sacerdotes sucedían a sus padres, y también llegaba a ocurrir que los hijos menores de los nobles fueran consagrados al sacerdocio. Cada ciudad, o tal vez cada estado, tenía a la cabeza del clero a un supremo sacerdote llamado *Ahuacan,* "señor serpiente". Algunos sacerdotes se especializaban en diversas actividades: cómputo del tiempo y adivinación, profecías, lectura de los libros sagrados, organización de las ceremonias, sacrificios. El *ahmen,* "el que sabe", era un adivino y sobre todo un curandero.

En tercer lugar venía la "gente común", a la que se designaba mediante el término náhuatl de *macehual,* aplicado a los trabajadores libres aunque sujetos al pago del tributo. Resulta bastante curioso que los comerciantes, que constituían una categoría importante entre los mayas como los *pochteca* del Altiplano Central, no se mencionen aparte, como tampoco los artesanos, a pesar de todo numerosos y ciertamente apreciados, incluso en aquella época de decadencia. En la medida en que la sociedad maya yucateca había sufrido una fuerte influencia mexicana, sería lógico que en ella se reconocieran esas dos categorías, según ocurría entre los nahuas. Probablemente se trate de una laguna en nuestras informaciones: los autores del siglo XVI concedían lo esencial de su atención a los señores y a los sacerdotes.

En fin, tanto en Yucatán como en el centro de México, la última clase de la población era la de los esclavos, los *ppentac-ob,* prisio-

170

neros de guerra, delincuentes o descendientes de esclavos. Landa afirma que la esclavitud fue introducida en Yucatán en una época tardía por los señores Cocom de Mayapán. ¿No hubo entonces esclavitud entre los mayas clásicos? En Tikal, en Palenque, en Piedras Negras y en Toniná son numerosas las esculturas que representan prisioneros; con frecuencia, por ejemplo en el llamado "Tablero de los Esclavos" de Palenque, esos cautivos sirven de banquillo a un dignatario. Pero, ¿se trata de esclavos en el sentido propio de la palabra o más simplemente de prisioneros de guerra? ¿Era la esclavitud una institución en la época clásica? Es difícil responder a esa pregunta; de una manera más general, se debe preguntar si los informes que poseemos sobre la jerarquía social y el gobierno de los mayas de Yucatán se pueden trasponer a sus predecesores del período Clásico.

Las artes plásticas de aquella época reflejan una sociedad jerarquizada, es cierto, pero, ¿a quién pertenece la supremacía y quién detenta lo esencial del poder? Cada ciudad formaba un estado; a la cabeza reinaba un soberano, uno de esos personajes cuyos nombres jeroglíficos se empiezan a descifrar en El Petén y en la cuenca del Usumacinta. Pero, en aquellas regiones y en la época más antigua, los soberanos parecen más religiosos que guerreros. Un supremo sacerdote y no un jefe guerrero reposa bajo el prestigioso mausoleo del Templo de las Inscripciones. Mu-

Tazón de cerámica policroma. Personaje con máscara de caimán. Museo Popol Vuh

chos de esos personajes llevan la barra ceremonial, símbolo de los sacerdotes. En Tikal, el soberano "Hocico Curvo" (378-425), sentado en su trono y recargado de tocados, joyas y emblemas, no tiene ningún carácter guerrero (estela 4). Su sucesor, que reina de 426 a 456, se hizo representar (estela 31, fechada en el año de 445) flanqueado de dos guerreros originarios de Teotihuacan, armados de sus lanzadardos y de sus escudos con la máscara de Tláloc, pero él mismo no va armado y los atributos de que está rodeado a profusión no tienen nada de militar.

En el extremo sudoriental del territorio maya, y todavía en el siglo VIII, los majestuosos personajes que se destacan en la cara anterior de las estelas de Copán, con sus magníficos tocados de plumas, sus joyas y sus atuendos bordados, sus placas pectorales y sus barras ceremoniales, evocan el mundo de los dioses y de los sacerdotes, no el de la guerra.

En cambio, el jefe guerrero de Bonampak que se yergue, cruel y arrogante, con su lanza ceremonial en mano, sobre la plataforma en que lo rodean sus dignatarios y sus mujeres, mientras sus infortunados cautivos agonizan sobre las escalinatas, bien puede considerarse precursor de los *halach uinic* yucatecos. No lejos de allí, en Yaxchilán, el soberano "Pájaro-Jaguar" se enorgullece de haber vencido y capturado a "Cráneo-y-joyas"; el dintel 8, fechado en el año de 755, lo muestra armado de su lanza en el momento en que obtiene la victoria sobre su adversario postrado.

No se puede dejar de observar que esos síntomas de militarismo aparecieron en el siglo VIII en el valle del Usumacinta (su rastro se encuentra también en Piedras Negras), tal vez porque ese valle se prestaba a invasiones, a expediciones armadas. Se trataría pues de un fenómeno localizado en el tiempo y en el espacio. Si la civilización clásica de los mayas ya no nos parece tan uniformemente pacífica y teocrática como se ha creído, sin embargo se distingue muy claramente de la última fase y de sus luchas agotadoras. La supremacía de la clase sacerdotal parece haber sido la regla, y la de los guerreros la excepción.

Ignoramos cómo se gobernaban aquellos pequeños estados, en qué condiciones se formaban o se disolvían sus alianzas, y en qué medida o por qué medios algunos podían ejercer su hegemonía sobre los otros. Algunos ejemplos saltan a la vista: Quiriguá fue una "colonia" de Copán, Bonampak una "colonia" de Yaxchilán. Las dimensiones grandiosas y la perfección artística de las pirámides, los templos, los palacios, las estelas y los altares de las ciudades clásicas prueban que la jerarquía funcionaba, que su autoridad se obedecía, que los especialistas (albañiles, talladores de piedra, escultores, pintores y cinceladores) ejecutaban sus trabajos y sus obras según los planos de los dirigentes, y que los campesinos producían excedentes de subsistencias a la medida de las necesidades. Aquel equilibrio dinámico e inestable entre las clases se reveló frágil con ocasión del hundimiento de la fase clásica y, cuando posteriormente se formaron los estados de Yucatán, fue mediante la presión, la intervención extranjera y la fuerza de las armas.

Los mayas tardíos atribuían una inmensa importancia a los linajes, paterno y materno, de cada individuo. Según Landa, estaban prohibidos los matrimonios entre descendientes de un mismo antepasado paterno que, por tanto, llevara el mismo patronímico. Entre los lacandones actuales, y pese al estado de desintegración avanzada de esa sociedad autóctona, se observan rastros de un sistema de clanes en cuyo interior están prohibidos los matrimonios. Cada uno de esos clanes se vincula a un "pariente" *(yonen)* cuyo apellido designa una especie animal: mono, puerco espín, faisán, etc. Esos clanes debían agruparse en dos "fratrías", cada cual con sus propios dioses.[5]

Es posible que algún sistema complejo de ese tipo haya existido en la antigüedad clásica, pero, evidentemente. la arqueología no nos permite afirmarlo.

En cambio, lo que sí se puede asegurar es que, en la época de su florecimiento, la religión de los mayas dominaba toda la vida de las ciudades y de los hombres. Ahora bien, nos es sumamente difícil describir con precisión la religión de aquella época, puesto que no poseemos ningún testimonio directo sobre las creencias y los ritos dc Tikal, de Copán o de Palenque. Lo que conocemos es la religión maya de Yucatán en el momento de la Conquista española, muchos siglos después de la edad de oro, y en un contexto enteramente distinto en que la irrupción de los mexicanos aportó una multitud de elementos nuevos.

LA RELIGIÓN: ÍDOLOS, SACRIFICIOS HUMANOS

Nada permite afirmar que la religión maya que se practicó en el siglo XVI en los estados yucatecos en decadencia no era sino la continuación directa de aquella de las ciudades de El Petén y del Usumacinta, o de las ciudades *puuc.* Una diferencia esencial salta a la vista: se trata de la abundancia de ídolos en Yucatán a la llegada de los españoles, o en Tayasal antes de la caída final de la ciudad lacustre, mientras que las representaciones de divinidades son poco frecuentes en el arte clásico. Los propios escritores españoles del siglo XVI, retomando los relatos que los indios bien informados les daban sobre sus tradiciones, reconocían que la "idolatría" fue introducida en Yucatán por los invasores llegados del centro de México.

Otro contraste: la frecuencia de los sacrificios humanos en el Yucatán posclásico y su rareza en la época de grandeza. A decir verdad, no existen sino dos figuraciones de sacrificios humanos, una y otra en Piedras Negras (estelas 11 y 12, fechadas respectivamente en los años 731 y 795); aunque esas representaciones sean mucho más simbólicas que realistas, es claro que parecen vincularse con el modo propiamente mesoamericano de dar muerte a las víctimas, es decir, arrancándoles el corazón. No es dudoso que, en Palenque, en el corredor que, bajo el Templo de las Inscripciones, conduce a la entrada de la cripta funeraria se hayan inmolado víctimas humanas. En el templo II de Tikal se han encontrado algunos *graffiti*; uno de ellos representa a un hombre de pie,

[5] J. Soustelle, "Le Totémisme des Lacandons", *Maya Research,* Tulane University of Louisiana, Nueva Orleans, octubre de 1935.

Pal que:
el Templo del Sol.
Disco solar (bajorrelieve)

atado a una especie de cuadro de madera, y traspasado por una jabalina. Lo cual se puede interpretar como una escena de sacrificio; pero ni siquiera es evidente. Por lo demás, aquella manera de matar no se encuentra en ninguna otra parte del territorio maya durante la época clásica y los *graffiti* de Tikal posiblemente sean obra de ocupantes temporales y recientes.

El fresco del "juicio de los prisioneros" de Bonampak no tiene nada de religioso. Allí no se trata de ningún sacrificio humano ante divinidades, sino de represalias contra enemigos vencidos.

Todo conduce entonces a pensar que el sacrificio humano no era uno de los rasgos esenciales de la religión clásica. Dado que la escultura de las grandes ciudades representa profusamente escenas ceremoniales, es evidente que los sacrificios de esa naturaleza aparecerían figurados en gran número en las estelas, los altares, los dinteles y los tableros si aquella práctica hubiese estado en verdad difundida.

En cambio, los códices, y sobre todo el *Dresdensis*, narran sacrificios humanos, lo que no es sorprendente, puesto que fueron escritos y dibujados en los siglos XIII y XIV, cuando el rito sangriento importado del centro de México estaba en su apogeo en Yucatán. Los bajorrelieves macabros del tzompantli de Chichén Itzá, los frescos del Templo de los Jaguares y del Templo de los Guerreros, los discos de oro grabados y extraídos del Cenote no

174

dejan lugar a dudas sobre la importancia y la frecuencia de la muerte de hombres tendidos sobre la piedra de los sacrificios, mientras los asistentes los sostenían de las muñecas y los tobillos, y el sacrificador blandía su cuchillo de obsidiana. Incluso si se admite que los cronistas españoles, lo que es muy probable, exageraron ese rasgo en sus descripciones, debe reconocerse que los mayas de la fase final no hicieron sino seguir fielmente el ejemplo de sus vecinos del norte, sin llegar por ello a conceder a los sacrificios humanos el sombrío prestigio que les confirieron los aztecas. En Yucatán, varias ceremonias incluían el sacrificio de animales: aves, iguanas, perros, pero no de seres humanos.

Puesto que, en cuanto al período más antiguo, no podemos obtener nuestras informaciones sino de las representaciones de las artes plásticas, ¿qué nos enseñan las obras, esculpidas o pintadas, de las grandes ciudades clásicas?

El Sol, la lluvia y el maíz: tres entidades que dominaron la vida de los mayas. El astro se representa mediante su disco (Templo del Sol en Palenque) o mediante un rostro de grandes ojos, con la boca entreabierta que muestra unos dientes limados: por ejemplo, en Palenque, sobre un cilindro de cerámica modelada, o también en Altún Ha, donde su efigie está tallada en una magnífica pieza de jade. Al dios de la lluvia, a Chac, para darle el nombre con el que fue adorado en Yucatán, lo encontramos en Tikal, como ídolo de madera recubierta de estuco pintado de azul, caracterizado por su nariz larga. El maíz es, ya la cruz, el árbol de la vida, esculpido en bajorrelieve en dos santuarios de Palenque, ya el dios joven y lleno de gracia de Copán. En Piedras Negras (estela 40) aparece, tocado con una especie de mitra, en el momento de sembrar el grano.

El culto de aquellos dioses se remonta ciertamente al período Formativo, anterior al principio del florecimiento clásico. A partir de los olmecas, hay como un fondo común a todas las civilizaciones con bases agrícolas de Mesoamérica. Los temas fundamentales aportados por la religión campesina fueron elaborados por los sacerdotes a medida que crecía su influencia. Y, al llegar la decadencia, de nuevo fue en el nivel de la población pequeña, e incluso de la aldea selvática de los lacandones, donde las creencias y los ritos se redujeron a lo esencial: el Sol, la lluvia y la planta que da la vida.

Las serpientes más o menos fantásticas desempeñan un papel importante en las representaciones ceremoniales, por ejemplo, en Yaxchilán, como antaño en La Venta. Se trata probablemente de símbolos de fuerzas telúricas.

Los nueve personajes que montan guardia alrededor del sarcófago, en la cripta del Templo de las Inscripciones de Palenque, son evidentemente los Señores de la Noche, los dioses de las tinieblas y del inframundo. El nombre que se les daba entre los mayas tardíos significa precisamente los "Nueve Dioses", y los jeroglifos que los designan forman parte de las inscripciones cronológicas de la Cuenta Larga. Se trata aquí de un grupo divino, que tiene enfrente a los "Trece Dioses" del día. Esos 13 dioses son también los 13 primeros nombres, los que, combinándose con los 20 signos de los días, constituyen el calendario ritual y adivinatorio de los 260 días o *tzolkin*. Se puede concluir que, desde la época clásica, la cosmología maya concebía 13 cielos superpuestos por encima de la Tierra, correspondientes a los dioses de la serie diurna y luminosa, y 9 moradas subterráneas, reino de los dioses de la serie nocturna: esa representación del universo se encuentra en toda Mesoamérica.

Al mundo subterráneo está vinculado el dios de la muerte, cuyo cráneo esquelético es el glifo del día Cimi, "muerte". Lo simboliza con frecuencia un signo abstracto, bastante parecido a nuestro signo de "porcentaje". En tanto que divinidad del inframundo, de la morada de los muertos y de los temblores de tierra, es el temible Cizin, bien conocido y temido por los lacandones, quienes le atribuyen también las epidemias.

Pequeña vasija de barro policromo. Personaje enmascarado. Chamá, Guatemala. Museo Popol Vuh

A ese panteón de la época clásica hay que agregar las divinidades de Venus y de la Luna, y los dioses patrones de los días, de los meses y de los katunes; todos esos períodos cronológicos estaban divinizados y se les concebía como portadores, cada cual por turnos, del fardo del tiempo que pasaba eternamente del uno al otro. La gente común de las ciudades mayas y de los campos probablemente no compartía aquellas elaboradas concepciones aritmético-religiosas, expresadas por medio de los glifos, cuyo secreto conservaban los sacerdotes.

Vasija pintada que representa a un mono. Río Motagua. Museo Popol Vuh

Tazón de barro policromo. Colección particular

Los manuscritos que se han conservado, y en particular el *Códice de Dresde*, ofrecen una especie de "pasarela", de transición entre el panteón clásico y el del Yucatán tardío. Cierto número de personalidades divinas se pueden identificar en él, designadas por los nombres que les daban los mayas del siglo XVI.

En lo alto del panteón figura el gran dios Itzamná, viejo desdentado y arrugado; uno de los glifos que corresponden a su nombre es el signo *ahau,* "señor", que también es un símbolo solar. Itzamná es un dios del cielo, asociado al Sol, Kinich Ahau, y a la Luna, Ixchel. El dios del Sol era adorado sobre todo en Izamal y la diosa de la Luna en Cozumel. Ixchel es una personalidad compleja, de múltiples aspectos: esposa de Itzamná, preside los nacimientos y los partos; patrona de las tejedoras, comparte la reputación de esas artesanas —general en toda Mesoamérica— de ligereza en las costumbres sexuales. El primer adulterio fue cometido por la Luna, infiel a su marido el Sol. Ixchel también es una diosa de la Tierra, como las grandes diosas a la vez de la Tierra y de la Luna del mundo náhuatl. En fin, protege a los curanderos en su aspecto de diosa de la medicina.

Todos esos rasgos son tan parecidos a los de Tonantzin o a los de Teteoinnan del Centro de México que cabe preguntarse si no es la influencia mexicana la que interviene, tanto en los códices de los siglos XIII y XIV como posteriormente en Yucatán. Se debe considerar otra hipótesis, a saber, que esa figura multifacética de las diosas sea un elemento de las civilizaciones mesoamericanas, constituido incluso antes de la aparición de la civilización maya.

Sea como fuere, también se notará un aspecto del gran dios Itzamná, mediante el cual está emparentado con los "héroes culturales" y sobre todo con el Quetzalcóatl mexicano: se le consideraba como primer sacerdote y como inventor de la escritura jeroglífica.

Chac, el dios de la lluvia, importante ya entre los mayas clásicos del sur, cobra verdadera importancia en Yucatán, sin lugar a duda a causa de la sequía que amenaza constantemente al campesino indio de la península. Su mascarón de grandes ojos, de colmillos amenazantes y larga nariz curva abunda en las fachadas de los monumentos *puuc* y *chenes.* Por su parte, los toltecas-itzaes tuvieron cuidado de representarlo al lado de su dios mexicano en la fachada del Templo de los Guerreros. Chac está representado 218 veces en los tres códices, con su larga nariz característica y su jeroglifo: un rostro cuyo ojo tiene la forma de una T mayúscula, es decir, del glifo de *Ik,* símbolo de la lluvia y del viento. En la mano sostiene un hacha de pedernal: el rayo y el trueno. Dios de la tempestad, sin embargo se le considera principalmente bienhechor porque trae la lluvia fecundante. Así, era el dios de los campesinos y todavía en la actualidad los indios de Yucatán mezclan ritos cristianos con ofrendas e invocaciones a Chac; por lo demás, sería más justo hablar de los Chaques, en plural, pues ese dios se multiplicaba en cierto modo. Se pensaba que había cuatro Chaques, uno en cada punto cardinal, y cada cual marcado con un

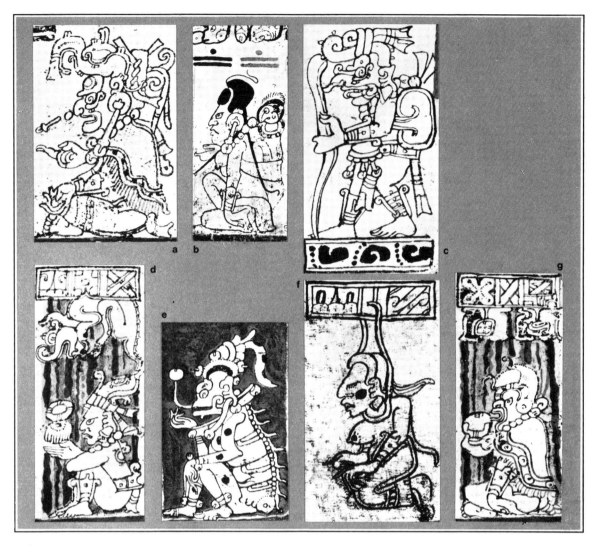

color: el Chac rojo del este, el Chac blanco del norte, el Chac negro del oeste y el Chac amarillo del sur. Los Bacabes, cuatro dioses secundarios vinculados a los Chaques, debían velar en los cuatro puntos cardinales y sostener los cielos con ayuda de los cuatro árboles sagrados.

Tanto Itzamná como los Chaques son dioses bienhechores. Así lo era también el dios del maíz, representado siempre como un hombre joven, a menudo con una mazorca de maíz en el tocado, o con el glifo de *kan,* símbolo del maíz y símbolo del cuarto día del calendario sagrado.

Muy distinto aparece el temible dios de la muerte, de cráneo descarnado y torso esquelético. Se le reconoce por esos rasgos macabros y también por los cascabeles metálicos suspendidos a su cuello, que no pueden dejar de recordarnos los cascabeles de cobre o de oro encontrados en el fondo del Cenote de los sacrificios en Chichén Itzá. Con frecuencia se le representa acompañado de un perro: como en el centro de México, entre los mayas el perro tiene por misión acompañar a los muertos en la morada tenebrosa *(Metnal* en Yucatán y *Xibalbá* en el *Popol Vuh),* y los lacandones confeccionan pequeñas figuras de cestería que representan perros y que ellos colocan sobre las tumbas.

Divinidades mayas según los códices:
a) Itzamná,
b) Diosa de la luna,
c) Chac, dios de la lluvia,
d) Joven dios del maíz,
e) Ah Puch, dios de la muerte,
f) Ixtab, diosa de los suicidas,
g) Xaman Ek, dios de la estrella polar

179

Los indios de Yucatán llaman Yum Cimil, "señor muerte", a un ser sobrenatural y nefasto que, según se cree, ronda los poblados en busca de enfermos agonizantes.

El dios de la muerte se asocia con frecuencia a una divinidad no menos maléfica representada en los códices, donde parece corresponder a las muertes violentas y a los sacrificios humanos. Dentro de la misma categoría se puede mencionar a Ixtab, la diosa de los suicidas, que se representa como una mujer colgada, con los ojos cerrados. Los mayas creían que los suicidas estaban destinados a gozar de una eternidad venturosa.

Dos divinidades parecen poderse asociar estrechamente: Xaman Ek, el dios de la estrella polar, protector de los comerciantes que cubrían largas distancias, con sus caravanas de portadores o sus embarcaciones, al interior y alrededor del territorio maya. También Ek Chuah, patrón de los cultivadores de cacao, la planta cuya preciosa almendra, muy apreciada en todo el mundo autóctono, servía de moneda. Una ceremonia especial se le dedicaba durante *Muan,* el decimoquinto mes, en el transcurso de la cual le rendían culto los plantadores del cacao.

Todas las actividades humanas dependían de una o varias divinidades: dioses de los apicultores, de los cazadores, de los pescadores, de los que hacían tatuajes, de los cantantes y de los músicos. Ah Bolon Dzacab era el dios protector de los linajes nobles; en Chichén Itzá, ese papel fue asumido por Kukulcán, la serpiente emplumada importada por los toltecas. La religión actual de los lacandones y los elementos precristianos aún presentes en la religión popular de Yucatán abundan en personalidades sobrenaturales asignadas a diferentes campos de la naturaleza y de la vida.[6]

Algunas de las divinidades mencionadas en Yucatán por los *Libros de Chilam Balam* o el *Ritual de los Bacabes* llevan nombres mexicanos que evidentemente fueron importados por los invasores nahuas. Así ocurre con Macuilxóchitl, "Cinco-Flor", dios de la danza y de la música. Tezcatlipoca, el gran dios de los pueblos nórdicos, está representado cuatro veces en las columnas del Templo de los Guerreros de Chichén Itzá, con su característico "espejo humeante". Tlalchitonatiuh, el Sol naciente, aparece con frecuencia en Chichén Itzá en los bajorrelieves que aluden a los sacrificios humanos y a las órdenes militares. Tlazoltéotl, la diosa del amor, Xipe Tótec, el dios de la primavera y de los orfebres, figuran en incensarios de Mayapán.

El dintel 24 de Yaxchilán representa a una mujer arrodillada ante un sacerdote; mientras él blande una bandera de plumas, ella se inflige una cruel penitencia pasando una cuerda erizada de espinas a través de su lengua. Ante ella, una canasta contiene los instrumentos de que se ha valido para escarificarse.

La autoescarificación, ofrenda a los dioses de la sangre de los fieles, era pues un elemento del ritual de la época clásica. Aquella práctica, general en Mesoamérica (sobre todo entre los aztecas),

Página siguiente: vasija de barro modelado y pintado proveniente de Teapa, Tabasco

[6] Por ejemplo, entre los lacandones: Metzaboc, dios de la lluvia; Kaak, dios del fuego; Kayum, dios del canto; Canan Kaax, "guardián de la selva". Entre los mayas actuales de Quintana Roo, los Zip son los pequeños dioses protectores de venados. Su nombre recuerda la fiesta de los cazadores, que tenía lugar durante el mes de *Zip.* En Yucatán se señala un Canan Semilla-ob, "guardián de las semillas".

se prosigió hasta la Conquista española. También se tajaban o se traspasaban la lengua, los lóbulos de las orejas y las pantorrillas.

La ofrenda de copal (en maya: *pom),* resina olorosa del árbol *Protium copal* que se quemaba en incensarios, también debe de haberse usado desde la época más antigua. El ritual que conocemos, por haber sido descrito por testigos, sobre todo por Landa, es el de Yucatán en el momento de la Conquista. Minucioso y complejo, incluye la confección de ídolos, las ofrendas de copal, las autoescarificaciones, los sacrificios sangrientos de animales y de víctimas humanas.

Así ocurría que, por ejemplo, a principios de un año puesto bajo el signo de *Kan,* se erigía al sur de la ciudad o del poblado un ídolo de cerámica llamado Kan U Uayeb, "el Uayeb —los cinco días 'vacíos'— de *Kan";* simbolizaba el fin del año anterior que, habiendo estado bajo el signo de *Cauac,* dependía del sur. El patrón del nuevo año, Ah Bolon Dzacab, estaba representado por otro ídolo al que se colocaba en casa de un dignatario. Acto seguido, las dos imágenes divinas se reunían, se les quemaba incienso y se les ofrecía alimento y bebida. Los años de *Kan* se suponían exentos de calamidades. Sin embargo, si ocurrían desgracias, los sacerdotes hacían erigir otro ídolo, el de Itzamná: le sacrificaban un perro o incluso un hombre. La ceremonia terminaba con una danza de las ancianas en el templo.

La mayoría de las fiestas ofrecía la ocasión de consumir en abundancia una bebida fermentada, especie de cerveza de maíz y de miel a la que estaba mezclada una corteza llamada *balché,* que también era el nombre de la propia bebida. Ordinariamente sobrios, los mayas se embriagaban en el transcurso de aquellas ceremonias, como lo hacen actualmente los lacandones que preparan el *balché* a la manera de sus antepasados.

A cada uno de los "meses" de 20 días correspondía cierto programa de ceremonias. El primer mes, *Pop,* se consagraba a los ritos del año nuevo. Durante *Uo,* el segundo, se consultaban los libros adivinatorios para conocer las profecías tocantes al año ya empezado. Los sacerdotes, los curanderos, los pescadores y los cazadores celebraban sus ritos "corporativos" en honor de los dioses que protegían cada una de aquellas categorías. Esos ritos proseguían durante *Zip,* el tercer mes.

La fiesta de la miel, celebrada por los apicultores, ocupaba lo esencial de los meses de *Zotz* y *Tzec.* Se invocaba a los Bacabes, se quemaba incienso, se fabricaba y se bebía *balché.*

La fiesta de Kukulcán tenía lugar en *Xul,* el sexto mes. A partir de la caída de Mayapán, en el siglo XV, ya no se celebró sino en Maní, capital de los Tutul Xiu. Uno de los rasgos de aquellas ceremonias era la elevación de espléndidos estandartes de plumas, que recuerdan el *Panquetzaliztli* de los aztecas.

Durante *Mol,* el octavo mes, los escultores tallaban ídolos de madera bajo la estricta vigilancia de los sacerdotes. Entonces vivían aislados, sometidos a una severa abstinencia, y ofrecían copal y su propia sangre a los dioses. La instalación de los ídolos tenía lugar durante el mes siguiente, *Chen,* con ofrendas, incienso y consumo de *balché.*

Los ídolos de barro y los incensarios se renovaban durante el mes de *Yax*. Los cazadores celebraban una segunda fiesta durante el mes de *Zac*. Durante el decimotercer mes, *Mac,* se sacrificaban a Itzamná y a los Chaques numerosos animales con el fin de obtener lluvia. *Muan* era el mes consagrado a Ek Chuah por los cultivadores de cacao. Durante el mes de *Pax,* con gran pompa se portaba el nacom al templo en un palanquín y se le quemaba incienso. Los guerreros bailaban cinco días seguidos. Las ceremonias, que tenían por objeto la victoria en las guerras, estaban coronadas por una fiesta en el transcurso de la cual los participantes se embriagaban, con excepción del nacom.

Los dos últimos meses, *Kayab* y *Cumhú,* estaban dedicados a diversiones que Landa describe —no sin cierto prejuicio— como excesos que transformaban a los indios en botas de vino, según la expresión de aquel prelado. Sin embargo, Landa indica que entonces se celebraban ritos con objeto de "echar al demonio" (¿un mal espíritu?) y que se quemaba copal.

ESCRITURA Y CALENDARIO

La escritura jeroglífica y lo que ella expresa han desempeñado un papel tan importante en la civilización maya que es necesario describir sus principales aspectos.

Al parecer, los antiguos mayas se sintieron fascinados por la marcha majestuosa del tiempo. Sin duda son el único pueblo en el mundo que haya divinizado, no sólo al tiempo en general, sino a cada uno de los períodos que lo componen. Concebían al tiempo a la vez bajo un aspecto cíclico, como una sucesión de fases que encajaban unas con otras, y como una duración infinita en el pasado y en el porvenir. Una gran parte de sus inscripciones reflejan esas ideas; tratan de cálculos cronológicos y astronómicos y precisan fechas. Aparecen como una especie de himno al tiempo, y a los astros cuyos movimientos marcan el ritmo de la marcha del tiempo.

Mucho tiempo se creyó que las inscripciones mayas sólo eran eso. Grandes eruditos mayistas como Morley y Thompson estimaron que no contenían nada de histórico ni de personal, contrariamente a la epigrafía del Viejo Mundo que narra o recuerda las hazañas de los faraones o las victorias de los césares. Sin embargo, cuando se consideran no sólo las estelas fechadas cuya función cronológica es evidente, sino también los altares, los tableros, los dinteles, los peldaños de escalinatas, las lápidas sepulcrales, que contienen centenares de glifos, con frecuencia en relación con una escena muy probablemente histórica,[7] no podemos contentarnos con una visión tan unilateral. Desde hace algunos años, los sapientes trabajos de especialistas como Tatiana Proskouriakoff y Heinrich Berlin han arrojado nueva luz sobre ese apasionante aspecto de la civilización maya. Ahora sabemos que algunos glifos corresponden a nombres de personas (nombres de soberanos o de supremos sacerdotes), que otros, los "glifos emblema", designan ciudades. Algunos acontecimientos: subida al

---

[7] Por ejemplo, el Tablero de los Esclavos de Palenque.

poder, matrimonio, muerte, captura, se representan mediante glifos. Por tanto, hay todo un aspecto histórico de las inscripciones, que apenas empezamos a entrever.

El desciframiento de la escritura maya fue a la vez facilitado y orientado de manera demasiado exclusiva hacia la cronología por la *Relación de las cosas de Yucatán* del obispo Landa. Lo que se ha dado en llamar demasiado abusivamente "piedra de Rosetta" de los mayas incluye dos aspectos: una tentativa abortada de hacer corresponder algunos caracteres de la escritura maya con letras del alfabeto latino, tentativa destinada al fracaso desde el momento en que esa escritura evidentemente no es alfabética; y por otra parte una enumeración de los períodos del calendario acompañados de la reproducción de los signos correspondientes. Fue esa segunda parte de la *Relación* la que ofreció un punto de partida sumamente útil para el desciframiento: pero no se trataba sino de inscripciones vinculadas al calendario. Así, desde los trabajos del erudito alemán Förstemann (1880) hasta mediados del siglo XX, las investigaciones se han orientado antes que nada hacia las inscripciones cronológicas, lo que por otra parte ha permitido fechar los monumentos mayas con una precisión única en América, y medir los extraordinarios progresos intelectuales logrados por los mayas en algunos campos.

Las inscripciones incluyen dos tipos de elementos, a saber, las cifras y los glifos. Como la de los pueblos mesoamericanos en

184

general, la aritmética maya tenía por base el número veinte; aún en la actualidad, los indios o incluso los campesinos mestizos de México cuentan por veintes o por múltiplos de veinte, por ejemplo, las mazorcas de maíz. Veinte es el número de los dedos de las manos y los pies, del hombre *(uinic* en maya) por entero: la palabra "hombre" se encuentra con el sentido de "veinte" en algunos dialectos mayas.

La numeración se anotaba por medio de barras (una barra = cinco) y de puntos (para la unidad), cuando menos desde la época de los olmecas, al sureste de México y en Oaxaca. A los mayas bien parece podérseles acreditar la invención de un tercer elemento, el cero, representado por una concha estilizada o una cruz de Malta. Se sabe que la aritmética de la antigüedad helénica y romana desconocía el cero: ese invento se ha hecho dos veces en la historia de la humanidad: en la India, de donde los árabes lo transmitieron a Occidente, y entre los mayas.

Como éstos inventaron también la aritmética posicional —principio según el cual, en nuestro sistema decimal, cada cifra tiene un valor diez veces superior al de las cifras del grupo que le precede— les era posible escribir cualquier número, mucho más fácilmente que a los griegos o a los romanos, disponiendo las cifras en columnas. Leídas de abajo hacia arriba, aquellas cifras estaban afectadas en cada grado por un coeficiente multiplicador igual a veinte. Dicho de otro modo, si por ejemplo tomamos el

El Petén: Incensario. Museo Popol Vuh

número 5 960, escribiéndolo según nuestro sistema, ello significa que hay cero veces la unidad o ausencia de ella, seis veces una decena, nueve veces una centena, cinco veces un millar. Según la numeración maya, esa cifra se habría representado mediante una columna de tres líneas leídas de abajo hacia arriba: primero un cero; luego tres barras y tres puntos, o sea 18 veces 20, y por tanto 360; luego dos barras y cuatro puntos, esto es, 14 veces 400, y por ello 5 600. En total: 5 960.

La notación de los números mediante las barras y los puntos no era la única utilizada por los mayas. Las cifras del 1 al 13 y el cero con frecuencia se representaban, en las inscripciones, mediante cabezas vistas de perfil, las cabezas de los dioses que eran los "patronos" de aquellos números. Se les podía identificar gracias a ciertos atributos: un tocado adornado con un disco para el número 3; el signo de *tun* como tocado para el número 5; una mandíbula esquelética para el número 10. En fin, esas variantes "de cabeza" se completan en ciertas inscripciones, sobre todo en Palenque y en Copán, mediante cuerpos enteros, de tal manera que el número y el signo que lo acompañan forman graciosos cuadritos.

En cuanto a los glifos, se presentan ya en forma cursiva, en los manuscritos, a veces en las paredes de las tumbas o de los palacios, o incluso en vasijas policromas, ya en la forma elaborada y compleja de los bajorrelieves. Cada uno se compone de un marco cuadrado de ángulos redondeados, o de un óvalo, y de elementos inscritos en el interior (infijos) o en el exterior (afijos) de ese marco. El conjunto es de una complejidad extrema al mismo tiempo que de un efecto estético emparentado con el de los arabescos o del arte barroco.

De un total de alrededor de 700 a 800 glifos conocidos, la mayoría son evidentemente ideogramas, donde cada signo corresponde a una noción, a un fenómeno, a cierta acción. Es el caso de todos los glifos cronológicos como el día *(kin)*, "el mes" de 20 días *(uinal)*, el año de 360 días *(tun)*, etc., pero también de los que significan "reino" o "mando" (o el verbo "mandar"), muerte, bueno o malo, abundancia, sequía, agua, lluvia, maíz, oscuridad, eclipse. El Sol, la Luna y el planeta Venus tienen sus símbolos.

Algunos glifos se utilizan por su valor fonético. Un pez estilizado *(Xoc)* connota el verbo *Xoc,* "contar". El glifo lunar, *u,* indica el posesivo *u* de la tercera persona. El signo del sol, *Kin,* entra como infijo en la composición de glifos, por ejemplo aquellos de los meses *Yaxkin* o *Kankin,* donde corresponde a la sílaba *Kin.*

Si bien la escritura maya no era alfabética, se le puede describir como ideográfica y silábica. Algunos glifos corresponden a partículas gramaticales como -*il* o -*te.* Un sistema de ese tipo podía ser adoptado por pueblos que hablaban varias lenguas distintas de una misma familia lingüística. Nosotros transcribimos generalmente los glifos al maya de Yucatán, pero es probable que en Tikal o en Palenque la lectura de las inscripciones se efectuara en dialectos diferentes, sobre todo el chol en Palenque.

En fin, como ya se ha dicho, en la actualidad se conocen glifos nominales o toponímicos que permiten descifrar, cuando menos

Página siguiente:
tablero jeroglífico

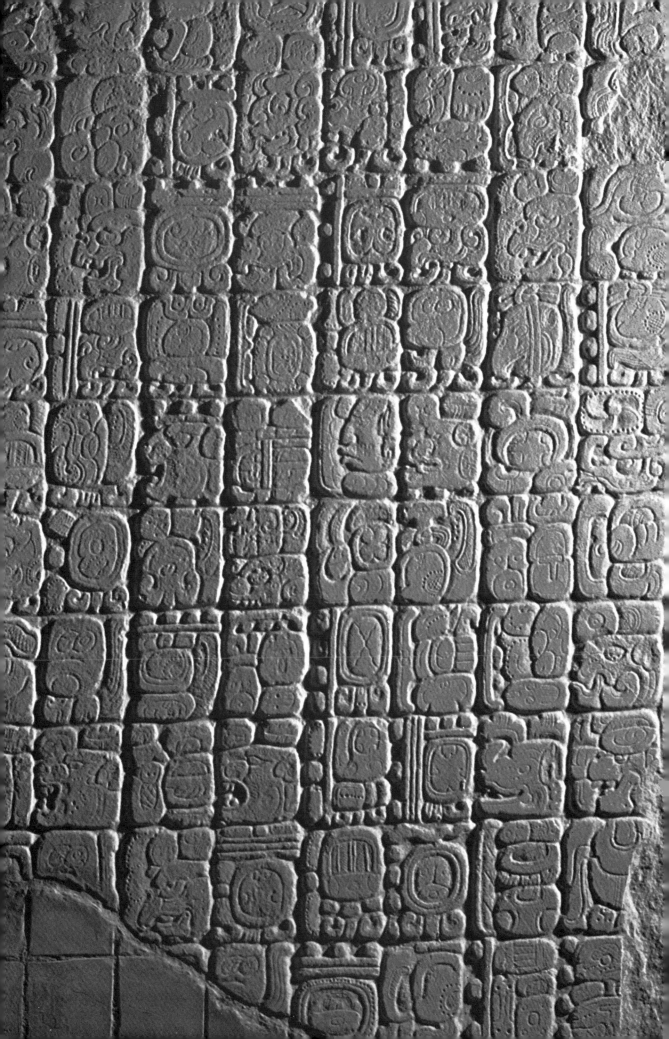

fragmentariamente, inscripciones que narran la historia dinástica de algunas ciudades.

Los "glifos emblema", identificados a partir de 1958 por Heinrich Berlin, designan algunas ciudades: actualmente se conocen los de Tikal, Naranjo, Yaxchilán, Piedras Negras, Palenque, Copán, Quiriguá y Seibal. Todos esos glifos son compuestos que tienen en común algunos prefijos, mientras que el elemento central varía de acuerdo con la ciudad connotada. Aparecen en las inscripciones de esos diversos centros, tanto como en otras localidades cuando entre éstas y tal o cual ciudad importante existían relaciones particulares. Por ejemplo, el glifo emblema de Yaxchilán está asociado a personajes femeninos importantes de Bonampak. En Piedras Negras, 35 estelas fechadas narran la historia de siete soberanos; Tatiana Proskouriakoff, a quien se debe ese descubrimiento, pudo identificar los glifos que corresponden al nacimiento, a la llegada al poder, a los matrimonios, etc., lo mismo que a nombres de personas. A los nombres femeninos se les asigna un prefijo especial pues, al parecer, las mujeres desempeñaron un papel importante en esas historias dinásticas, como es corroborado por los frescos de Bonampak. En Palenque, en Tikal, en Yaxchilán, se han podido descifrar nombres de soberanos, fechas y algunos acontecimientos.

La gran mayoría de las inscripciones descifradas en la actualidad son cronológicas. El sistema de cómputo del tiempo y de fijación de fechas utilizado por los mayas clásicos incluye tres elementos principales, siendo los dos primeros comunes a todas las civilizaciones mesoamericanas, en tanto que el tercero caracteriza sólo a la civilización maya clásica. Son: el calendario ritual de 260 días; el calendario solar de 365, y la Cuenta Larga.

1) El calendario ritual consta de veinte nombres de días, representados por otros tantos glifos, y de trece números que van del 1 al 13. Cada día va acompañado de un número. Si se parte del primer día 1 Imix (véase página 259), continuando con 2 Ik, 3 Akbal, etc., se llega a 13 Ben y se prosigue ininterrumpidamente retomando la serie de números: 1 Ix, 2 Men, etc. Es claro que el punto de partida sólo volverá a encontrarse al cabo de 13 × 20, es decir, 260 días.

Ese *tzolkin* se remonta ciertamente a una muy lejana antigüedad, y en todo caso a la época de los olmecas: en Tres Zapotes está esculpida en roca una inscripción que se puede leer como 6 Ik.[8] Su origen debe buscarse en la Tierra Caliente tropical, donde se encuentran el cocodrilo, el mono y el jaguar.

Con frecuencia, los nombres de los días en maya yucateco están desprovistos de significado en el lenguaje cotidiano, y sus glifos son extremadamente estilizados y abstractos. Entre los aztecas, y de una manera general en el centro y el sur de México, los nombres se toman del lenguaje diario y los signos son figurativos. Pese a esas dificultades, las dos series de nombres de días son indiscutiblemente paralelas. *Ik* designa el viento y la tempestad; *Akbal* es el signo de la declinación del sol como la casa, *Calli,* donde según los aztecas el astro se encerraba durante la noche.

[8] *Cf.* J. Soustelle, *Les olmèques,* p. 163.

Cimi quiere decir "muerte"; *Muluc* representa, a partir de los bajorrelieves olmecas de Chalcatzingo, la placa de jade que simboliza el agua; *Chuen* es el nombre, en la mitología maya quiché, de un héroe transformado en mono; el glifo de *Ix* representa con toda evidencia la cabeza de un jaguar; el infijo característico de *Cauac* es la figuración estilizada de las nubes de lluvia. *Ahau* ("señor" en maya de Yucatán) es el Sol: una de las formas del glifo de *Kin*, "sol" y "día", es la flor de cuatro pétalos del almendro.

Otras analogías son más lejanas. Por ejemplo, el libro sagrado de Yucatán llamado *Chilam Balam* de Kaua contiene, a propósito del día *Lamat,* el siguiente comentario: "borracho". Ahora bien, para todos los pueblos de México, el símbolo de la borrachera es el conejo, *tochtli.* Así, un lazo tenue pero indiscutible une el octavo signo maya con su homólogo de las Tierras Altas. No es dudoso que nos encontremos en presencia de un sistema homogéneo en el tiempo y en el espacio, desde la remota antigüedad preclásica hasta la Conquista española, y desde el Altiplano Central hasta los confines de Guatemala y de Honduras.

La invención de ese sistema se debe probablemente a los olmecas, habitantes civilizados de la Tierra Caliente en el oriente de México, entre 1200 y 400 antes de nuestra era, tal vez incluso a una cultura anterior a los olmecas, situada en cualquier caso en regiones tropicales.

Diversas tentativas se han hecho, en vano, para encontrar a esa construcción intelectual una base en algún fenómeno natural. La combinación 13 × 20 puede derivar de la numeración vigesimal y del número de los 13 cielos y de sus dioses. Pero ignoramos por qué esos dos elementos se combinaron para dar nacimiento a un sistema que dominó la vida de los hombres durante tres mil años. No sabemos tampoco cómo ni por qué razones se estableció la lista de los 20 animales, las plantas, los fenómenos naturales o los objetos diversos que dan sus nombres a los días y determinan los presagios de uno a otro extremo de México.

2) Ese calendario ritual y adivinatorio se combina con un calendario solar de 365 días. Contrariamente a todas las demás civilizaciones del mundo, incluso los incas y otros pueblos de los Andes, las de Mesoamérica no dividieron el año solar en 12 meses lunares de 29 a 31 días, sino en 18 períodos de 20 días *(uinal* en maya) más 5 días *(Uayeb)* considerados nefastos o "vacíos". Hay razones para pensar que los indios mesoamericanos emplearon un año lunisolar antes de adoptar el sistema de los 18 "meses" de 20 días: en maya y en otras lenguas autóctonas, el nombre mismo de esos "meses" se vincula al de la Luna. Si se examinan los nombres de los 18 "meses" y los glifos que los designan (página 261), se observa que cuatro de ellos están compuestos de un signo principal idéntico, el del día *cauac,* "lluvia", rematado por un sufijo diferente: el símbolo del color negro para el "mes" de *Chen;* del verde para *Yax,* del blanco para *Zac* y del rojo para *Ceh.* Asimismo, son idénticos el signo del *uinal Uo* y del siguiente *Zip,* con la sola excepción de los sufijos "negro" para el primero, "rojo" para el segundo. En fin, *Yaxkin* y *Kankin* se pueden considerar dobletes, siendo lo esencial de sus glifos la flor solar *Kin.*

Tejedoras mayas
en Guatemala

Las cosas ocurren como si, en el momento que se implantó una reforma del calendario, se hubiera necesitado pasar de un año de 12 meses lunares "vagos" a un año de 18 divisiones iguales. Entonces, la solución consistía en "desdoblar" ciertos meses a manera de obtener seis períodos suplementarios. Se puede admitir que uno de los dos "meses", *Uo* y *Zip;* uno de los dos "meses" de componente solar, *Yaxkin* y *Kankin,* y los cuatro "meses" cuyo glifo está esencialmente compuesto del signo *cauac,* o sea un total de seis meses, se agregaron al calendario primitivo.

La posición de un día determinado en el *uinal* está indicada mediante un número, de 0 a 19, llevando el primer día del "mes" el número 0. Una fecha completa se compone entonces de cuatro elementos: por ejemplo, 2 *Ik* 0 *Pop,* día con el número 2 y el signo *Ik* del calendario ritual de 260 días, primer día del mes *Pop.*

Puesto que esos dos calendarios siempre funcionan paralela-

mente en el mismo orden y sin ninguna interrupción, para encontrar los mismos cuatro elementos será necesario que hayan transcurrido 18 980 días, es decir, 73 series de 260 días y 52 años. Ese ciclo de 52 años era la base de toda la cronología mesoamericana; por ejemplo, los aztecas procedían cada 52 años a la ceremonia del Fuego Nuevo o de la "atadura de los años". En ese sistema, una fecha vuelve entonces cada 52 años. En el centro de México, la fecha *Ce-Ácatl,* "Uno Caña", podía corresponder a nuestro año de 1415, al de 1467 o al de 1519. Por su parte, los mayas emplearon un método infinitamente más preciso: la Cuenta Larga.

3) En principio, ese sistema no fue inventado por los mayas, puesto que inscripciones de cinco grupos de números se aprecian en Tres Zapotes, en la estatuilla de Tuxtla, en El Baúl y en Chiapa. Pero ellos lo perfeccionaron y lo enriquecieron singularmente.

Las inscripciones dan cuenta de nueve períodos de tiempo, el más largo de los cuales, el *alautún,* representa 23 040 000 000 de días, es decir 63 123 287 años. Algunos cálculos vertiginosos se pierden muy lejos en el pasado o en el porvenir. La estela D de Quiriguá contiene una fecha aproximadamente 400 millones de años anterior a la fecha de erección del monumento. Sin embargo, la inmensa mayoría de las inscripciones no hace intervenir sino los cinco períodos que se pueden calificar de "clásicos": el día, *kin;* el "mes" de 20 días, *uinal;* el año de 360 días, *tun;* el *katún* igual a 20 tunes, esto es, 19.71 años, y, finalmente, el *baktún,* igual a 20 katunes, es decir 144 000 días o 394.46 años.

Como se ve, la aritmética maya sufre aquí una desviación puesto que la unidad de tercer orden debería ser 400. El *tun* tiene 40 días menos que la unidad de tercer orden, y cinco días menos que el año solar. Los calculistas mayas debieron de vacilar entre

194

El viejo jefe lacandón
Chankin (derecha)
y un niño

diversas soluciones. Una de ellas habría consistido en adoptar para el año una duración de 400 días, como lo hicieron los cakchiqueles de Guatemala, pero ese número está verdaderamente lejos de la realidad. El *tun* de 360 días representa un compromiso. Los mayas estaban perfectamente conscientes del error, que ascendía aproximadamente a cinco días y cuarto y separaba la duración del *tun* de la del año real. Las inscripciones de Copán demuestran que los astrónomos mayas habían calculado la duración del año con una exactitud igual a la del calendario gregoriano y superior a la del calendario juliano.[9] Como hemos de ver, tuvieron que inventar un método de corrección.

Una inscripción de Cuenta Larga del período Clásico se compone de los elementos siguientes:

1) El glifo introductorio, signo de gran dimensión, que "corona" las dos columnas de glifos de la inscripción misma; consta de una parte invariable, que es el glifo *katún,* y una parte variable, a saber la cabeza o la máscara de una divinidad que "preside" el *uinal* a que se refiere la fecha.

[9] Duración según la astronomía moderna: 365.2422 días. Calendario gregoriano: 365.2425 días. Calendario juliano: 365.2500 días. Calendario maya: 365.2420 días.

2) Dos columnas de glifos que se leen de izquierda a derecha y de arriba abajo; cada período de tiempo transcurrido se indica mediante un glifo especial acompañado de un coeficiente numérico. Esa parte de la inscripción, llamada *Serie Inicial,* da el número de baktunes, de katunes, de tunes, de uinales y de kines que han transcurrido desde la fecha cero. Sigue la fecha de dedicación de la estela, en cuatro elementos. Esos jeroglifos se pueden transcribir de la manera siguiente: 9.8.0.0.0, 5 Ahau 3 Chen (24 de agosto de 593 del calendario gregoriano). Además, la Serie Inicial consta de un glifo que puede presentarse en nueve formas distintas: se trata de una de las "Nueve Divinidades" que en México se llamaban "Señores de la Noche", dioses de las tinieblas y del mundo subterráneo. Cada uno de ellos es el "patrón" de una fecha.

3) La Serie Suplementaria está dedicada a informaciones sobre la Luna: su edad en la fecha considerada; longitud de la lunación (29, 30, 31 días); posición de ese mes lunar en un período igual a medio año. Por lo cual se ve que, si bien los mayas habían abandonado el calendario lunar, no por ello estaban menos atentos a las fases y a las revoluciones de ese astro. A decir verdad, algunas de las hazañas intelectuales de los antiguos mayas están vinculadas a la observación de la Luna, el cálculo de los eclipses, etcétera, como se indicará ulteriormente.

4) La Serie Secundaria es una especie de "nota al margen" o "al pie de página" que busca corregir el error debido al hecho de que el año "teórico" y el año solar real no tienen igual duración. Los mayas no recurrieron a días intercalares como lo hacemos nosotros en los años bisiestos. Tomando como punto de partida la fecha a que llegaba la Serie Inicial, inscribían un "número intervalo", formulado en kines, uinales, etc., y a veces precedido de un glifo introductorio particular: ese número conduce a una nueva fecha, que es la fecha corregida.

En esencia, esa es la estructura de una inscripción de Cuenta Larga. En la época clásica, es muy raro que los coeficientes numéricos de la Serie Inicial no vayan acompañados de glifos de períodos, mientras que esos glifos están ausentes en las inscripciones premayas como en Tres Zapotes. Sin embargo, se debe señalar la estela de Pestac (Chiapas), que da la fecha 9.11.12.9.0, 1 Ahau 8 Cumhú, sin glifos de períodos.

La fecha cero de la cronología maya, 4 Ahuau 8 Cumhú, 12 de agosto de 3113 antes de nuestra era, está esculpida en algunos monumentos, por ejemplo la estela C de Quiriguá, consagrada en el año de 775, según la fórmula 13.0.0.0.0, es decir (puesto que siempre se trata de tiempo transcurrido) como terminación del baktún 13, esto es, 5 128 años en números redondos. Ello es a la vez una terminación y un principio. Como todos los pueblos mesoamericanos, los mayas creían que el universo había sido destruido y vuelto a crear en repetidas ocasiones (tres veces) antes de nuestro propio mundo: es posible que la fecha de partida de su cronología corresponda al nacimiento del mundo actual.

Página siguiente: mercado indio en Chichicastenango, Guatemala — Aunque el tema de la correlación entre las fechas mayas y nuestra propia cronología haya sido sumamente controvertido, se ha logrado un consenso más o menos general para adoptar la

correlación llamada "Goodman-Martínez-Hernández-Thompson" o simplemente G-M-T, que parece corresponder mejor a la sucesión de los hechos arqueológicos e históricos. Según esa correlación, las fechas más numerosas de la época clásica se sitúan entre 9.0.0.0.0, 8 Ahau 13 Ceh (11 de diciembre de 435) y 10.0.0.0.0, 7 Ahau 18 Zip (15 de marzo de 830). Con frecuencia llamadas "del baktún 9", esas fechas se sitúan en realidad en el décimo baktún, a partir de la fecha cero, puesto que empiezan después de haber transcurrido nueve baktunes.

La Cuenta Larga cae en desuso

Construcción intelectual a la vez compleja y precisa como un mecanismo de relojería, la Cuenta Larga no podía permanecer en vigor sino en la medida en que una *élite* respetaba sus reglas y las imponía a los ejecutantes, grabadores o escultores. Hacia mediados del siglo VIII había de manifestarse cierto relajamiento, una "baja de tensión" debida a la introducción de un método de notación abreviado. Aquel método fue puesto en práctica para anotar las terminaciones de katún. Si nos atenemos a las reglas tradicionales de la Cuenta Larga, una terminación de katún exige que en la superficie de una estela se grabe primero el glifo introductorio, después los cinco glifos que dan el tiempo transcurrido (a su vez glifos dobles, puesto que cada uno de ellos consta de un número y de un signo de período), y finalmente los cuatro elementos de la fecha, por ejemplo 9.16.0.0.0, 12 Ahau 13 Tzec (9 de mayo de 751). La fórmula abreviada permite una economía considerable. En efecto, basta con anotar: 16 katunes 2 Ahau 13 Tzec, estando el signo de los katunes acompañado de un afijo particular que se puede leer como: "fin de período". Ahorro de tiempo para el escultor, ahorro de espacio en la estela: como contrapartida, la fecha no se fijaba de una vez por todas en el transcurso de la duración según ocurría cuando se utilizaba la Cuenta Larga. Sin embargo, esa fecha seguía siendo exacta durante un lapso de alrededor de 19 000 años.

Tras el hundimiento de la civilización maya clásica, no sólo se abandonó la Cuenta Larga sino también el método abreviado. Los documentos históricos como los *Libros de Chilam Balam* no conocen sino un sistema de notación de fechas, al que se llamaba *U Kahlay Katunob,* "la cuenta de los katunes".

En ese sistema, la base de la cronología es el katún, designado mediante el número y el signo de su último día. Todos los katunes terminan en un día acompañado del signo Ahau y de uno de los trece números del calendario ritual. Esos números se suceden en un orden tal que cada katún queda designado por un coeficiente dos unidades menor al coeficiente del katún anterior. A un katún 13 Ahau le suceden un katún 11 Ahau, luego un katún 9 Ahau, etcétera. Cuando han transcurrido 13 katunes, se vuelve al punto de partida, es decir que la misma fecha se encuentra de nuevo al cabo de 13 × 19.71 años, es decir 256 años y cuarto.

Ese sistema es más preciso que el de los pueblos del Altiplano Central, entre los que una misma fecha volvía cada 52 años. Pero no por ello es menos rudimentario e impreciso cuando se le compara con la Cuenta Larga de la época clásica. Ello contribuye a la parquedad de los textos históricos mayas: "katún 8 Ahau: fue entonces cuando se descubrió Chichén Itzá", dice la crónica de Tizimín, en una fórmula típica de ese género de documentos.

Cada katún se ponía bajo la invocación de una divinidad y en el Yucatán de la época posclásica se le dedicaban ceremonias particulares. El *Codex Peresianus* de la Biblioteca Nacional de París enumera e ilustra 11 katunes, de 4 Ahau a 10 Ahau, sin duda correspondientes al período que se extiende de 1224 a 1441. Datando de la época de la Conquista española, los documentos yucatecos se remontan en el pasado hasta principios del baktún 9, o sea el katún 8 Ahau (435-455 de nuestra era), y consignan tradiciones que cubren once siglos.

En Yucatán, una curiosa costumbre determinaba que cada katún llegado a la mitad de su duración se asociara como "huésped" al katún siguiente. De ese modo, cada katún reinaba, por decirlo así, durante 30 años, 10 de ellos como "huésped" de su predecesor, y coexistía con su sucesor durante los últimos 10 años de su reinado.

LOS PORTADORES DE AÑO

Puesto que existen 20 signos de días, y que los 5 días "vacíos" de fin de año —el *Uayeb*— no tienen nombre, no hay sino 4 signos (20 ÷ 5 = 4) que puedan corresponder al primer día del año. Esos son los "portadores de año". Marcado por su primer día, cada año, por decirlo así, tomaba de él un matiz fasto o nefasto. En la época de la Conquista española, los portadores de año mencionados por Diego de Landa eran: Kan, Muluc, Ix, Cauac. Los años de Kan estaban vinculados al este, los de Muluc, Ix y Cauac, respectivamente, al norte, al oeste y al sur. Cada portador de año era recibido mediante ceremonias determinadas. Los años de Cauac eran tenidos como particularmente peligrosos; en ellos se esperaban calamidades, la pérdida de las cosechas.

Sabemos que en la época clásica los portadores de año eran: Ik, Manik, Eb y Caban, lo cual significa que, entre el siglo X y los siglos XV o XVI tuvieron que avanzar dos posiciones. Una parte de los pueblos mayas, en particular los quichés de Guatemala, conservaron esa serie de portadores de año; entre los zapotecas de Oaxaca, los signos equivalentes a los de los mayas clásicos permanecieron en uso hasta la época posclásica.

Otras poblaciones mayas (los tzeltales de Chiapas, los chujes y los jacaltecas de Guatemala) utilizaron una serie desfasada sólo una "muesca" con respecto a la serie de los mayas clásicos: Akbal, Lamat, Ben y Etznab. Éstos son los portadores de año que se encuentran en los códices como el *Dresdensis*. Si esa serie se hace corresponder con los signos aztecas, se obtiene: Akbal = Calli (casa); Lamat = Tochtli (conejo); Ben = Ácatl (caña); Etznab = Técpatl (pedernal), es decir, que las civilizaciones posclásicas del centro de México —lo que también es válido para los mixtecos— adoptaron los portadores de año que estaban en vigor en la época de los códices, por tanto probablemente en el siglo XIII.

Por el hecho de estar los cuatro portadores de año acompañados de un número de la serie 1-13, la misma fecha de "Año Nuevo" volvía cada 52 años (4 × 13). Por otra parte, es también al cabo de 52 años cuando coinciden el calendario ritual y adivinatorio de 260 días y el calendario del año solar. Las inscripciones clásicas de la zona central no incluyen referencia alguna a los portadores de año ni al período de 52 años, que en cierto modo son eclipsados por la Cuenta Larga, aunque no cabe duda de que esas nociones fueron conocidas y adquirieron mayor importancia a medida que se desintegraba el mecanismo complejo y delicado de la Cuenta Larga.

INSCRIPCIONES LUNARES

Las inscripciones de Cuenta Larga dedican una serie de glifos a la Luna, precisan la fase del satélite en la fecha indicada y sitúan la lunación en una serie que se extiende a lo largo de medio año. Dos glifos, llamados "D" y "E", dan la edad de la Luna: el primero, con un coeficiente numérico de 1 a 19, se utiliza si la Luna tiene menos de 20 días; el segundo para una lunación de 20 o más días. Si, por ejemplo, tenemos una lunación con 27 días, estará presente el glifo D, pero desprovisto de coeficiente, mientras el glifo E estará acompañado del coeficiente 7.

Como todos los pueblos civilizados, los mayas abordaron el problema de la correlación del calendario lunar y del calendario solar. Las inscripciones de la zona central muestran que, en un primer período, cada ciudad se esforzó por formular su solución. Una cuenta lunar basada en la ecuación: 149 lunaciones igual a 4 400 días había estado en vigor desde el siglo v, llegando a una duración media de 29.53 días, o sea un error inferior a la mitad de un día por siglo. Pero, a partir del año de 682, los sacerdotes de Copán establecieron otra fórmula que se difundió a la generalidad del mundo maya de la época, con excepción de algunas localidades remotas como Calakmul. Se trata de la ecuación: 405 lunaciones igual a 11 960 días, lo que disminuye aún el margen de error. En Palenque se encuentra que: 81 lunaciones igual a 2 392 días, lo cual corresponde exactamente a la fórmula de Copán.[10]

El período de uniformidad en que todas las ciudades clásicas adoptan la misma fórmula concluye en 756: la influencia de Copán está para entonces en decadencia, al menos en el campo intelectual, y probablemente en otros también.

El *Códice de Dresde* dedica siete páginas a la enumeración de 405 lunaciones, o sea 11 960 días, arregladas en 69 grupos de 6 o 5 lunaciones. Según los astrónomos modernos, esas páginas constituyen una tabla de eclipses solares, pues los últimos días de cada grupo son aquellos en que un eclipse de Sol puede verse en algún punto determinado de la Tierra. J. Eric S. Thompson sugiere que los sacerdotes-astrónomos mayas debían revisar esas tablas más o menos cada medio siglo.

[10] Conviene recordar aquí que la aritmética maya desconocía las fracciones. Las 405 lunaciones se dividían en 215 lunaciones de 30 días y 190 de 29 días. Según los astrónomos modernos, la duración media de una lunación es de 29.53059 días. La "fórmula de Copán" da 29.53086 días.

Los cálculos correspondientes suponen observaciones llevadas con perseverancia (pese a un cielo con frecuencia muy nublado), anotadas y transmitidas de generación en generación. Los antiguos mayas no disponían de ningún instrumento óptico. Hacían observaciones a simple vista utilizando como punto de referencia algunos monumentos como los grupos especiales construidos para ese efecto en Uaxactún y en esa región. Algunos manuscritos autóctonos del México no maya representan sacerdotes astrónomos que observan los astros por medio de un aparato muy sencillo hecho con dos varas cruzadas.

Como todos los pueblos civilizados de Mesoamérica, los mayas observaban con atención particular el astro que ellos llamaban *Noh Ek,* "la gran estrella", es decir, el planeta Venus. Conocían muy bien tanto sus cuatro períodos: Estrella Matutina, desaparición, Estrella Vespertina, nueva desaparición, como lo que duraba su revolución aparente, que ellos evaluaban en 584 días. No ignoraban que este número era ligeramente superior a la duración real de esa revolución y que de ello derivaba un error anual de alrededor de ocho centésimos de día. Las tablas de Venus del *Códice de Dresde* muestran que los mayas sabían corregir ese error suprimiendo cierto número de días. También habían comprobado que cinco años venusinos equivalen a ocho años nuestros, puesto que $584 \times 5 = 365 \times 8 = 2\,920$ días. En fin, muy probablemente habían observado que el calendario ritual y adivinatorio de 260 días, el calendario solar de 365, y el calendario venusino de 584 llegaban a coincidir cada 104 años, es decir, al término de dos períodos de 52 años determinados por la combinación de 4 portadores de año y de 13 números. A través de Oaxaca, de los sacerdotes de Teotitlán y de la civilización mixtecopoblana, toda una tradición venusina se perpetuó hasta la época de la Conquista española en los conceptos cosmológicos y en el ritual de los aztecas. ¿Tenía esa tradición sus raíces entre los mayas? O bien, por el contrario, ¿se trata de un conjunto de nociones y de representaciones más bien mexicanas? En cualquier caso, lo cierto es que, desde la época clásica, el planeta desempeñaba un papel importante entre los mayas (su glifo es el de Lamat, el séptimo día) y los sacerdotes astrónomos observaban atentamente los movimientos del astro.

¿Conocieron también la revolución de Marte (780 días), e incluso la de Mercurio (116 días), como Michael Coe[11] se inclina a creer? Algunos cálculos del *Códice de Dresde* conducen a pensar de esta manera.

LA COSMOGONÍA MAYA

Como todos los pueblos de Mesoamérica, los antiguos mayas creían que nuestro mundo había estado precedido por varios universos aniquilados por cataclismos.

Para los mexicanos del Altiplano Central, había habido cuatro Soles antes del nuestro, que por tanto es el quinto universo. Trátese de los que relata el libro quiché *Popol Vuh,* o de los mitos

[11] *The Maya,* p. 189.

propios de poblaciones como los mames, los tzeltales o los tzotziles, la mayoría de los mitos mayas dan cuenta de tres creaciones,
siendo la cuarta nuestro universo. Es posible que la fecha "cero"
de la cuenta 4 Ahau 8 Cumhú, 13.0.0.0.0, corresponda a la creación de nuestro mundo. Al parecer, el "período cósmico" com-
prende 13 baktunes, o sea, alrededor de 5 128 años: lo cual significa que el fin de nuestro mundo tendría lugar en el año 2015 de
nuestra era. . .

El fin del mundo está descrito en el *Códice de Dresde:* es un
diluvio que cae del cielo —representado éste por un dragón—,
mientras que una diosa macabra, desdentada y vestida con una
falda adornada de osamentas cruzadas, vierte un raudal de agua
que sale de una jarra. Los mayas de Yucatán creen que tres
mundos han sido destruidos por diluvios sucesivos y que lo mismo
ocurrirá con el nuestro. Los lacandones de la cuenca del Usumacinta temen cataclismos, temblores de tierra que pondrán fin a
nuestro universo, en tanto que la humanidad será exterminada
por jaguares. Ese mito está muy próximo al que en general se
relata en el centro de México: el fin del mundo por temblores de
tierra y por la irrupción de los *Tzitzimimes,* los monstruos esqueléticos del oeste, que devorarán a los humanos.

La tierra, creían los mayas, es plana y cuadrada. Descansa
sobre la espalda de un inmenso reptil o saurio que nada en la
superficie de un océano como el Cipactli de los aztecas. Trece
cielos superpuestos se escalonan por encima de la tierra, nueve
"infiernos" constituyen el mundo de las tinieblas.

Numerosos mitos difundidos de manera muy general en toda
Mesoamérica están presentes entre los mayas. Sus temas se encuentran tanto en el *Popol Vuh* como en las tradiciones de las
diversas tribus y en el folklore actual. Entre ellos están, por ejemplo, el mito del origen del Sol o el mito del origen del maíz.

Los dos astros son la primera pareja de la historia: la Luna,
infiel a su marido el Sol, provoca una serie de incidentes, algunos
de los cuales se reflejan en el arte popular de la cerámica del
período Clásico. Así es como el Sol fue inducido a ocultarse bajo
una piel de venado para sorprender a su esposa, amante de la
Estrella Matutina según ciertas tradiciones, y de la Nube según
otras. Ese episodio se narra en algunas vasijas pintadas del período Clásico, por ejemplo, en una hermosísima vasija de la colección Bliss, de Dumbarton Oaks.[12]

Diversos incidentes míticos se encargan de explicar por qué la
Luna es menos brillante que el Sol. Según ciertas tradiciones, el
Sol habría reventado un ojo a su esposa. De acuerdo con otras,
el astro se habría servido de un carapacho de tortuga para arrojar
una sombra sobre el rostro de la Luna. Muy generalizada —como
en toda Mesoamérica— está la creencia en el "conejo de la Luna"
que se destaca en el disco del satélite y que las figurillas de Jaina
representan como compañero de la diosa.

Caprichosa y ligera, la Luna es también la tejedora por exce-
lencia. Un mito de los mayas mopanes de la antigua Honduras
Británica cuenta cómo el Sol se enamoró de la Luna cuando,

[12] *Pre-Columbian Art,* láms. LXXX y LXXXI.

sentada ante su casa, ella tejía magníficas telas. Él decidió raptarla, pese a la hostilidad del abuelo de la joven mujer lunar. Con frecuencia se encuentra el tema de la huida de la pareja astral, para escapar a la violenta oposición del anciano. Con no menos frecuencia se encuentra el tema de la desunión de la pareja y de las querellas que la dividen, causando sobre todo los eclipses.

El *Popol Vuh* da una versión bastante distinta de las relaciones entre el Sol y la Luna: los dos astros son los dos hermanos Hunahpú y Xbalanqué, héroes de mil aventuras, vencedores de los demonios del mundo subterráneo de Xibalbá, que suben al cielo para devenir el Sol y la Luna. Esa versión es tanto más sorprendente cuanto que Hunahpú es el equivalente de Hun-Ahau en maya clásico, término que designa a la Estrella Matutina en Yucatán, y que los actuales quichés, como todos los demás mayas, tienen a la Luna por un ser femenino, esposa del Sol. La Estrella Matutina aparece en la mayoría de los mitos como tercer elemento del triángulo y amante de la Luna. ¿Se produjo tal vez una confusión en el espíritu del autor anónimo del *Popol Vuh*?

Las tradiciones relativas al origen del maíz, muy difundidas en todo el mundo maya, y muy variadas, tienen sin embargo un tema en común: en el principio, los hombres no tenían maíz, se alimentaban de raíces (lo cual refleja la realidad revelada por la arqueología, a saber, que en la época preclásica los indios de Guatemala cultivaban plantas de tubérculos). El maíz estaba oculto entre las rocas, bajo las piedras, "bajo un pilar de piedra", según el *Chilam Balam* de Chumayel. ¿Cómo obtuvieron los hom-

Día de mercado en
San Francisco el Alto

bres el precioso grano, fuente de vida? Las versiones difieren, pero el "libreto" es fundamentalmente el mismo: fueron animales los que dieron a los hombres los primeros granos de maíz. ¿Qué animales? Con frecuencia la hormiga, en ocasiones el zorro, el gato montés, el coyote, el perico, el cuervo. Según el *Popol Vuh*, los cuatro primeros hombres y las cuatro primeras mujeres fueron modelados por los dioses creadores utilizando pasta de maíz blanco y de maíz amarillo.

El *Popol Vuh* es una maravillosa recopilación de cuentos fantásticos. En el origen del mundo, el orgulloso gigante *Vucub-Caquix* ("Siete Guacamayo") proclamaba: "Yo soy el sol, soy la claridad, la luna... de plata son mis ojos, resplandecientes como piedras preciosas, como esmeraldas; mis dientes brillan como piedras finas, semejantes a la faz del cielo. Mi nariz brilla de lejos como la Luna, mi trono es de plata."

Esos alardes disgustan a los dos "muchachos" *(qaholab)*, Hunahpú y Xbalanqué, quienes "eran verdaderamente dioses *(qabanil)*". Hunahpú o, en maya clásico, Hun-Ahau, es la Estrella de la Mañana, el planeta Venus. El "pequeño jaguar" Xbalanqué es el dios del Sol.

Indios mayas actuales, Guatemala

205

No sólo Vucub-Caquix sino también sus dos hijos, gigantes a su vez, provocan la cólera de los dos jóvenes dioses. Alardean de jugar pelota con las montañas, de hacer temblar el cielo. Los *qaholab* se ponen de acuerdo, y deciden dar fin a esa insensata vanidad. Su arma será la cerbatana. Hunahpú alcanza al gigante con un tiro (la cerbatana mesoamericana tiraba balas de barro) y le rompe la mandíbula. Pero, furioso por el sufrimiento, Vucub-Caquix logra arrancar un brazo a Hunahpú. De regreso a su casa, cuelga el brazo de su adversario encima del fuego, sin duda para hacerlo sufrir mágicamente a distancia. Pero los dos muchachos preparan una estratagema: se aseguran la colaboración de una pareja de ancianos, magos y médicos, que van al encuentro del gigante herido. Le prometen curarlo; con ese pretexto, le arrancan los dientes y le revientan los ojos: Vucub-Caquix muere junto con su esposa Chimalmat (cuyo nombre es de origen mexicano). Luego de lo cual Hunahpú recupera su brazo.

Quedan por examinar los dos hijos del maléfico gigante. El primero de ellos, Zipacná, juega con los volcanes y se complace en provocar temblores de tierra. Cuatrocientos (es decir: innumerables) muchachos tratan de matarlo. Él triunfa sobre ellos y los extermina: "Así fue la muerte de los cuatrocientos muchachos, y se cuenta que entraron en el grupo de estrellas que por ellos se llama *Motz* [las Pléyades]."

De ese modo, fue necesaria la intervención de dos jóvenes dioses para poner fin a la maleficencia de Zipacná. Sacando partido de su glotonería, lo hicieron caer en una trampa: habiendo modelado en el fondo de un barranco la figura de un cangrejo, crustáceo que despertaba la gula del gigante, indujeron a Zipacná a descender al abismo, y la montaña Meauán (al oeste de Rabinal, en la región del río Chixoy) se derrumbó sobre él. Zipacná fue transformado en piedra.

Así murió el hijo de Vucub-Caquix. Los grandes dioses[13] ordenaron a los dos *qaholab* matar al menor, Cabracán. Una vez más, fue la gula la que perdió al gigante: atraído por el apetitoso humo de aves que los jóvenes asaron al fuego, se entregó a la comida a tal punto que los dos héroes pudieron sin penar atarlo y enterrarlo.

Todo ese relato ha sido realzado ágilmente mediante mil acotaciones pintorescas: "Cabracán sentía grandes ganas de comérselos; se le hacía agua la boca, bostezaba y la baba y la saliva le corrían a causa del olor excitante de los pájaros."

De allí, el proyector, por decirlo así, se enfoca sobre el mundo subterráneo de Xibalbá, donde reinan los macabros señores Hun-Camé ("Uno-Muerte") y Vucub-Camé ("Siete-Muerte"). Su siniestra corte se compone de dignatarios de la enfermedad y de la muerte. Sus servidores y sus mensajeros son búhos. Ahora bien, he ahí que el silencio y la quietud de la morada de las tinieblas son interrumpidos bruscamente por el ruido insoportable del juego de pelota que se despliega arriba de los señores fúnebres en la superficie de la tierra. "¿Qué están haciendo sobre la tierra? ¿Quiénes son los que la hacen temblar y hacen tanto ruido?", exclaman Hun-Camé y Vucub-Camé. Ignoran que los dos

---

[13] Huracán y los dioses del relámpago y del trueno.

jugadores de pelota se llaman Hun-Hunahpú y Vucub-Hunahpú (Uno-Señor y Siete-Señor), que son hijos de la anciana pareja primordial, y que uno de ellos, Hun-Hunahpú, tiene dos hijos: Hun-Batz y Hun-Chouén.[14] Se reúnen en consejo. "Lo que deseaban los de Xibalbá eran los instrumentos de juego de Hun-Hunahpú y Vucub-Hunahpú, sus cueros, sus anillos, sus guantes, la corona y la máscara."

Cuatro búhos mensajeros fueron entonces adonde estaban los jugadores de pelota, quienes aceptaron descender a Xibalbá. Al dejar su casa, dijeron a Hun-Batz y a Hun-Chouén: "Vosotros ocupaos de tocar la flauta y de cantar, de pintar, de esculpir." Esos dos personajes míticos son los patronos de los músicos y de los artistas.

Y he ahí a los dos héroes, flanqueados por los siniestros mensajeros que los llevan por "unas escaleras muy inclinadas", atraviesan un río de sangre, luego una confluencia donde se cruzan caminos de diversos colores (rojo, negro, blanco y amarillo). Llegados ante los señores de las tinieblas, son sometidos a duras pruebas en la Casa Oscura, la Casa del Frío, la Casa de los Tigres, la Casa de los Murciélagos. "Dentro de esta casa no había más que murciélagos que chillaban, gritaban y revoloteaban en la casa. Los murciélagos estaban encerrados y no podían salir." El quinto infierno era la Casa de las Navajas, llena de filos cortantes que rechinaban los unos con los otros. "Hoy será el fin de vuestros días. Ahora moriréis", les dijeron las deidades de las sombras. Sacrificados, los dos jugadores de pelota fueron enterrados, pero la cabeza de uno de ellos, la de Hun-Hunahpú, separada del cuerpo, fue colgada de un árbol. Entonces, ¡oh milagro!, el árbol "que jamás había fructificado antes" se cubrió al punto de hojas y de frutos, entre ellos la cabeza del sacrificado desaparecido.

Aquí se sitúa un episodio asombroso. Una doncella, cuyo padre era uno de los señores de las tinieblas y se llamaba Xquic,[15] fue un día a ver el árbol del que había sido colgada la cabeza de Hun-Hunahpú. Entonces le habló la calavera:

> Ahora mi cabeza ya no tiene nada encima, no es más que una calavera despojada de la carne. Así es la cabeza de los grandes príncipes, la carne es lo único que les da una hermosa apariencia. Y cuando mueren, espántanse los hombres a causa de los huesos... Extiende hacia acá tu mano derecha.
>
> —Bien —replicó la joven, y levantando su mano derecha, la extendió en dirección de la calavera.
>
> En ese instante la calavera lanzó un chisguete de saliva que fue a caer directamente en la palma de la mano de la doncella. Miróse ésta rápidamente y con atención la palma de la mano, pero la saliva de la calavera ya no estaba en su mano.

Desde luego, Xquic quedó embarazada, como muchas otras madres por milagro de la mitología mesoamericana (la madre de

---

[14] La vieja pareja primordial se compone de Xpiyacoc y Xmucané. Hun-Batz significa "Uno-Mono". Hun-Chouén, "Uno-Chuén", que en maya de Yucatán se refiere al 11º signo del calendario sagrado, cuyo sentido equivale a "mono" como la correspondiente palabra náhuatl *ozomatli*.

[15] *Quic* significa "sangre" en varios dialectos mayas. X- es un prefijo femenino.

El lago Atitlán,
Guatemala

Huitzilopochtli fue fecundada por una bola de plumas caída del cielo, la hija del rey de Cuauhnáhuac —hoy Cuernavaca— quedó embarazada por haber deslizado en su seno una piedra preciosa lanzada por el rey azteca Huitzilíhuitl). Arrojada, condenada por los dignatarios de Xibalbá, la joven Xquic se refugió con la madre de los dos sacrificados. Mal recibida en un principio: "Eres una embustera: mis hijos de quienes hablas ya están muertos", termina por ser aceptada por la anciana, y da a luz a los gemelos Hunahpú y Xbalanqué, aquellos jóvenes dioses, aquellos *qaholab* cuyas hazañas ha narrado anteriormente el libro sagrado.

Sus medios hermanos Hun-Batz y Hun-Chouén recibieron con envidia, con ira, su nacimiento. "Eran grandes músicos y cantores. . . pintores y talladores; todo lo sabían hacer. Sin embargo, no demostraban su sabiduría, por la envidia que les tenían, pues sus corazones llenos de mala voluntad para ellos sin que Hunahpú y Xbalanqué los hubieran ofendido en nada."

208

Así empieza una rivalidad mágica entre los dos grupos de hermanos. Vencidos por los sortilegios, Hun-Batz y Hun-Chouén son transformados en monos, y "eran invocados por los músicos y los cantores... los pintores y los talladores en tiempos pasados. Pero fueron convertidos en... monos porque se ensoberbecieron y maltrataron a sus hermanos".[16]

El volcán de Antigua, Guatemala

Terminado aquel episodio, los dos hijos de Hun-Hunahpú y de Xquic van a continuar la lucha contra los señores del mundo subterráneo. Como lo habían hecho su padre y su tío, atraen la atención y provocan la cólera de los poderes infernales jugando ruidosamente a la pelota por encima de su cabeza. Los búhos mensajeros llegan a invitarlos a ir a Xibalbá. Allí, luego de pasar ingeniosamente todas las pruebas, valiéndose de la astucia y de la

[16] Los pintores y los cinceladores de Yucatán invocaban a Hun-Chuén y a Hun-Ahau, hijo del gran dios Itzamná y de Ixchel. Sus nombres se refieren al calendario ritual de 260 días, donde Chuén ocupa la decimoprimera posición y Ahau la vigésima.

magia, logran por fin vengar a su padre exterminando a Hun-Camé, a Vucub-Camé y a los demás dignatarios de la morada de los muertos.

> Luego subieron en medio de la luz y al instante se elevaron al cielo. Al uno le tocó el Sol y al otro la Luna. Entonces se iluminó la bóveda del cielo y la faz de la Tierra. Y ellos moran en el cielo.
>
> Entonces subieron también los cuatrocientos muchachos a quienes mató Zipacná, y así se volvieron compañeros de aquéllos y se convirtieron en estrellas del cielo.[17]

El resto del *Popol Vuh* está dedicado a la narración histórico-mítica de los orígenes del pueblo quiché. De allí puede deducirse la importancia de los contactos entre los mayas y los mexicanos de lengua náhuat que el texto quiché califica de *yaqui*. Se mencionan como lugares de origen Tulán-Zuiva, la antigua metrópoli tolteca; Vucub-Pec, "Siete-Cavernas", el Chicomóztoc de la tradición tolteca-azteca. Los pueblos antiguos aún permanecen sumidos en la oscuridad y aguardan la aurora. Sólo aparece Venus. "Y sus corazones estaban afligidos, y estaban pasando grandes sufrimientos. . . no tenían que comer, sólo un trago de agua y un puñado de maíz."
Por fin surgió el sol.

> En seguida, salió el sol. Alegráronse los animales chicos y grandes y se levantaron en las vegas de los ríos, en las barrancas y en las cimas de las montañas; todos dirigieron la vista allá donde sale el sol.
>
> Luego rugieron el león y el tigre. Pero primero cantó el pájaro que se llama *Queletzú*. Verdaderamente se alegraron todos los animales y extendieron sus alas el águila, el rey zope, las aves pequeñas y las aves grandes.
>
> Los sacerdotes y sacrificadores estaban arrodillados; grande era la alegría de los sacerdotes y sacrificadores y de los de Tamub e Ilocab y de los rabinaleros, los cakchiqueles, los de Tziquinahá. . . y los Yaqui Tepeu, tribus todas que existen hoy día. . . A un mismo tiempo alumbró la aurora a todas las tribus.

Y el gran dios quiché Tohil, agrega el libro sagrado, era el mismo que el de los mexicanos que lo llamaban "Quitzalcuat", el Quetzalcóatl de los nahuas del Altiplano Central y de la costa del golfo.
La parte histórica del *Popol Vuh* contiene preciosas informaciones sobre los estados quichés y sus vecinos, sus *tinámit* (ciudades fortificadas: palabra tomada del náhuatl *tenámitl*) Iximché y Utatlán, sus relaciones con el Yucatán toltequizado, sus ritos, sus linajes nobles. Esa parte termina con estas palabras melancólicas: "Y ésta fue la existencia de los quichés, porque ya no puede verse el [libro *Popol Vuh*] que tenían antiguamente los reyes, pues ha desaparecido. Así, pues, se han acabado todos los del Quiché, que se llama *Santa Cruz*."[18]

[17] En la cosmología mesoamericana, generalmente se distinguen las "Cuatrocientas meridionales", estrellas del sur, y las "Cuatrocientas Serpientes de nubes", estrellas del norte.

[18] El obispo español Marroquín había dado el nombre de Santa Cruz a la antigua capital quiché.

VII. Los últimos siglos y la Conquista española

Tulum
Los estados combatientes
Los españoles en Yucatán
La conquista de El Petén

SEGÚN las fechas más probables, la hegemonía de Mayapán se mantuvo de 1224 (katún 6 Ahau) a 1441 (katún 10 Ahau). Se apoyaba en la fuerza militar a las órdenes de la dinastía de los Cocom: se trataba principalmente de mercenarios mexicanos que llevaron consigo algunos tipos de cerámica análogos a los de la costa de Veracruz y del Altiplano Central, y sobre todo el arco y la flecha, armas características de los nahuas del norte, que sustituyen al lanzadardos utilizado por los toltecas.

Mayapán tenía como recurso el tributo impuesto a las demás provincias de la península.

Las familias nobles de esas provincias se veían obligadas a tener un establecimiento en la capital, donde algunos de sus miembros tenían en suma el papel de rehenes.

Durante todo ese período, no dejó de acentuarse la decadencia de la arquitectura y de las artes plásticas. Los santuarios familiares contenían una infinidad de incensarios policromos de burda hechura, fabricados con piezas producidas "en serie" mediante moldes y montadas de manera más o menos hábil. Algunos representan dioses mayas, otros divinidades mexicanas.

TULUM

El centro mejor conservado de aquella época es el de Tulum, impresionante y grandioso a causa de su situación frente al mar Caribe, sobre los acantilados que lo defienden al este. Los otros tres lados del cuadrilátero donde queda encerrada la ciudad están

Doble página siguiente:
Tulum:
El Castillo
visto desde el mar

211

limitados por una muralla con puestos de vigilancia. Es claro que allí nos encontramos en presencia de una ciudad-refugio fortificada, característica de épocas agitadas, y que la población vecina podía ponerse al abrigo dentro de sus muros en caso de peligro. El Castillo, que domina el conjunto desde el lado del mar, es el torreón de aquel recinto fortificado. Pero, cuando se mira con mayor atención ese monumento y los demás edificios de Tulum, se experimenta una fuerte desilusión: la arquitectura, inspirada en la de Chichén Itzá, es de una calidad ínfima. Se han conservado algunas pinturas murales: es interesante observar que, si bien representan divinidades mayas, la diosa Ixchel, el dios Chac, su estilo evoca fuertemente el de las pinturas mixtecas de Mitla, o tal vez el de los manuscritos iluminados y de las pinturas de la cultura mixteco-poblana, en contacto con Oaxaca y el Altiplano Central.

La divinidad representada con mayor frecuencia en Tulum es el llamado dios descendente, esculpido en la actitud de un clavadista que cae con la cabeza por delante, encima de las puertas de los templos. Se trata aquí del Sol poniente, que se precipita desde lo alto del cielo para hundirse en el inframundo. Representaciones análogas existen en el arte del oriente de México (el norte de Veracruz). El mismo dios se encuentra representado igualmente en Cobá.

Las pinturas murales de Santa Rita Corozal, Belice, que se remontan a la misma época que las de Tulum, no son menos

214

"mixtecoides". La penetración mexicana llegó entonces hasta la costa caribeña e incluye no sólo elementos nahuas, sino también elementos mixtecos o emparentados con ellos.

En el campo intelectual, la decadencia no es menos pronunciada. Se han olvidado los cálculos sapientes de la Cuenta Larga y sólo queda la Cuenta Corta, la "Cuenta de los Katunes" con su imprecisión. Sin embargo, una tradición oral transmitida religiosamente de generación en generación, mezcla de reminiscencias históricas y de profecías, va a perpetuarse hasta la Conquista española y a suministrar el texto de los *Libros de Chilam Balam*, una de las fuentes más preciosas que poseamos sobre la historia posclásica de los mayas.

LOS ESTADOS COMBATIENTES

Las causas del hundimiento de Mayapán son un tanto oscuras. Al parecer, fue la rivalidad que oponía a la dinastía Cocom y a la familia noble de los Tutul Xiu la que provocó la caída de la ciudad. Sólo un hijo del soberano reinante escapó a la matanza; reagrupando a su alrededor a los indios que permanecían fieles a su familia, se estableció al sureste de Mayapán, en la provincia de Sotuta. Por su parte, los Tutul Xiu fundaron una nueva capital en Maní. Habiendo desaparecido todo poder central, el Yucatán "balcanizado", según la expresión de J. Eric S. Thompson, entra en una era de anarquía feudal y belicosa. Se mencionan hasta dieciséis Estados combatientes, en ocasiones aliados, las más de las veces separados por odios inextinguibles; junto con la provincia Cocom de

Tulum:
pintura mural que representa a una diosa de estilo "mixtecoide"

Sotuta y la provincia Tutul Xiu de Maní, las más importantes son la de Ekab, cuyo territorio corresponde a una parte del actual estado de Quintana Roo; la de Chetumal, más al sur; la provincia Chel con su capital Tecoh; las de la costa occidental con Campeche y Champotón; Chikinchel y Cupul, entre Ekab y Sotuta.

Un sangriento episodio ocurrido en 1536 ilustra el estado de belicosa anarquía en que había caído Yucatán. Tras infructuosas tentativas para dominar el país, los españoles se habían retirado completamente de la península. Los Tutul Xiu se habían comportado amistosamente con ellos, a diferencia de los Cocom que les habían resistido. Deseando ir en peregrinación solemne al Cenote de Chichén Itzá, el jefe de la familia Xiu, soberano de Maní, se arriesgó a pedir a su rival Nachi Cocom autorización para atravesar su territorio con su séquito. Aquella autorización no sólo le fue concedida, sino que los Cocom organizaron en Otzmal, no lejos de Sotuta, una magnífica recepción en honor del soberano Tutul Xiu, de su hijo y de los cuarenta dignatarios que los acompañaban. Pero, tras cuatro días de fiestas y de banquetes, los Cocom se arrojaron sobre sus huéspedes y mataron hasta el último de ellos.

Landa enumera una serie de cataclismos y calamidades que marcan la historia de Yucatán en el siglo XV, como un terrible ciclón en 1461 y una epidemia en 1480. Pero se puede dar por seguro que ninguna fuerza natural causó tantas desdichas y agravó tanto la degradación de la cultura autóctona como el estado de guerra endémica, con su cortejo de muertes y de destrucción, la brutal caída del nivel intelectual y la irrupción cada vez más asfixiante de aventureros y de mercenarios no mayas.

Mientras que en Yucatán proseguía aquella aflictiva evolución, algunos pequeños centros subsistían en El Petén: Topoxté a orillas del lago de Yaxhá, y sobre todo la ciudad lacustre itzá de Tayasal. Pero, en conjunto, la antigua zona central clásica no era más que ruinas y silencio.

Más al sur, las tribus de las Tierras Altas de Guatemala, que habían permanecido al margen durante el florecimiento maya, sufrían una fuerte influencia mexicana. Sus jefes se atribuían orgullosamente orígenes toltecas. Aquellas dinastías, mexicanas o mexicanizadas, construyeron sus capitales, ciudades fortificadas establecidas en cimas propicias para la defensa: Utatlán para los quichés, Iximché para los cakchiqueles, Mixco Viejo para los pokomames. La arquitectura de esos centros es típicamente mexicana, con pirámides y templos gemelos como en Tenayuca o en México, y juegos de pelota conforme al modelo de los *tlachtli* del Altiplano Central. Que una viva actividad intelectual se desarrolló en aquella región es lo que demuestra el magnífico *Popol Vuh*.

Los españoles en Yucatán

Fue con un mundo maya en decadencia, minado en su interior por la discordia, con el que los españoles entraron en contacto a principios del siglo XVI.

En 1511, el naufragio de una carabela que conducía del Darién

Página anterior:
Tulum:
El Castillo visto desde lejos

a Santo Domingo al conquistador Valdivia y a sus acompañantes arrojó sobre la costa caribeña de Yucatán a un grupo de españoles, del que sólo dos sobrevivieron: Jerónimo de Aguilar, quien durante ocho años permaneció como servidor o esclavo de un jefe indígena, y Gonzalo Guerrero, quien casó con una hija del soberano de Chetumal y se integró completamente a la sociedad autóctona. Esos fueron los primeros europeos que conocieron los mayas.

Partido de Cuba para explorar las costas de Yucatán, que por aquel entonces se creía una isla, Francisco Hernández de Córdoba recibió a bordo de su navío, en el cabo Catoche, a una decena de notables mayas que cenaron a la europea y bebieron vino español; aquella primera comida hispano-maya tuvo lugar el 1º de marzo de 1517. Hernández de Córdoba prosiguió su viaje a lo largo de la costa occidental, intentó un desembarco en Champotón y fue

rechazado con grandes pérdidas por los indios. Herido gravemente, *Centro de Tulum*
volvió a Cuba y allí murió.

Al año siguiente, acompañado por Francisco de Montejo, un
sobrino del gobernador Velázquez, Juan de Grijalva, llegó a la
costa oriental de Yucatán y a la isla de Cozumel, reconoció Tulum
y luego, volviendo sobre su itinerario y rodeando la península,
navegó a lo largo de la costa del Golfo. Su periplo lo llevó a la
Laguna de Términos, a la desembocadura del río Tabasco y hasta
el Pánuco. Sus compañeros y él mismo fueron los primeros españoles que oyeron hablar de un gran imperio mexicano, el Imperio
de los aztecas. A Cuba llevaron consigo joyas de oro y de turquesa, junto con la descripción maravillada de los monumentos,
de las pirámides y de los palacios que habían podido contemplar.

El primero en sacar partido de las nuevas perspectivas abiertas
por Hernández de Córdoba y por Grijalva fue Hernán Cortés. Par-

219

tido de Cuba en 1519 con once barcos y quinientos hombres (entre ellos Montejo, Alvarado, Cristóbal de Olid, Bernal Díaz del Castillo), tocó tierra primeramente en Cozumel. Allí supo que un hombre blanco vivía cautivo en las cercanías: lo hizo buscar y agregó a sus compañeros a Jerónimo de Aguilar, quien hablaba maya y fue para él un inapreciable intérprete.

Retomando el itinerario de su predecesor, Cortés encontró el delta del Tabasco, al que dio el nombre de Grijalva. Los dignatarios mayas chontales de la región regalaron a los españoles varias mujeres jóvenes. Una de ellas, Malinalli o Malintzin, hablaba a la vez azteca y maya. Ella y Aguilar permitieron a Cortés hablar, mediante dos intérpretes, con los dignatarios aztecas que el jefe español pronto iba a conocer.[1]

A partir de allí, Hernán Cortés abordó la extraordinaria empresa que debía hacer de él dueño de México, y no se interesó en el mundo maya que apenas había entrevisto.

Sin embargo, la rebelión provocada en Honduras en 1524 por su antiguo subordinado Cristóbal de Olid lo obligó a dejar el Altiplano Central y a dirigirse a Tabasco, y luego hacia Honduras, atravesando El Petén. Habiendo salido de México el 12 de octubre de 1524, no llegó a su destino sino en abril de 1525. Los pocos españoles y los tres mil indios que lo acompañaban al partir habían enfrentado pruebas inauditas, en particular al atravesar las selvas de El Petén y de Belice, donde estuvieron a punto de morir de hambre. Fue durante ese viaje cuando Cortés manchó su memoria con uno de los actos más siniestros que se puedan apreciar en su biografía, haciendo asesinar al antiguo gobernador azteca de Tlacopan, a Tetlepanquétzal, y sobre todo al heroico ex emperador Cuauhtémoc, a quien había prometido respetarle la vida cuando la caída de México.

La expedición hubo de pasar a corta distancia de Palenque y de otros sitios. En marzo de 1525, llegó a Tayasal, la ciudad itzá construida en una isla de la laguna de las Flores. Canek, el soberano de aquel pequeño Estado, recibió amistosamente a los españoles. Estos continuaron su viaje abandonando en Tayasal uno de sus caballos: ¡lejos estaban de pensar que aquel animal sería divinizado!

En efecto, casi un siglo después, Juan de Orbita y Bartolomé de Fuensalida, dos franciscanos que habían empleado seis meses en recorrer la distancia que separaba Mérida de Tayasal, llegaron en 1618 a la isla. Recibidos amistosamente por el soberano, quien también llevaba el nombre de Canek, lo exhortaron a convertirse: él se negó firmemente. ¡Cuáles no serían la sorpresa y la indignación de los dos misioneros cuando vieron en un templo la estatua de un caballo! Se le rendía culto con el nombre de Tzimin Chac, "caballo del trueno".[2] Se trataba del caballo que Cortés había dejado en Tayasal en 1525 y que, "alimentado" como un dios con

---

[1] Malintzin ("La Malinche") fue la colaboradora más preciada de Cortés y madre del "primer mestizo" de México, don Martín Cortés.

[2] A causa del ruido de los arcabuces españoles de los que Cortés había ordenado dar una demostración.

ofrendas de flores y de animales de caza, no había tardado en sucumbir a las atenciones de los fieles. Desde entonces, éstos habían hecho esculpir la estatua. Sin vacilar, el padre Orbita se arrojó sobre el ídolo para destruirlo, con gran escándalo de los indios. La situación habría podido tornarse dramática, pero Canek intervino para permitir a los dos franciscanos regresar a la orilla del lago sin ser molestados. Al año siguiente volvieron sin mayor éxito, pues el soberano y sus consejeros continuaron rechazando la nueva religión, repitiendo que "aún no sonaba la hora" en que, según las profecías, deberían renunciar a las creencias y a los ritos tradicionales.

Mientras que Cortés atravesaba con grandes dificultades las selvas de El Petén, su antiguo compañero de armas Francisco de Montejo había regresado a España. A fuerza de diligencias ante la corte, obtuvo en 1527 el título de Adelantado, es decir, futuro gobernador de Yucatán... a condición de conquistarlo. Con tres navíos y cuatrocientos hombres, navegó de España a Yucatán. En Chetumal, Gonzalo Guerrero, para entonces jefe de guerra maya, casado con una mujer noble y padre de varios hijos, se negó categóricamente a unirse a sus antiguos compatriotas. Durante ocho años, Montejo y su hijo van a esforzarse por conquistar un reino en Yucatán. Aunque algunas familias reinantes se mostraron favorables, sobre todo los Tutul Xiu y los Chel, no se realiza nada concreto. Muchos soldados abandonan a Montejo para dirigirse hacia el centro de México devenido Nueva España, o hacia el Perú, de donde llegan relatos deslumbrantes sobre el oro de los incas. A principios de 1535, los españoles salen de Yucatán.

Siempre detrás de honores y riquezas, Montejo se hizo entonces conferir por la Corona española el título de gobernador y capitán general de la provincia de Honduras. Pero, una vez más con tan mala suerte que entró en conflicto con Pedro de Alvarado, quien, luego de tomar parte en la Conquista de México, se había apoderado de Guatemala. Alvarado pretendía ejercer sus poderes no sólo en Guatemala sino también en Honduras. Montejo hubo de ceder en 1539. Entretanto, su hijo, Francisco de Montejo *el Mozo*, gobernaba o trataba de gobernar Tabasco y de poner un pie en el sur de la península yucateca. Los españoles que envió a Champotón bajo el mando de Lorenzo de Godoy se encontraron aislados, rodeados de una población hostil y soportando severas privaciones. Con excepción de aquel precario enclave, todo Yucatán permanecía por completo independiente.

Francisco de Montejo *el Viejo* tenía 67 años en 1540. Desalentado por trece años de esfuerzos infructuosos, renunció oficialmente en favor de su hijo a sus derechos y a sus títulos, que tantos fracasos habían hecho irrisorios. Desde el año siguiente, el hijo retomó con energía y habilidad la carga que su padre había abandonado. Así como Cortés no había podido triunfar sino gracias al apoyo de los indios de Tlaxcala, animados por el odio hacia los aztecas, así Montejo encontró entre los Tutul Xiu de Maní y entre los jefes locales que dependían de ellos la ayuda más preciosa.

En un principio, se dedicó a consolidar cierto número de posiciones estratégicas creando ayuntamientos a la española (como lo había hecho Cortés en Veracruz), primero en Campeche, luego en Mérida, que fundó en el sitio de la pequeña ciudad maya de Tiho o T'ho el 6 de enero de 1542. Por ese medio buscaba, y lo consiguió, arraigarse en el país con sus soldados, aunque en aquella época los españoles que lo seguían no fuesen sino unos trescientos o un máximo de cuatrocientos.

Reducida a dos pequeñas colonias, una en el suroeste y la otra en el norte de la península, la presencia de los españoles seguía siendo precaria. Pero, tras la fundación de Mérida, un gran acontecimiento vino a alterar la situación en beneficio de los europeos: el soberano Tutul Xiu apareció a la entrada del campo español, llevado en un palanquín y rodeado de una multitud de indios. Para sorpresa y alivio de los españoles, quienes habían temido un ataque, el jefe maya les hizo saber que deseaba entrar en contacto con ellos y asistir a sus ceremonias religiosas.

Tras haber presenciado una misa solemne, el soberano Tutul Xiu pidió que se le instruyera en la religión de los recién llegados. Dos meses después, partía de regreso hacia su capital, Maní, bautizado con el nombre de Melchor.

La influencia de la dinastía Tutul Xiu era considerable. Al punto, todo el oeste y el centro de Yucatán pasaron al lado de los españoles. Sin embargo, no ocurrió lo mismo al este, en particular en Sotuta, Ekab (o Ecab) y Chetumal. Pero, con ayuda de contingentes indios de las provincias occidentales, Montejo derrotó unos tras otros a los pequeños estados de la costa del Caribe y reprimió entre noviembre y diciembre de 1546 una revuelta de los jefes mayas del este.

Así terminaba la conquista de Yucatán, un cuarto de siglo después de la conquista del México azteca.

En cuanto a los pequeños estados mayas de las Tierras Altas, desde 1523 habían sucumbido ya ante los asaltos del conquistador Pedro de Alvarado. Apodado en México *Tonatiuh* ("Sol" en náhuatl), a causa de su cabellera rubia y de su rostro rubicundo, Alvarado había participado en la gran aventura de Cortés. Soldado de fortuna, más valiente que reflexivo, fue él quien, en ausencia de Cortés, ordenó en 1521 la matanza de la nobleza azteca reunida en el Templo Mayor, provocando el levantamiento de los indios y la famosa Noche Triste que estuvo a punto de arruinar toda la empresa de los españoles. Alvarado partió en 1523 para Guatemala, derrotó rápidamente a los quichés y a los cakchiqueles, y fundó en 1524 la ciudad de Santiago de los Caballeros (hoy Antigua), capital de su "capitanía general", desde donde gobernó una gran parte de la América Central.

LA CONQUISTA DE EL PETÉN

La segunda visita de los franciscanos Fuensalida y Orbita a Tayasal, en 1619, no tuvo más éxito que la anterior en obtener que los itzaes y su soberano consintieran en adoptar la religión católica y en reconocer la soberanía del rey de España. Incluso estuvo a punto de terminar peor que la del año de 1618, pues, excitados por sus sacerdotes, los guerreros itzaes los maltrataron

y embarcaron por la fuerza en una piragua, amenazándolos de muerte si algún día regresaban. Los misioneros sólo debieron a la abnegación de tres indios cristianos que los acompañaban el poder regresar a Yucatán por la región de la laguna de Bacalar, para llegar finalmente a Mérida.

Una nueva tentativa, esta vez esencialmente militar, fue organizada en 1622 contra Tayasal. Su jefe, un tal Mirones, mandaba una pequeña tropa de 140 indios encuadrada por 20 españoles. Acompañaba a la expedición un misionero franciscano, el padre Delgado, pero la desavenencia entre él y Mirones reinaba a tal punto que abandonó a la tropa y prosiguió su camino hacia Tayasal, sin más escolta que la de los mayas conversos del sur de Yucatán. Llegados a Tayasal, el padre Delgado y sus compañeros indios al punto fueron capturados y sacrificados. En cuanto a Mirones y sus soldados, sucumbieron en 1624 a un ataque masivo de los indios, que dieron muerte hasta el último de ellos.

En consecuencia, El Petén permanecía negado al poder español, aunque éste se hubiera establecido al norte y al sur, en Yucatán y en Guatemala. De la misma manera, todas las entradas, las tentativas realizadas para penetrar y someter el territorio lacandón, entre el Usumacinta y los Altos de Chiapas, seguían siendo infructuosas, a pesar de algunos éxitos pasajeros, como la fundación de la villa de Dolores, a causa de la configuración del terreno, del clima y de la selva. Las expediciones se perdieron en la vegetación impenetrable, los pantanos y las lagunas. Así, los lacandones han logrado conservar hasta la actualidad su identidad étnica.

Fue apenas en 1695 cuando el gobernador de Yucatán, Martín de Ursúa y Arizmendi, se propuso vencer el obstáculo con que habían chocado las expediciones anteriores, es decir la terrible travesía por las selvas del sur de la península y de El Petén, haciendo construir un camino entre el extremo meridional de la provincia de Campeche y la laguna de las Flores. Antes de que el camino fuera terminado, el padre Avendaño, en compañía de dos franciscanos más y de algunos indios, salió de Mérida en diciembre y un mes después llegó a orillas de la laguna. Los misioneros y sus acompañantes fueron acogidos con honores, escoltados a la isla de Tayasal por numerosas embarcaciones y admitidos a conferenciar con el soberano y su consejo. Respondiendo a Avendaño, quien le suplicaba reconocer la soberanía del rey de España y convertirse al cristianismo, el jefe maya prometió que los itzaes aceptarían esa doble sumisión si los padres volvían al cabo de cuatro meses. Los franciscanos hubieron de contentarse con aquella respuesta —evidentemente mucho más favorable que la hosca negativa opuesta a sus predecesores hacía unos setenta años— y, antes de partir, bautizaron a trescientos niños en tres días.

Infortunadamente, habiéndose perdido en las selvas, erraron durante un mes en mitad de la jungla, viviendo de miel silvestre y de brotes de palmito. El padre Avendaño estaba ya al colmo del cansancio y medio muerto de hambre cuando su pequeño grupo se encontró de pronto, en medio de la vegetación exuberante, ante unas ruinas majestuosas.

> Hay allí —escribió posteriormente— muchos edificios antiguos. Reconocí algunos de ellos como lugares de residencia, y aunque fuesen muy altos y mis fuerzas muy reducidas, logré subir pero con dificultad. Esos monumentos tienen la forma de un convento con pequeños claustros y numerosas piezas, todas cubiertas con techo, rodeadas por una terraza y blanqueadas con cal en su interior.

Avendaño acababa de descubrir Tikal.[3]

Pero sus penas no habían terminado. Completamente agotado, había tenido que ordenar a sus indios que lo abandonaran al pie de un árbol con una bota de agua y esperaba la muerte cuando volvieron sus guías, un día después, con portadores, pues habían terminado por encontrar el nuevo camino que avanzaba hacia el lago de los itzaes.

Sin embargo, el último acto no habría de estar exento de violencia y de destrucción. Habiendo sido repelida con pérdidas por los itzaes una pequeña tropa española, el gobernador Ursúa decidió organizar un ejército. En enero de 1697, 235 españoles y portadores indios partieron de Campeche con arcabuces y artillería. A principios del mes de marzo, aquella tropa acampaba a orillas del lago; los carpinteros construyeron una galera. Cuando todo parecía anunciar una batalla y las piraguas cargadas de guerreros en armas convergían hacia el campo español, empezó una diligencia pacífica: el soberano itzá enviaba una delegación compuesta por el supremo sacerdote de la ciudad y por diversos dignatarios, para ofrecer la paz. Fue convenido que el propio soberano sería recibido por los españoles tres días después, el 12 de marzo de 1697.

---

[3] Un mes después, una expedición española que remontaba el Usumacinta descubrió Yaxchilán. Esos dos descubrimientos, que por lo demás no fueron seguidos de ninguna exploración de las ruinas, son los más antiguos por lo que toca a ciudades mayas clásicas del centro.

Es probable que la discordia reinara entre los itzaes y que un "partido de la guerra" se opusiera allí a un "partido de la paz". Lo cierto es que el soberano itzá no acudió a la cita y que, entretanto, manifestaciones hostiles se desplegaban en el lago y en la ribera en las inmediaciones del campo español. Ursúa decidió entonces lanzarse al asalto. Al día siguiente, el 13 de marzo, la galera y las armas de fuego pronto dieron cuenta de las piraguas y de las flechas de los indios. Desde las nueve de la mañana, la ciudad de Tayasal, abandonada por sus habitantes aterrorizados, estaba en manos de los españoles que la colocaron bajo la invocación de la Virgen de los Remedios. Se necesitaron más de ocho horas para destruir ídolos en los diferentes santuarios; tan numerosos eran.

Así se extinguió, catorce siglos después de la primera fecha esculpida, no lejos de aquel lago, en una estela de Tikal, la última llama de una civilización que desde hacía largo tiempo había perdido su antiguo brillo. Ochocientos años antes, las maravillosas ciudades clásicas habían sido abandonadas para siempre. Quinientos años antes había tocado a su fin el breve renacimiento de Chichén Itzá. La alta cultura maya no era desde entonces sino la sombra de sí misma.

El Palacio de Palenque. Dibujo de Castañeda

VIII. En busca de los mayas

En la actualidad, nos parece inconcebible que la vigorosa civilización maya de la gran época haya permanecido en la oscuridad, ignorada en México como en Europa, hasta mediados del siglo pasado. ¿No escribía el comentarista francés de la expedición de Dupaix a Palenque en 1844 que el origen de los monumentos era "totalmente desconocido"? Nadie, al parecer, había pensado en vincular los monumentos y las esculturas del sur a los de la península.

Por lo demás, la *Relación* de fray Diego de Landa, que describe las ruinas de Chichén Itzá, aún no había sido ni descubierta ni publicada. Mientras que, en México, los españoles habían podido contemplar con sus propios ojos una civilización azteca todavía joven y vigorosa, en pleno auge, templos donde se celebraban los ritos, palacios habitados por dignatarios y por sus séquitos, en Yucatán no encontraron sino una civilización maya en proceso de desintegración.

En cuanto a las ciudades del Usumacinta y de El Petén, dormían bajo un espeso manto de follaje y de lianas desde hacía seis siglos, y nadie había perturbado su sueño.

El encuentro accidental del padre Avendaño con las ruinas de Tikal, el de Jacobo de Alcayaga con Yaxchilán, uno y otro en 1696, no habían provocado en absoluto la curiosidad de las autoridades españolas.

Las dos ciudades permanecieron escondidas en la jungla, sin nombre y sin más visitantes que los animales de la selva y, en Yaxchilán, los fieles lacandones.

Hacia mediados del siglo XVIII, viajeros españoles señalaron la existencia de ruinas importantes "en la provincia de Chiapa, del reino de Guatemala".

Fue apenas en 1786 cuando el rey de España dio orden al gobernador de Guatemala, don José Estachería, de llevar a cabo una visita a esa ciudad antigua. Designado directamente por el gobernador, el capitán Antonio del Río llegó a Palenque el 3 de mayo de 1787. Permaneció allí tres semanas, lo que era poco para desmontar la zona central de las ruinas, derribar y quemar los árboles, reconocer superficialmente los templos y los palacios; al mismo tiempo, aquellas tres semanas fueron demasiado largas, en cuanto que permitieron al excesivamente expedito capitán inaugurar lo que podría llamarse arqueología "a la húsar": "No habiendo quedado ventana, ni puerta tapiada, ni cuarto, sala, corredor, patio, torre, adoratorio y subterráneo en que no se hayan hecho excavaciones de dos y más varas de profundidad", escribía aquel oficial, al parecer muy satisfecho de sí mismo, en su informe fechado el 24 de junio de 1787.

Aquel informe estuvo a punto de no ver nunca la luz. "Pudiendo esos descubrimientos herir las ideas de un clero desconfiado y poderoso, ese interesante trabajo, sepultado en los archivos de México, fue ocultado al conocimiento del mundo erudito."[1] Más bien mediocre en realidad, el informe de Del Río terminó sin embargo por aparecer, en inglés, el año de 1822, en Londres, con el título de *Descripción de las ruinas de una antigua ciudad descubierta cerca de Palenque,*[2] acompañado de las divagaciones de un tal doctor Cabrera.

Por lo demás, el gobierno mexicano formuló protesta contra el hecho de que le hubieran sido hurtados documentos oficiales. Al parecer, un escocés apellidado Mc Quy se había apoderado fraudulentamente del informe de Del Río y lo había vendido a un librero londinense, Henry Berthoud, con el manuscrito de Cabrera; 16 dibujos iban con el texto del capitán Del Río. Para grabarlos, Berthoud llamó a cierto "conde" Waldeck. . .

A pesar de todo, hay que reconocer un mérito a ese informe: y es que despertó un interés por Palenque y por las antigüedades de aquella región en dos investigadores, de naturaleza por demás muy diferente, como el "conde" Waldeck y el abate Brasseur de Bourbourg. A ellos volveremos ulteriormente.

LAS EXCAVACIONES DEL CAPITÁN DUPAIX

La Revolución francesa, las perturbaciones que de ella derivaron en Europa, sobre todo en España, explican que hayan transcurrido dieciocho años entre la expedición de Antonio del Río y la que el monarca español, Carlos IV, confió en 1805 al capitán

[1] Charles Farcy, en *Antiquités mexicaines,* París, 1844.
[2] "Cerca de Palenque": en efecto, las ruinas se encuentran a poca distancia del poblado de Palenque, cuyo nombre sirve para designarlas.

Guillermo Dupaix.[3] Partiendo de México, aquel oficial se propuso estudiar seriamente las ruinas de Mitla (Oaxaca) y de Palenque. Entre 1805 y 1807, Dupaix acumuló abundantes observaciones. Estaba acompañado por un excelente dibujante mexicano, Luciano Castañeda. Desafortunadamente, informes y dibujos desaparecieron en la tormenta que no terminó sino con la Independencia de México en 1821. Mientras que se enfrentaban ejércitos revolucionarios y tropas realistas; que Hidalgo y Morelos combatían y morían; que, en fin, Iturbide se ceñía la corona imperial, la nueva nación, como puede suponerse, tenía otras preocupaciones. Sin embargo, un investigador francés, Henri Baradère, mediante un acuerdo firmado el 7 de noviembre de 1828, obtuvo del gobierno mexicano 145 dibujos originales de Castañeda y una copia de los informes de Dupaix.

Todo parecía entonces anunciar una pronta y completa publicación de aquellos documentos inestimables. Ahora bien, sin que se pueda encontrar explicación alguna a esas demoras, la copia de los manuscritos de Dupaix no llegó a Baradère sino en 1834, y aún transcurrieron diez años antes de la publicación de *Antiquités mexicaines* en París.

Dos enormes volúmenes casi imposibles de manejar, salidos en 1844 de "la imprenta de Firmin Didot Frères, calle Jacob 56" pero editados por el "Bureau des Antiquités Mexicaines" en el núm. 25 de la misma calle, contienen, además de las láminas grabadas según los dibujos de Castañeda, un extraordinario fárrago donde aparecen en desorden, con las notas de Dupaix en español y en traducción francesa, el inevitable "paralelismo de esos monumentos con los de Egipto y de la India", disertaciones sobre las antigüedades y los fósiles de la América del Norte y del Perú, sobre las lenguas autóctonas de América comparadas entre otras con el chino, cartas y documentos de interés variable, todo ello acumulado, en el transcurso de los años, con vistas a una publicación que ya se hacía esperar demasiado. Se aprecia de paso una carta escrita, en francés, por el barón Alejandro de Humboldt el 28 de julio de 1826, donde hace alusión al "hecho misteriosamente curioso de la imagen de una cruz, e incluso de la adoración de una cruz, en las ruinas de Palenque, en Guatemala"; el célebre viajero alemán evidentemente había tenido conocimiento en México de los dibujos de Luciano Castañeda, de quien alaba "la escrupulosa exactitud".

Entre aquellos documentos anexos figura una carta fechada "En Tacubaya, el 6 de diciembre de 1834", del famoso dictador Antonio López de Santa Anna, personaje pintoresco que, entre otras singularidades, hizo enterrar con todos los honores fúnebres una pierna que había perdido en una batalla. El general presidente escribía en esencia:

---

[3] Nacido en Austria hacia el año de 1750, en una familia de origen francés, Guillermo Dupaix había ido en su juventud a España, donde entró al servicio del rey. Acusado en 1807, año de su expedición a Palenque, de traicionar al rey de España Fernando VII, se disculpó demostrando que él era "austriaco de origen y de nacimiento". Hizo carrera en el ejército español de México a partir de 1780. Se cree que murió en México en 1818.

El templo y los monumentos de Palenque son dignos de entrar en paralelo con las pirámides de Egipto; y, sea que fuesen erigidas en memoria de acontecimientos gloriosos, o construidas por la munificencia de los príncipes, no habrían gozado de menor celebridad que los monumentos egipcios si la historia hubiera transmitido a la posteridad su origen y el nombre de sus autores. Desafortunadamente, los anales de esos pueblos no han llegado en absoluto hasta nosotros. . .

En cuanto el vizconde de Chateaubriand, luego de haber visto los grabados de la futura obra, escribía el 10 de septiembre de 1836:

He caído en las reflexiones melancólicas que hace nacer el aspecto de esos pomposos monumentos que, antes de su caída, dominaban los bosques, y ahora portan selvas sobre sus techos derrumbados. ¿Qué mano construyó, cavó, esculpió, grabó esos *tumuli* de piedra o de ladrillo, esas pirámides cuadrangulares, esas sepulturas subterráneas, esas estatuas, esos monumentos mitad griegos de Mitla, mitad egipcios de Palenque? Hasta donde pude apreciar, los monumentos de Palenque tienen más parecido con los del Indostán que con los de Egipto. . . Entre esos monumentos y los de la India, ¿no encuentra usted una singular analogía?

Chateaubriand terminaba formulando un razonable deseo:

Que una compañía de sabios sea enviada a México a fin de estudiar las ruinas de Palenque y de Mitla. Esa compañía podría estar compuesta por ingleses instruidos en las antigüedades del Ganges y versados en las lenguas indias, y por franceses, compañeros de Champollion, iniciados en la lengua jeroglífica de Egipto. De la exploración de tales hombres, podrían esperarse muchas luces.

Pasemos por alto las numerosas páginas del primer volumen de *Antiquités américaines* dedicadas a hipótesis sobre el origen chino, mongol, atlante, de los antiguos habitantes de Palenque. Lo cierto es que la obra de Dupaix es el primer estudio serio de los vestigios mayas de Palenque, apoyado por dibujos demasiado "arreglados" para nuestro gusto aunque exactos en suma, y que algunas veces nos ofrecen la única imagen que subsiste de bajorrelieves o de estucos destruidos en casi dos siglos. Dupaix aparece como el verdadero fundador, el precursor de la arqueología maya clásica.

LAS AVENTURAS DE JUAN GALINDO

Una vez más es un militar, pero de carácter muy diferente, quien, desde 1831, se instaló en Palenque y en 1834 escribió el primer informe conocido sobre Copán. Juan Galindo, nacido John Galindo en Dublín el año de 1802, hijo de un mediocre actor de lejanos orígenes españoles y de una actriz irlandesa. Inteligente y ambicioso, llegó a América Latina, a Chile según algunos, a Jamaica según otros, aunque en todo caso apareció en 1827 en Guatemala como secretario y traductor del consulado británico. Toda la América Central estaba entonces en ebullición. El efímero Imperio mexicano de Agustín I de Iturbide había renunciado a dominar los territorios del istmo y una guerra endémica hacía estragos entre los partidarios de la Confederación de la América Central y quienes aspiraban a establecer estados independientes. Galindo adoptó el nombre de Juan, se naturalizó ciudadano de la Confederación y entró al servicio del general Morazán. Nombrado gobernador de El Petén en 1831, llegó a Palenque, por aquel entonces en territorio guatemalteco, siguiendo el curso del Usumacinta, y levantó su campamento frente al palacio. Aquel hombre de veintinueve años, sediento de aventuras, y que sin duda no había dedicado mucho tiempo al estudio o a la reflexión sobre las antigüedades y las poblaciones autóctonas, muestra desde un principio una rara aptitud para la observación y razona con claridad a propósito de lo que ve. En una comunicación enviada a la Sociedad de Geografía de París (y publicada en el volumen I de *Antiquités mexicaines*), hace una descripción de los principales monumentos, con una multitud de detalles que son testimonio de su perspicacia. Comentando los bajorrelieves, observa que los hombres representados por aquellas esculturas "eran de una raza no distinta de los indios modernos". Y, a ese respecto, aporta informes, muy novedosos para la época, sobre la lengua maya y sobre las poblaciones actuales, en particular sobre una tribu de "mayas salvajes" llamados lacandones... único resto de las numerosas tribus de los mayas independientes que, en la época de la Conquista española, ocupaban la parte oriental de Tabasco, toda la península de Yucatán y lo que en la actualidad se llaman provincias de Honduras Británica, Livingston y El Petén... Ellos (los lacandones) no poseen ninguna tradición de la antigüedad, y casi han olvidado la conquista de El Petén, que no tuvo lugar sino a principios del siglo pasado. Galindo no vacila en afirmar que "la antigua nación de esas ruinas" hablaba maya.

Retrato de Juan Galindo

Su trabajo representa entonces un claro avance con respecto al del capitán Guillermo Dupaix, quien estimaba que los antiguos habitantes de Palenque no pertenecían a la misma etnia que los indios de la actualidad.

Además de su informe sobre Palenque, se debe a Juan Galindo una mención bastante breve, también en su comunicación a la Sociedad de Geografía, respecto a un monumento situado en una isla del lago Yaxhá (sin duda Topoxté). Pero sobre todo fue él una vez más quien nos dio la primera descripción de Copán, donde permaneció alrededor de dos meses en 1834.

Se hallaba entonces en la cima de una carrera militar y diplomática que le había valido riquezas y honores en su patria de adopción; dotado de propiedades de alrededor de 500 000 hectáreas en El Petén, encargado de una misión en Londres, encontró sin embargo tiempo para redactar un informe muy completo sobre las ruinas de Copán. Fue el primero en describir las estelas y los altares que han hecho célebre a esa ciudad. También dedicaba mucha atención a los jeroglifos, que identificaba claramente como escritura maya. Cierto, en su entusiasmo, llegaba a proferir afirmaciones aventuradas; según él, no es en el Viejo Mundo, sino en América, y especialmente en territorio maya, donde había que buscar la fuente de todas las civilizaciones. Fuera de ese despropósito, los informes y las cartas —cuatro en total— de Galindo sobre Copán tienen un mérito verdadero. Desafortunadamente, no llegó a publicarlas. La comunicación que envió a la Sociedad de Geografía de París jamás fue impresa; se le encontró hace algunos años en la Biblioteca Nacional. Otro informe, en español, apenas fue publicado en 1919 por Sylvanus Morley, y las ilustraciones que debían acompañarlo han desaparecido.

La estancia de Juan Galindo en Copán señalaba sin él saberlo el principio de su fin. Su misión diplomática que seguía siendo infructuosa,[4] el desmembramiento de la Confederación de América Central, el fracaso de su tentativa de colonización de El Petén: golpes todos que arruinaron sus esperanzas. Volviendo al ejército, tomó parte en los últimos combates de las fuerzas federales. Tras su derrota cerca de Tegucigalpa en enero de 1840, ante los ejércitos de Honduras y Nicaragua, y arrastrado en la *debacle*, Galindo pereció oscuramente, asesinado en Honduras, treinta y ocho años después de su nacimiento en Irlanda.

Las tribulaciones de lord Kingsborough

Mientras se desarrollaba la breve aventura de Juan Galindo, un noble inglés, presa de una verdadera pasión por las antigüedades de México, vivía una aventura de otro tipo, pero que terminó igualmente mal. Edward King, lord Kingsborough, nacido en 1795, siendo estudiante en Oxford se encontró en presencia de un códice mexicano conservado en la Bodleian Library. Entonces concibió el proyecto de buscar y publicar todos los manuscritos mexicanos antiguos conocidos: tarea gigantesca a la que dedicó su vida y que debía provocar su muerte. Mientras publicaba a partir de 1831, volumen por volumen, las reproducciones de códice debidas al talento del grabador italiano Aglio, y se esforzaba por demostrar, en sus comentarios, que los indios eran descendientes de "las tribus perdidas de Israel", su fortuna se agotaba rápidamente. Perseguido por acreedores implacables, conoció los rigores de la prisión por deudas, donde contrajo una fiebre maligna; murió en 1837. El volumen III de sus *Antiquities of Mexico* contiene la primera publicación del más importante de los antiguos libros mayas, el *Codex Dresdensis*. Si bien se pueden apreciar algunos errores pequeños en el trabajo de Aglio, en cambio ciertos detalles borrados en la actualidad se conservan para nosotros mediante esa reproducción.

Lord Kingsborough no se había contentado con arruinarse publicando los magníficos volúmenes de sus *Antiquities*, también dedicó sumas bastante importantes para subvencionar las investigaciones arqueológicas; así es como fue llevado a ayudar con su dinero a un personaje sorprendente, de fuerte colorido, cuya biografía deriva del mito: el "conde" Jean Frédéric Waldeck.

---

[4] Galindo intentaba obtener la cesión de Honduras Británica a la Confederación de América Central. El primer ministro inglés, lord Palmerston, se negó categóricamente.

EL EXTRAORDINARIO "CONDE" WALDECK

Bajorrelieve del Templo de la Cruz de Palenque. Dibujo de Castañeda

Nacido —según sus propios decires— el año de 1766 en Viena, o bien en Praga, o tal vez en París (solía variar), en todo caso de noble extracción, se proclamó sucesivamente austriaco, francés, alemán, y se otorgó el título de "conde", y en ocasiones incluso de duque. Al parecer se encontraba en París durante los años que precedieron a la Revolución. Entonces habría estudiado dibujo y pintura en el taller de David. ¿Fue, como lo contó más tarde, adepto de Marat y de Robespierre, y luego admirador del general Bonaparte? ¿Siguió a Egipto al "Corso de los cabellos lacios" tras haberlo acompañado en la campaña de Italia? Nada es menos seguro. Las brumas de la leyenda a su alrededor se hacen aún más densas cuando se trata de reconstituir su existencia luego de la expedición a Egipto. Dando muestra de una técnica eficaz de "relaciones públicas", a fuerza de ligeros toques en sus cartas, sus artículos y sus libros, Waldeck logró hacer aceptar por parte de sus contemporáneos su versión de las aventuras que habría vivido en aquel entonces: exploraciones en África, piratería en el Océano Índico, combates en Chile a las órdenes del almirante Cochrane, travesía solitaria por el Amazonas, en fin, estancia de un mes en las ruinas de Copán, su primer encuentro con el mundo maya.

Es evidente que esos relatos deben tomarse *cum grano salis*. Se puede estar casi seguro que Waldeck casó por primera vez en Dublín en 1820, a la edad de cincuenta y cuatro años, y fue ese mismo año feliz padre de un varón llamado Fritz. Y que en 1822 estaba en Londres, puesto que fue ese año cuando el librero editor Berthoud le encargó grabar los dibujos que ilustraban el informe de Antonio del Río. Estamos tentados a creer que su interés por las antigüedades mayas data de entonces; ¿no sería la pretendida estancia en Copán un espejismo de su brillante imaginación?

Sea como fuere, no se embarcó para México en su calidad de arqueólogo sino como emigrante preocupado por encontrar un empleo convenientemente remunerado y mantener a su familia. Es un hecho que Waldeck siempre se preocupó profundamente por la suerte de su esposa y sobre todo por la del joven Fritz. He aquí entonces que partió con el título de ingeniero a las minas de plata de Tlalpujahua, Michoacán, que pertenecían a una compañía británica. Fueron meses de frustración, de hastío en una pequeña población perdida. Waldeck ni siquiera esperó a cumplir su primer año de contrato: envió a su mujer las cien libras que la compañía le dio como gastos de vuelta y fue a instalarse a México. Allí empezó verdaderamente a tomar gusto por las antigüedades prehispánicas. En el Museo Nacional, frecuentó a Isidro Icaza, quien en 1830 debía entregar a Baradère los dibujos de Castañeda. Waldeck se puso a dibujar objetos precolombinos y publicó en 1827 un pequeño álbum, *Collection d'antiquités mexicaines*. Poco a poco se formó en su espíritu el proyecto de ir a Palenque. En 1831 obtuvo el apoyo de don Lucas Alamán, entonces vicepresidente de la República; se lanzó una suscripción, cuyo fin era reunir 10 000 pesos. A cambio de ello, Waldeck se comprometía a permanecer dos años en Palenque y a publicar doscientos dibujos.

El dinero se reunió muy lentamente: en marzo de 1832, con aproximadamente 3 500 pesos, y cansado de esperar, Waldeck partió para Palenque, adonde llegó en mayo. Allí debía permanecer hasta el mes de julio del año siguiente, acampando en el pobre poblado indio, luego en medio de las ruinas, al pie del Templo de la Cruz; sofocado por el calor, inundado por las lluvias, picado por los insectos, lamentándose siempre y siempre entusiasta, a la vez apesadumbrado por las condiciones materiales excesivamente incómodas que soportaba y cada vez más cautivo y maravillado por los monumentos, los bajorrelieves y los jeroglifos. Día tras día se afanaba, solo en la ciudad en ruinas, en levantar piedras caídas, en limpiar tableros esculpidos, en registrar la selva que llegaba hasta los monumentos, en dibujar sin tregua las fachadas decoradas de estucos, las columnas de glifos. Con toda justicia debe reconocerse que realizó un inmenso trabajo. Por ejemplo, algunos bajorrelieves, como el que tradicionalmente se llama el "Hermoso Relieve", situado en un pequeño templo de la periferia, solamente nos son conocidos gracias a él, pues no se conservaron hasta nuestros días.

¿De dónde viene sin embargo que esa tarea tan meritoria haya sido en cierto modo estropeada, y que no podamos apoyarnos con toda confianza en la documentación dejada por Waldeck? Lo que hay que incriminar es su imaginación desbordada, el don de invención rayano en la mitomanía y el aplomo inaudito del personaje. ¿Excavaba los subterráneos del palacio? En ellos encontraba vestigios. . . egipcios, naturalmente. ¿Dibujaba tableros de glifos? En ellos veía cabezas de elefantes. Caldeos, hindúes, según él, habían poblado aquella ciudad. Es cierto que un médico francés, Corroy, quien visitó las ruinas, hizo amistad con Waldeck y luego se disgustó con él, estimaba que Palenque había sido fundada cerca de cinco mil años antes por fenicios, egipcios y varios otros pueblos, entre ellos los chinos. . .

Dibujando y soñando al mismo tiempo, Waldeck escribía numerosas cartas, daba parte de sus descubrimientos y lograba obtener subsidios del generoso lord Kingsborough, quien aún no estaba en prisión. En fin, en 1834, salió de Palenque hacia Yucatán. En Uxmal, su verdadero talento de dibujante y su imaginación creadora tuvieron libre curso: dibujó cuatro magníficas estatuas de estilo egipcio que, según él, enmarcaban la entrada del santuario situado en lo alto de la pirámide llamada "del Adivino". Aquellas estatuas son en efecto impresionantes: su único defecto es no haber existido jamás.

Once años después de llegado a México, Waldeck regresó a Europa. En 1838 publicó en París su *Voyage pittoresque dans le Yucatan,* enriquecido con ilustraciones como los grabados que representan las estatuas imaginarias de Uxmal. Mucho tiempo después, en 1866 —Waldeck era centenario—, el gobierno francés le compró cincuenta y seis de sus dibujos de Palenque, seleccionados por una comisión *ad hoc,* para ilustrar un bello libro del abate Brasseur de Bourbourg, *Recherches sur les ruines de Palenque.* Así fueron publicados el "Hermoso Relieve", el tablero esculpido del Templo del Sol y el del Templo de la Cruz.

Retrato de Waldeck. Tomado de In Search of the Maya, *por Robert L. Brunhouse*

Entretanto, Waldeck había vuelto a casarse a la edad de ochenta y cuatro años y era padre de un niño llamado Gastón. Vivía en París en un modesto apartamento de Montmartre, escribiendo artículos sobre el México antiguo, preparando una enciclopedia arqueológica, desbordante siempre de proyectos, de anécdotas y de recuerdos. En 1875, poco tiempo después de haber celebrado su 109 aniversario, murió accidentalmente: una leyenda típica cuenta que, habiéndose vuelto en los bulevares para ver pasar a una linda parisiense, sufrió una caída que le fue fatal.

JOHN L. STEPHENS, DIPLOMÁTICO Y ARQUEÓLOGO

Pero retrocedamos hasta la época en que Waldeck dibujaba en medio de los monumentos de Palenque. Cinco años después de dejar él la ciudad, una expedición inglesa partió de Honduras Británica por orden del comandante militar del territorio, el coronel MacDonald, con el firme propósito de llegar a Palenque antes que el explorador y diplomático norteamericano John L. Stephens. Iba dirigida por Patrick Walker; formaba parte de ella John Herbert Caddy, un joven oficial dotado de un verdadero talento de dibujante y de pintor. La pequeña tropa permaneció varios meses en Palenque. Los dibujos y los paisajes de Caddy son de un gran interés científico y de un verdadero valor artístico, pero nunca fueron publicados, como tampoco sus notas ni el informe de Walker.

¿Quién era entonces aquel John Lloyd Stephens, a quien los británicos de Belice querían tanto adelantarse en Palenque? En el sentido pleno del término, era un aficionado: un hombre que animaba el amor al arte, al viaje, al descubrimiento. Es una lástima que con frecuencia la palabra esté desacreditada; aquel aficionado iba a revelar al mundo moderno la civilización maya clásica con un grado de claridad y de precisión que muchos profesionales no alcanzaron posteriormente.

Neoyorquino, nacido en 1805 de una familia pudiente, John L. Stephens hizo brillantes estudios y empezó una carrera de abogado en Wall Street. Al mismo tiempo, se interesaba por la política; simpatizaba con los demócratas. Un viaje a Europa y luego al Oriente le inspiró dos volúmenes de relatos que obtuvieron inmediatamente un gran éxito. Viajar y escribir: ese fue en lo sucesivo el estilo de vida de Stephens, lejos de los tribunales y de las reuniones públicas. Tenía el don de narrar sin pretensión los incidentes más o menos pintorescos o en ocasiones trágicos, de evocar paisajes, monumentos y pueblos. Pronto se dio cuenta de que esa era su verdadera vocación.

En 1836, Stephens conoció en Londres a Frederick Catherwood, arquitecto y sobre todo dibujante de gran talento, espíritu curioso, quien había viajado por Europa, Arabia y Palestina. Los dos hombres, el norteamericano y el inglés, simpatizaron. Catherwood dio a conocer a Stephens el informe de Antonio del Río con las ilustraciones grabadas por Waldeck. Es probable que la primera idea de una exploración en América Central germinara en su espíritu por aquella época. Stephens volvió a Nueva York y pronto se le unió allí Catherwood, abriendo un despacho de arquitecto en Manhattan. Mientras tanto, Stephens vio en una librería de Nueva York el *Voyage pittoresque* de Waldeck, que acababa de ser publicado en París. Habiendo sabido que el puesto de representante diplomático de los Estados Unidos en América Central estaba vacante, solicitó del presidente norteamericano Van Buren su nombramiento, que le fue otorgado tanto más fácilmente cuanto que el Partido Demócrata en el poder lo consideraba un militante fiel... y, sobre todo, porque aquella función, en una América Central en pleno caos, no tentaba a nadie. Y he allí a Stephens, diplomático improvisado, con sus cartas credenciales y un bello uniforme bordado de oro en su equipaje, embarcándose el 3 de octubre de 1839 con Catherwood a bordo del velero *Mary Ann* bajo bandera británica.

En la época de la llegada del autor a la América Central —escribiría en su prefacio—, el país estaba desgarrado por una sangrienta guerra civil que, durante su estancia, tuvo por resultado la absoluta postración del gobierno federal. La protección y las facilidades que le aseguró su carácter oficial le permitieron realizar lo que habría sido imposible de cualquiera otra manera. Su obra describe un viaje de casi tres mil *millas* por el interior de la América Central, de Chiapas y de Yucatán, incluyendo la visita de ocho ciudades en ruinas, con ilustraciones completas según los dibujos hechos al natural por el señor Catherwood.

En realidad, "la protección y las facilidades" de que habla Stephens con gran optimismo no le evitaron encontrarse repetidas veces entre dos fuegos, sospechoso de espionaje en favor de uno u otro de los combatientes, amenazado de muerte y encarcelado. En cuanto a las condiciones de viaje, de transporte, de alojamiento, eran cuando menos sumamente incómodas. Además, Stephens debía esforzarse por resolver un problema poco trivial: diplomático nombrado por el jefe de su país, debía correr a todas partes, en medio de todos los peligros de una comarca entregada a la anarquía, en busca del gobierno al que debía presentar sus cartas credenciales. ¿Pero qué gobierno? "Estaba ansioso de saber si el gobierno federal existía verdaderamente, o si la república estaba disuelta." Según algunos, la Confederación había dejado de existir desde el momento en que los Estados (Guatemala, El Salvador, Honduras, Nicaragua y Costa Rica) se proclamaban independientes y soberanos; según otros, aquellos Estados no tenían ninguna existencia legal y por consiguiente Stephens no debía entrar en contacto sino con el gobierno federal, que erraba en alguna parte por brechas o montañas. En medio de aquel caos, Stephens mostraba una calma inalterable igualada por la flema enteramente británica de Catherwood. Aquél describe con humor y perspicacia a los dirigentes políticos y militares de la época con

Retrato de Stephens. Tomado de In Search of the Maya, *por Robert L. Brunhouse*

quienes se entrevistó, como Carrera en Guatemala, o Carrillo, "usurpador y déspota sin duda, pero que trabaja arduamente en bien de su país", en Costa Rica. Pero, evidentemente, lo que le interesaba por encima de todas las cosas era el descubrimiento de las antiguas ciudades, empezando por Copán.

Al llegar a la América Central, Stephens deseaba conocer a Juan Galindo: en efecto, había leído artículos de él sobre Copán en las publicaciones de la Sociedad de Geografía de París y en la *Literary Gazette* de Londres. Aquel deseo no pudo cumplirse, pues según sus propias palabras, "tras la batalla (de Tegucigalpa, perdida por los federalistas), buscando escapar con dos dragones y un *boy,* Galindo fue reconocido al pasar por un poblado indio; todos fueron asesinados a machetazos".

La descripción de Copán debida a Stephens y las veintinueve ilustraciones de Catherwood son de primer orden. Sin dejarse llevar por los sueños y los espejismos, el autor no trata de refrenar su admiración por la belleza y la elegancia de los monumentos y de las esculturas. El dibujante supo reproducir con sorprendente exactitud los glifos complejos y elaborados, las majestuosas o las graciosas estatuas.

Sin duda alguna ambos quedaron profundamente impresionados y fascinados por aquellos monumentos

> de pie en las profundidades de la selva tropical, silenciosos y solemnes, extraños por su dibujo, excelentes en cuanto a las esculturas, ricos en ornamentación, diferentes de las obras de cualquier otro pueblo; su utilización y sus fines, su historia, nos son totalmente desconocidos, con jeroglifos que explican todo pero que nos son perfectamente ininteligibles.

Luego de mil palabras que consigna con diversión —y no sin haber vestido su uniforme dorado para convencer a sus interlocutores de su calidad de diplomático—, Stephens logró comprar las ruinas de Copán entregando cincuenta dólares a un tal don José María, propietario del terreno.

De Copán, Stephens partió en dirección de Palenque, no sin detenerse en Quiriguá y en Ocosingo, a través de las montañas y de las selvas de una belleza exuberante, bajo lluvias aterradoras. Al fin, los dos exploradores llegaron a las ruinas de la gran ciudad clásica:

> A través de los árboles, vimos la fachada de un vasto edificio ricamente adornado con bajorrelieves de estuco sobre las pilastras, curiosos y elegantes; contra el edificio crecían árboles, sus ramas entraban por las puertas; todo era de un estilo y de un efecto único, extraordinario, y de una belleza triste... Habíamos alcanzado la meta de aquel largo y penoso viaje y nuestra primera mirada nos compensó nuestras penas.

Una vez más, la cooperación del escritor y del dibujante logró maravillas: su fruto son una descripción muy completa de Palenque y unos grabados preciosos.

Luego vino la larga cabalgata hacia Yucatán y Uxmal, y finalmente el regreso a Nueva York, el 31 de julio de 1840.

Los dos volúmenes titulados *Incidentes de viaje por América Central, Chiapas y Yucatán,* publicados al año siguiente por Harper and Brothers, tuvieron tal éxito que los exploradores volvieron a Yucatán, visitaron Uxmal, Kabah, Sayil, Chichén Itzá, Tulum, y regresaron a los Estados Unidos en junio de 1842. Los *Incidentes de viaje por Yucatán* aparecieron en 1843.

Aun si se dejan de lado las anécdotas más o menos interesantes que, según la moda de la época, abundan en las dos obras, los lamentos habituales de los viajeros en comarcas tropicales: mosquitos, calor, tormentas, mulas indóciles, indios inhospitalarios, los libros de Stephens con los grabados de Catherwood representan una etapa decisiva en el redescubrimiento de la antigua civilización maya. "Vivimos —escribía Stephens— una época cuyo espíritu quiere apartar los fantasmas y llegar a la verdad." Lo que él define es el enfoque de la ciencia por el cual se esforzó. En sus conclusiones, se aprecian las frases siguientes: "No hay razón para ir a buscar en ninguna nación del Viejo Mundo a los constructores de estas ciudades; no son la obra de pueblos que han desaparecido y cuya historia está perdida, sino que hay sólidas razones para pensar que fueron creadas por las mismas razas que habitaban el país en la época de la Conquista española, o por antepasados bastante cercanos." Y más adelante agrega: "No puedo dejar de pensar que las tablillas jeroglíficas serán descifradas algún día."

Se observará que Stephens y Catherwood cubrieron en sus investigaciones el territorio antaño ocupado por los mayas clásicos, con excepción de la zona central, la zona de El Petén. Stephens sugiere que tal vez existía aún en aquellas regiones remotas alguna ciudad misteriosa y no conquistada donde los indios vivirían como sus antepasados. Pero se apresura a agregar que es una "conjetura especulativa" que pide al lector disculpar.

El Petén no empieza a revelar sus secretos sino ocho años después de la publicación del libro de Stephens, pero no fue una ciudad indomeñada y aún viva lo que se descubrió en él. Tikal, en ruinas desde hacía mil años, y entrevista por el padre Avendaño en el siglo XVII, permanecía defendida por la inhospitalaria inmensidad de las selvas; una expedición comandada por dos funcionarios guatemaltecos, Modesto Méndez y Ambrosio Tut (este último, a juzgar por su nombre, era de origen maya), llegó a la ciudad desierta a principios de 1848. Formaba parte de la expedición un dibujante, Eusebio Lara. Éste trató de reproducir los bajorrelieves de diversas estelas y de dinteles, pero, si sus dibujos se comparan con reproducciones recientes,[5] al parecer el estilo barroco maya debió desconcertarlo al punto de que sus reproducciones no son sino aproximativas. El informe de Méndez con los dibujos de Eusebio Lara no fue publicado sino en 1853 por la Academia de Ciencias de Berlín. Casi no atrajo la atención del mundo erudito. Así, el descubrimiento de Tikal permaneció sin consecuencia todavía por largo tiempo.

---

[5] Véanse, por ejemplo, la estela 9 y el dibujo correspondiente de Lara en William R. Coe, *Tikal, guía de las antiguas ruinas mayas,* p. 13.

Durante su segundo viaje, Stephens había conocido en Yucatán a uno de los precursores de la investigación maya, a Juan Pío Pérez. Nativo de Mérida, en aquel entonces Pérez apenas rebasaba la cuarentena. Funcionario del gobierno del estado, hablaba perfectamente el maya y estudiaba con pasión los documentos antiguos. La historia de las poblaciones autóctonas de la península, el sistema maya de computación del tiempo eran sus temas favoritos. Descubrió y copió los *Libros de Chilam Balam* de Ixil y de Maní y escribió una *Historia antigua de Yucatán... método de que se valían los antiguos habitantes de esta península de Yucatán para contar el tiempo,* que Stephens publicó en inglés como anexo a sus *Incidentes de viaje por Yucatán.* Se le debe igualmente un diccionario de la lengua maya. Pío Pérez fue el primero de una larga serie de eruditos yucatecos como el obispo Carrillo y Ancona, Juan Martínez Hernández, Alfredo Barrera Vásquez, investigadores entusiastas apasionados de su tierra y de su pasado.

La obra inmensa y desigual del abate Brasseur

Fue sin embargo a un francés a quien, a partir de mediados de siglo, iba a corresponder el honor de descubrir o de redescubrir documentos preciosos y de intentar —no sin múltiples exageraciones y errores— una síntesis, prematura, de la historia de los pueblos civilizados de México y de Guatemala.

El abate Brasseur, llamado "de Bourbourg" por el nombre de la pequeña ciudad, a 12 kilómetros de Dunkerque, donde nació en 1817, realizó una obra inmensa, desigual, en ocasiones delirante, pero que revela un temperamento de arqueólogo y de etnógrafo. Le debemos el *Popol Vuh,* el famoso diccionario maya de Motul, el drama quiché *Rabinal-Achí,* el *Memorial de Sololá,* el *Códice Chimalpopoca.* Desde la edad de quince años hasta su muerte, aquel hombre no vivió sino para la investigación, para la ciencia de la América autóctona, para los pueblos antiguos tanto como para los indios de su época. Aprendiendo el maya, el quiché, el cakchiquel, el náhuatl, registrando los museos, las bibliotecas y los archivos, infatigable viajero en los países donde el viaje, en aquel entonces, no estaba exento ni de fatigas ni de incomodidad, incluso ni de peligros, pidió contribución a Roma y Madrid, a Washington y Nueva York, a México y Guatemala, recorrió en todos sentidos el Nuevo Mundo, permaneció largo tiempo en pueblos perdidos.

Oscuro padrecito en un principio, se dio a conocer y a respetar como fundador, junto con Aubin, De Rosny, Boban, del americanismo en Francia.

Merece recordarse el punto de partida de toda una vida fecunda. En 1832, a la edad de quince años, leyó en la *Gazette de France* una noticia fantástica: un agricultor habría descubierto, "en el pueblo de Dolores, a dos leguas de Montevideo", una tumba que contenía, entre otros objetos notables, dos espadas antiguas en la empuñadura de las cuales estaba grabado un retrato "que parece ser el de Alejandro", y un casco decorado con una "cinceladura que representa a Aquiles arrastrando el cadáver de Héctor alrededor de las murallas de Troya". Para redondear, el autor de imaginación fértil de aquella noticia agregaba que la lápida sepulcral tenía una inscripción en caracteres griegos. Aunque bastante deteriorada, aquella inscripción dejaba aparecer ¡el nombre de Alejandro hijo de Filipo, el de Macedonia, y el de Ptolomeo!

Excitado ya en su "curiosidad juvenil", algún tiempo después Brasseur leyó en el *Journal des Savants* una reseña abreviada del informe de Antonio del Río sobre las ruinas de Palenque.

> En la actualidad me sería imposible —escribiría un cuarto de siglo después— describir la impresión de asombro mezclado con placer que me causó aquella lectura; ella decidió mi vocación arqueológica para el porvenir. Un vago presentimiento me mostró, en la lejanía, quién sabe qué velos misteriosos que un instinto secreto me empujaba a levantar y, oyendo hablar de Champollion, cuyo renombre empezaba a penetrar incluso en los colegios de la provincia, me preguntaba vagamente si el continente occidental no aportaría también algún día su parte en el gran trabajo científico que se operaba en Europa.

En lo sucesivo todo su ser se orientará hacia aquel "continente occidental", Tierra Prometida adonde, luego de haberse ordenado sacerdote, hace que lo envíen en 1845 a Quebec y luego a Boston. Fue allí donde, principalmente, tuvo conocimiento de la famosa *Historia de la conquista de México* de Prescott. "Aquella lectura tan interesante y tan instructiva —escribe— contribuyó a persuadirme de que mi vocación científica me llevaba a las cosas americanas."

De regreso en Europa, pasa dos años en Roma, compulsa en la Biblioteca del Vaticano el *Códice Borgia,* el *Ríos* y los volúmenes de lord Kingsborough. En 1848 vuelve a partir con renovado ardor, atraviesa los Estados Unidos hasta Nueva Orleáns, de donde se embarca para Veracruz. El destino, o la Providencia, hace bien las cosas: en el mismo barco se encuentra el nuevo ministro plenipotenciario de Francia en México, el señor Le Vasseur, quien va a ocupar su puesto. Pronto el abate recibe el título de capellán de la legación de Francia en México. Se hunde con embriaguez en los archivos y los museos, traba amistad con los eruditos mexicanos de aquel entonces, descubre el arte azteca, toma conocimiento de las relaciones manuscritas del historiador autóctono Ixtlilxóchitl, visita Cholula, Tula, Guadalajara, Tepic, Mazatlán, Acapulco, y el sitio de Xochicalco.

Entre fines del año de 1850 y febrero de 1851, Brasseur de Bourbourg se dedicó al estudio de la lengua náhuatl bajo la dirección de don Faustino Galicia Chimalpopoca, descendiente de los reyes aztecas y profesor de náhuatl en la universidad. Habiendo descubierto en la biblioteca de San Gregorio el precioso manuscrito en lengua indígena *Historia de los reinos de Culhuacán y México,* emprende su traducción con su eminente profesor, en honor de quien intitula la obra *Códice Chimalpopoca.* En fin, antes de dejar México publica en francés y en español cuatro *Cartas para servir de introducción a la historia de las antiguas naciones civilizadas de México.*

Aquellas cartas dieron a conocer al abate en el mundo de los historiadores y los arqueólogos. En París conoció a Aubin, quien había llevado de México su magnífica colección de documentos, que actualmente se encuentran en la Biblioteca Nacional. También pasó dos inviernos en Roma, en la Biblioteca del Vaticano. Finalmente, en julio de 1854 vuelve a viajar a América; de Nueva York va a Nicaragua y El Salvador, llega a Guatemala en enero del año siguiente, conquista la estima y la simpatía del arzobispo, monseñor Francisco García Peláez, quien lo nombra cura de Rabinal. "Aquel poblado encierra alrededor de siete mil indígenas pertenecientes a la lengua quiché. Fue con ellos con quienes llegué a la posibilidad no sólo de hablarla y de escribirla, sino de traducir incluso los documentos más difíciles." Evidentemente, se trata del manuscrito de Chichicastenango, del *Popol Vuh,* pero también del *Rabinal-Achí,* ese drama ballet tradicional, "pieza escénica de la ciudad de Rabinal, transcrita por primera vez por Bartolo Ziz, anciano de la misma ciudad. . . (y representada por los ancianos) el 25 de enero de 1856 para la satisfacción de su padre, administrador y anciano, señor Brasseur de Bourbourg, quien la tradujo enteramente de la lengua quiché al francés", según el título de la publicación hecha en París en 1862.

Del quiché, Brasseur desea pasar al cakchiquel: siempre bien dispuesto, monseñor el arzobispo le confía el curato de San Juan Sacatepeques. En aquella población, el abate descubre la historia del reino cakchiquel, manuscrito llamado "Memorial de Tecpán-Atitlán" o "Memorial de Sololá",[6] que le entrega un "joven y diligente arqueólogo guatemalteco, don Juan Gavarrete". No contento con haber agregado el cakchiquel a su repertorio lingüístico, va a pasar dos meses a Escuintla, donde todavía se habla un dialecto náhuatl. Sólo su salud, quebrantada sin duda por el clima, lo obliga a volver a Europa en 1857.

Por lo demás, había de regresar una vez más a su querido "continente occidental" y —finalmente— en misión oficial, en 1859-1860: su notoriedad era ya suficiente para que el ministro de Instrucción Pública le confiriera aquella consagración. Pero hasta su muerte, ocurrida en 1874, no dejará de escribir, de traducir, de publicar, de protestar contra los que consideran a las antigüedades americanas "como salvajismos", de luchar para que la arqueología del Nuevo Mundo sea considerada tan "respetable" como la de Egipto o la del Oriente clásico. En 1863, fue uno de los fundadores de la Sociedad Americana de Francia, junto con Aubin, Léon de Rosny, Alphonse Pinart y, naturalmente, el "conde" Waldeck. De aquella sociedad debía nacer en 1895 la Sociedad de Americanistas, que actualmente sigue en actividad; la arqueolo-

[6] Ese precioso manuscrito no fue traducido sino parcialmente por Brasseur. A su muerte, el original cakchiquel y la versión francesa incompleta pasaron a propiedad de Alphonse Pinart, quien los vendió en 1884 al erudito filólogo norteamericano Daniel G. Brinton. Este último publicó de ellos una versión inglesa en 1885 y los donó a la biblioteca del Museo de la Universidad de Pensilvania, en Filadelfia. Una traducción española del Memorial de Sololá, con el título de "Anales de los cakchiqueles" fue hecha por el padre Dionisio José Chonay y publicada con comentarios de Adrián Recinos en México, el año de 1950.

gía maya sigue ocupando un lugar de honor, como lo atestigua el bello libro del doctor Paul Rivet, *Les Cités maya*.

Si hubiera de emitirse un juicio sobre la obra del abate Brasseur de Bourbourg, evidentemente no se podrían dejar de mencionar los defectos demasiado visibles que manchan sus ensayos históricos o mitológicos. Llevado por la admiración del descubrimiento, dejándose arrastrar por una imaginación desatada, con demasiada frecuencia llama al rescate si no a los griegos de Alejandro, cuando menos a la Atlántida. Como hemos de ver, no ha sido el único ni el último en ceder al demonio de la hipótesis. Por lo demás, efemerista sistemático, traspone constantemente el mito a la historia, no viendo por ejemplo en el *Popol Vuh* sino el relato de luchas entre pueblos o dinastías en vez de los mitos grandiosos de la cosmología. Dicho todo lo cual, seríamos muy injustos si, por una parte, no tuviéramos en cuenta el estado de los conocimientos en la época en que él escribió y si, por la otra, no se rindiera homenaje a su energía de precursor, a la amplitud de sus descubrimientos, a la audacia innovadora de sus conceptos en algunos campos hasta entonces desconocidos o pasados por alto, como las artes autóctonas.

En resumen, su nombre merece figurar en muy buen sitio entre aquellos hombres a quienes estamos obligados a conocer y comprender mejor las grandes civilizaciones americanas y sobre todo la de los mayas.

UN INVESTIGADOR PERSPICAZ: DÉSIRÉ CHARNAY

El mismo año en que Brasseur dejaba Guatemala para volver a Europa, otro investigador francés, de veintinueve años de edad, llegaba a Veracruz. Robusto y de temperamento optimista —tal vez por haber nacido en Fleurie, risueño poblado de Beaujolais— Désiré Charnay, quien había demostrado un verdadero talento en el arte nuevo en aquel entonces de la fotografía, estaba encargado de una misión oficial: debía volver con una documentación fotográfica sobre los monumentos y las antigüedades de México. Aquella primera estadía de dos años en un país al cual habría de ligarse profundamente lo condujo hasta Yucatán. Pero fue mucho después, entre 1880 y 1882, cuando iba a hacer una muy importante aportación al conocimiento de la civilización maya.

Charnay, como Stephens —costumbre de la época—, mezcla en sus libros la descripción de los sitios arqueológicos y de las poblaciones autóctonas con el relato de los incidentes de viaje y los reflejos de sus estados de ánimo. Su gran obra publicada en 1885 en París, *Les Anciennes Villes du Nouveau Monde,* obtiene de ello cierto encanto caduco. Se está tentado a sonreír cuando el infatigable viajero se hace representar a sí mismo por un grabado ("dibujo de Maillart según el texto y las indicaciones del autor"), con el mostacho de conquistador, el torso desnudo y un largo bastón en mano, en las profundidades de las selvas de Chiapas, o cuando evoca la belleza de una joven maya que hizo palpitar su corazón. Se está tentado a impacientarse cuando se explaya por cualquier motivo y sin razón sobre el papel civilizador de sus queridos toltecas, a los que él considera iniciadores de toda la gran cultura de México. Pero si se dejan de lado esos pequeños ridículos o cierto dogmatismo excesivo, lo que queda es que en Désiré Charnay tenemos a un observador de gran calidad a quien no escapa ningún detalle, un arqueólogo perspicaz y también un etnógrafo, atento a los rasgos físicos y culturales de las diversas etnias con las que ha estado en contacto. A él debemos las primeras excavaciones científicas realizadas en Tula, que él consideró claramente como la antigua capital tolteca. Posteriormente, en Chichén Itzá, reconoció y proclamó "la comunidad de origen" entre las esculturas y la arquitectura de Tula y de la ciudad yucateca. Se equivocó al extrapolar aquel descubrimiento y ver por todas partes influencias toltecas, pero su primera observación era justa, como es bien sabido en la actualidad. Su contribución al conocimiento de las antigüedades mayas es muy importante; antes que nada, Comalcalco, la ciudad de ladrillo de Tabasco, cuyos principales monumentos Charnay fue el primero en reconocer; Jonuta, y luego Palenque, donde levanta los planos del palacio, fotografía los bajorrelieves y los estucos, y describe los templos; Aké, Izamal y sobre todo Chichén Itzá, Kabah y Uxmal; en seguida Yaxchilán, la ciudad ribereña del Usumacinta, descubierta apenas en 1870 por el "jefe político", especie de subprefecto de Tenosique, donde nuestro explorador conoció a Alfred P. Maudslay... y a los lacandones; en fin, Charnay penetra en El Petén, atraviesa las selvas hasta la gran laguna de las Flores, visita Tayasal y sobre todo Tikal. En este último sitio, observa muy justamente las características particulares de la arquitectura clásica más antigua: altura de las pirámides, espesor de los muros, estrechez de las piezas abovedadas, "enorme muralla decorativa [lo que nosotros llamamos cresteria] que sobrecarga el edificio". Señala que el suizo Gustave Bernoulli se ha llevado, para depositarlos en el Museo de Basilea, magníficos tableros esculpidos, de madera, cuyo estilo se emparienta con el de los bajorrelieves de Yaxchilán y de Palenque. Por todas partes fotografía, dibuja y —extraordinario esfuerzo— realiza calcas de los bajorrelieves, más de cien metros cuadrados en Palenque, para el Museo de Etnografía de París. Más de doscientas fotos y dibujos que representan vasijas de cerámica, piedras esculpidas, monumentos, jeroglifos, complementados por numerosos planos y mapas. Es una muy vasta documentación que Désiré Charnay llevó consigo de sus peregrinaciones.

Mención aparte merece su encuentro con los lacandones. Gracias a su insistencia y a su habilidad diplomática, logró entrar en contacto primeramente con un jefe anciano, luego con el grupo de dos mujeres y cuatro muchachas que seguía a ese jefe. Charnay no se limitó a fotografiarlos, sino que anotó una serie de observaciones sobre su aspecto, su ropa (en particular, las túnicas marcadas con manchas rojas, de las que actualmente sabemos que corresponden a una actividad ritual), sus arcos y sus flechas, sus hachas de piedra. "Los lacandones hablan maya, la lengua de Yucatán", escribe. "Viven de la caza, de la pesca y del cultivo de los campos... sus chozas son limpias y en ellas se encuentran algunas provisiones de tabaco y de algodón, maíz y fruta." Consiguió los incensarios típicos de los lacandones, que llevó al Museo de Etnografía. Aun no habiendo tenido sino un rápido contacto con aquellos indios, comprendió que la escasez de mujeres era la causa principal de las disensiones que enfrentan a unos contra otros. Las fotografías de lacandones y de incensarios que Charnay publicó en *Les Anciennes Villes* constituyen sin duda los documentos más antiguos en su género sobre esa población.[7] Además, se debe reconocer a ese investigador el mérito de haber tendido un puente, por decirlo así, entre los mayas de la antigüedad, constructores de ciudades pujantes, y sus descendientes selváticos que aún en la actualidad van a quemar copal en las ruinas.

A. P. MAUDSLAY, CABALLERO BRITÁNICO

Llegando a Yaxchilán, Charnay vio venir a su encuentro a "un rubio alto y joven", en quien reconoció a primera vista, según

---

[7] Detalle curioso: Charnay menciona, en Yaxchilán, un bellísimo ídolo de piedra que había sido decapitado. Ahora bien, estando el autor de esta obra entre los lacandones, en 1933 y 1934, supo por ellos de la existencia de esa estatua, a la cual se asocia un mito: el fin del mundo vendrá cuando la cabeza se vuelva a poner sobre los hombros de la estatua.

dice, "a un inglés y a un caballero". Era Alfred Percival Mauds-lay, quien había precedido al explorador francés en las ruinas de Menché (nombre que por aquel entonces se daba a esa parte de la ribera del Usumacinta). "Como yo permanecía un tanto estupe-facto y desconfiado —agrega Charnay—, Alfred Maudslay, adivi-nándome el pensamiento, me dijo al punto: 'Que no le asombre mi presencia; un accidente me ha hecho tal vez llegar a estas ruinas antes que usted, como un accidente le hubiera hecho llegar antes que yo. No soy ningún rival y usted no tiene nada que temer. Sólo soy un simple aficionado que viaja por placer; usted es un sabio y la ciudad le pertenece. . .' " Maudslay incluso llega a proponer a Charnay esfumarse: "Guarde su conquista para usted solo." Pro-fundamente conmovido, Charnay prefirió compartir con el inglés "la gloria de haber explorado aquella nueva ciudad". Esa *Entente Cordiale* antes de tiempo duró toda la estadía de ambos investiga-dores, quienes trabajaron juntos allí y partieron al mismo tiempo.

Alfred Maudslay tenía entonces treinta y dos años contra los cincuenta y cuatro de Charnay. Tras sus estudios en Cambridge, había empezado una serie de viajes a las Antillas, y luego a la América Central. Tan modesto como sapiente, acumuló entre 1881 y 1894 un tesoro de observaciones, de notas, de copias de inscripciones desde Copán hasta Chichén Itzá y de Tikal a Palen-que. Llevó consigo al Museo Británico numerosos moldes de bajo-rrelieves y algunos tableros esculpidos originales, provenientes sobre todo de Yaxchilán. Esencial para el conocimiento de la arqueología maya, su obra notablemente objetiva y particular-mente rica en documentos sobre las inscripciones jeroglíficas fue incorporada al conjunto enciclopédico titulado "Biologia Cen-trali-Americana" publicado en Londres de 1889 a 1902 por Du Cane Goodman y Osbert Salvin, cuya sección arqueológica consti-tuye. Maudslay vivía aún (murió en 1931) cuando el Museo Bri-tánico le rindió en 1923 un merecido homenaje organizando una exposición de los moldes y las esculturas mayas que él había llevado de sus viajes.

EL EXCÉNTRICO LE PLONGEON

El nombre del excéntrico norteamericano August Le Plongeon sin duda habría caído definitivamente en el olvido si, por una de esas cosas extrañas de las que ofrece algunos ejemplos la historia de la arqueología, no hubiera dejado una huella indeleble de su paso por Yucatán, inventando de todo a todo la leyenda del Chacmool. En 1875, excavando un túmulo en Chichén Itzá, el supuesto "doctor" Le Plongeon y su esposa Alice descubrieron la estatua de un personaje mitad tendido que tenía en sus manos, sobre el vientre, un recipiente de forma redonda. Bautizado al punto como "Chacmool", aquella figura sirvió de pretexto a una fabulación tan detallada como delirante: la estatua representaba a un prín-cipe maya que había vivido en Chichén Itzá doce mil años antes de nuestra era. Soberano poderoso y temido, era esposo de la bellísima reina Moo. Celoso, su hermano Aac lo había asesinado, para después huir a Uxmal donde se había instalado en el Palacio

246

del Gobernador; en cuanto a la reina ya viuda, había hecho construir el Templo de los Jaguares como homenaje a su difunto marido.

No se sabe exactamente de dónde provenía el extraño "doctor", por aquel entonces de cuarenta y nueve años de edad. De creerle, había llevado una vida de aventuras y de viajes por América del Sur y la Polinesia, y había escrito disertaciones sobre temas tan variados como la causa de los temblores de tierra, el arte de la fotografía y la enseñanza de Jesucristo. Hirviendo siempre de ideas las más de las veces absurdas, siempre en busca de protectores ricos —los encontró en la persona del filántropo Stephen Salisbury y del millonario Lorillard, quien también subvencionó, muy afortunadamente, a Désiré Charnay—, había llegado a Yucatán en 1873. Allí había de pasar doce años.

Su único descubrimiento digno de atención fue el Chacmool. Aquel nombre permaneció vinculado a las estatuas de ese tipo, que derivan del arte religioso tolteca. Ya en 1880 Charnay demostraba la existencia de esculturas análogas en el Altiplano Central mexicano y desde entonces se han descubierto otros ejemplares de ellas, uno de los cuales en la propia ciudad de México. Nada pudo impedir que el término Chacmool se utilizara obstinadamente para designarlas.

La imaginación desbordada y el gusto por la mistificación que caracterizan a Le Plongeon tuvieron libre curso en las cartas y los artículos innumerables que escribió durante su estancia en Yucatán, y luego en sus libros como *El antiguo alfabeto hierático maya* y *La reina Móo y la esfinge egipcia*. Un breve florilegio dará idea de sus principales afirmaciones. Según él, los mayas de Yucatán se encontraban en el origen de todas las civilizaciones. Habían colonizado Egipto seis mil años antes de los primeros faraones, el Asia Menor y Europa. Todas las lenguas del mundo, según Le Plongeon, derivaban del maya, totalmente o en parte: una tercera parte de las palabras egipcias estaban sacadas de la lengua yucateca. ¡Los mayas utilizaban el sistema métrico e incluso el telégrafo! En cuanto a los mascarones del dios Chac en el arte *puuc*, se trataba de mastodontes de una prodigiosa antigüedad, que en la trompa llevaban grabado un glifo con el significado de "Divino Creador".

Retrato de Le Plongeon. Tomado de In Search of the Maya, *por Robert L. Brunhouse*

En fin, para explicar las migraciones de la raza maya, Le Plongeon había recurrido a la hipótesis de un "continente perdido" o antes bien a la afirmación perentoria de que ese continente había existido entre América y Asia. Aquella teoría sería retomada, no sin éxito, por el coronel Churchward en su obra *El continente perdido de Mu*.

¿En qué medida se puede considerar a Le Plongeon un hombre honrado, pero un tanto demente, o un impostor cínico? Algunos episodios de su vida —por ejemplo un intento de venta de falsos cuadros de Murillo en Nueva York, o también la exportación fraudulenta de una figurilla de Uxmal— dejan una penosa impresión. Tal vez fue al mismo tiempo, o según el momento, un loco sincero y un artificioso embustero. En la historia del descubrimiento del mundo maya, aparece como el último y el más abe-

247

rrante de los constructores de nubes, perdido en una época ya tardía, mientras investigadores como Charnay y Maudslay abrían el camino a la arqueología moderna.

EDWARD H. THOMPSON Y EL GRAN CENOTE

El mismo año en que Le Plongeon dejaba Yucatán, llegó allí Edward H. Thompson, cónsul de los Estados Unidos en Mérida. En realidad, su gobierno le había otorgado ese puesto —como a Stephens el de embajador en la América Central— antes que nada para permitirle realizar investigaciones arqueológicas por cuenta de la American Antiquarian Society y del Museo Peabody de Cambridge, Massachusetts. Thompson se había interesado en los mayas tras leer un libro del abate Brasseur de Bourbourg. En 1879 publicó un artículo que llamó la atención del riquísimo mecenas Stephen Salisbury, entonces vicepresidente de la Antiquarian Society. Decepcionado por Le Plongeon, que él había subvencionado, Salisbury entró en relación con Thompson, tanto más fácilmente cuanto que uno y otro vivían en Worcester, Massachusetts. Salisbury concibió la esperanza de haber encontrado en la persona de Edward Thompson un investigador enérgico y serio. El Museo de Cambridge (Peabody) era animado en aquel entonces por Charles P. Bowditch, apasionado por la arqueología maya.[8] Thompson estudió allí la documentación que se tenía sobre la civilización de Yucatán. El senador Hoar, elegido por el estado de Massachusetts, obtuvo del gobierno norteamericano la decisión que permitió a Thompson llegar a Yucatán con el título de cónsul de Estados Unidos.

El trabajo que realizó en veinticuatro años de estancia es considerable. En primer lugar en Labná y sus alrededores, donde fue el primero en describir numerosos monumentos; luego en Chacmultún, cuyas pinturas murales copió, y finalmente en Uxmal, donde dio prueba de cualidades de observación y de sentido común, estudiando las cisternas (chultunes) y los vestigios de casas con objeto de comprender la vida cotidiana de los antiguos mayas. A petición de Salisbury, realizó un molde de la fachada del Palacio de Labná para la Antiquarian Society. Entretanto, los organizadores de la Feria Mundial de Chicago (1893) le pidieron no sólo repetir para esa exposición el molde de Labná, sino también enviar otros, sobre todo de monumentos de Uxmal. Imaginamos los fatigosos trabajos que Thompson debió realizar, en una región por aquella época cubierta de jungla e infestada de paludismo, bajo un cielo tórrido, para transportar los moldes primero a lomo de mula, y luego por ferrocarril hasta llegar al puerto de Progreso, donde los esperaba un barco. Cuando se embarcó en ese navío, el *Thornhill,* con sus enormes cajas de moldes, Thompson se desplomó, vencido por la fatiga y por el paludismo. Sin embargo, logró llegar a Chicago, asistió a la exposición, donde sus repro-

---

[8] Bowditch publicó en 1910 una obra general sobre *The Numeration, Calendar Systems and Astronomical Knowledge of the Mayas*.

ducciones de fachadas de Labná y Uxmal causaron sensación y, una vez curado, volvió a Yucatán. Su éxito en Chicago le había valido el apoyo de un nuevo mecenas, Allison Armour.

Fue Armour quien proporcionó a Thompson los medios para dedicarse a la investigación arqueológica estableciéndose en Chichén Itzá. Allí descubrió sobre todo la pirámide y la tumba llamadas "del Gran Sacerdote" y la única estela fechada del sitio, copió los frescos del Templo de los Jaguares y, sobre todo, exploró el famoso Gran Cenote.

Dragando ya el fondo del vasto pozo natural para retirar el lodo y pasarlo por un tamiz, utilizando ya buceadores y buceando él mismo, sacó a la luz una multitud de vestigios: osamentas humanas —las de unas cuarenta víctimas sacrificadas a los dioses del agua—, jades, cascabeles de cobre y de bronce, cerámicas, figurillas, hachas de piedra, discos de oro cincelado. En 1907, un joven arqueólogo californiano, Sylvanus Morley, asistió al descubrimiento de un cuchillo de sacrificios.

Cierta parte —imposible de cuantificar— del tesoro extraído del Cenote ha desaparecido, exportada ilegalmente o robada. La responsabilidad de algunas de esas "deducciones" se ha atribuido, a veces sin pruebas concluyentes, al arqueólogo austriaco Teobert Maler. Excelente fotógrafo, Maler había llegado a México en seguimiento del archiduque Maximiliano. Tras el fin trágico del emperador, había permanecido en el país, donde se consagró a la arqueología de Yucatán y del valle del Usumacinta, trabajando sobre todo por cuenta del Museo Peabody al que envió informes de buena calidad ilustrados con muy bellas fotografías. Atrabiliario y misántropo, Maler vivía como ermitaño en Mérida, compartiendo el ocio de su retiro entre la fotografía y la cerveza. Según algunos, habría concebido una viva aversión hacia Thompson y habría pagado a unos indios que trabajaban para éste a fin de sustraer objetos. Sin embargo, debe señalarse que, después de la muerte de Maler, no se encontró en su casa ninguna de las piezas que habían desaparecido. Sea cual fuere la verdad de ese episodio, no se podría dejar de reconocer en la persona de Maler a uno de los investigadores que hicieron progresar seriamente la arqueología maya.

Los últimos años de la estancia de Thompson en Yucatán, fructíferos en cuanto a los descubrimientos, fueron ensombrecidos por las repercusiones de los acontecimientos revolucionarios. Incendiada su casa, destruidas su biblioteca y sus colecciones, Thompson regresó a Estados Unidos donde murió en 1935.

Con él se acaba la serie de los grandes aficionados o semiaficionados, exploradores y precursores, cuya contribución al lento surgimiento de una civilización todavía sepultada en una profunda oscuridad a mediados del siglo XIX haríamos mal en desdeñar. Incluso un Le Plongeon tuvo cuando menos el mérito de descubrir el primer Chacmool. La era de las hipótesis deslumbrantes surgidas de la imaginación de los primeros investigadores actualmente ha terminado. Los arqueólogos profesionales han tomado el relevo. Nos sería imposible citarlos a todos y, sobre todo, a los que en la actualidad prosiguen la obra sin fin que no es sólo una investigación científica sino también, en la mayoría de los "mayistas", un homenaje con frecuencia apasionado al pueblo maya, a su arte, a la extraordinaria originalidad de su cultura.

LA ERA DE LOS ARQUEÓLOGOS CIENTÍFICOS

En el paso del siglo XIX al nuestro, la época de transición de la arqueología maya, no se puede dejar de mencionar algunos nombres particularmente significativos, los de hombres que han desaparecido, algunos apenas recientemente: los británicos Thomas Gann y Thomas Athol Joyce; los norteamericanos Herbert J. Spinden, Alfred Tozzer, Frans Blom, Oliver La Farge, J. T. Goodman y Sylvanus G. Morley; los alemanes Eduard Seler y Hermann Beyer; los mexicanos Enrique Juan Palacios y Alberto Ruz Lhuillier.

El último gigante de los estudios mayas, sir John Eric Sidney Thompson, murió en 1976, dejando una obra empezada en 1926, rica de una vasta erudición y de un conocimiento directo adquirido sobre el terreno en el transcurso de muy numerosas estadías. Sus libros reflejan un sentido del humor muy británico y un profundo apego por el pueblo maya. En su autobiografía *(Maya Archaeologist)*, Thompson relata su encuentro con Morley en Chichén Itzá, el año de 1926:

> Uno de los colaboradores de Morley se ofreció a acompañarme hasta él, pues había ido a visitar el grupo de ruinas, apartadas del centro, que nosotros llamamos el Chichén Viejo. El estrecho sendero serpenteaba a través de la jungla, de suerte que no se veía nada más allá de unos metros. Mucho antes de ver a Morley oí su voz inolvidable, aguda y nasal con un acento extraño al que decían pensilvaniano, pero que yo jamás he oído salir de la nariz de ningún otro pensilvaniano, ni a decir verdad de ninguna otra persona en el mundo. La voz se acercaba y se hacía cada vez más aguda, provocando los gritos de alarma de los pájaros llamados chachalacas. De pronto, surgiendo de una vuelta del camino, apareció un hombre de pequeñísima estatura, delgado, tocado con un sombrero mexicano voluminoso y muy alto. Una línea horizontal trazada a media distancia entre el suelo y la punta del sombrero habría pasado a través de las largas alas de aquel tocado. Nos dimos un apretón de manos, lo que marcó el principio de una larga amistad a la que sólo su muerte puso fin veintidós años después.

Y, en conclusión de sus recuerdos, sir John Eric S. Thompson evoca el día, en 1959, en que la Universidad de Yucatán, en Mérida, le confirió el título de doctor *honoris causa*.

> Si hubiera tenido que escoger —escribe— no habría escogido ninguna otra universidad, pues ninguna estaba vinculada más estrechamente a mi vida y a mi obra. Hacía precisamente un tercio de siglo que había llegado a Yucatán por primera vez; a esa tierra de México le había dado gran parte del corazón... A la mañana siguiente fui a la catedral... Familias mayas —los hombres de blanco, las mujeres con la cabeza cubierta por un rebozo, los niños de grandes ojos, tan educados— iban y venían haciendo sus devociones; me arrodillé y recé por ese país que me había dado tanta felicidad.

En esas palabras mesuradas pero que se sienten profundamente sinceras resuena la atracción, la fascinación que la tierra maya, el hombre maya, la cultura maya, han ejercido con tanta frecuencia sobre los investigadores.

Hoy, numerosos son los equipos de arqueólogos que trabajan en territorio maya: mexicanos en Cobá, norteamericanos en Guatemala, franceses en Toniná y en el valle del Chixoy, canadienses en Belice; en Copán colaboraron hondureños, franceses y norteamericanos. Todavía no es seguro que la especialización llevada al extremo y la minucia de algunos trabajos den mejores resultados que los métodos que permitieron por ejemplo a Morley, a Thompson y a Tatiana Proskouriakoff hacer avanzar la ciencia. Sir John Eric S. Thompson deploraba en su última obra *(Maya History and Religion)* "el tiempo y los esfuerzos fantásticos empleados para disfrazar objetos de barro con nombres en su mayoría infortunados e impronunciables... La arqueología —agregaba— está en peligro mortal de perderse en ese laberinto de abracadabra".

Aun guardándose como el gran mayista de los excesos de eso que pudiera llamarse ceramomanía (sin olvidar que, como todos los investigadores serios, ni el propio Thompson descuidó ese aspecto de la civilización maya), no podrían desconocerse los grandes progresos realizados desde hace dos o tres décadas. Merecen subrayarse dos orientaciones particulares dignas de interés: por una parte, el desciframiento de los glifos, sobre todo de los que se vinculan a nombres de lugares y de personas; por la otra, la paleoecología, la reconstitución del medio y del modo de vida de los antiguos mayas.

El adelanto del conocimiento se puede comparar con el avance a menudo penoso del explorador a través de la selva maya, machete en mano, detenido a cada paso por la maleza y las lianas, en la penumbra y a lo largo de brechas casi borradas, para chocar unas veces con obstáculos insalvables y otras para desembocar de pronto, al aire libre, en la orilla asoleada de un lago luminoso y tranquilo o ante las pirámides y los bajorrelieves de una ciudad sepultada en la jungla.

Ese camino arduo y exaltante a un mismo tiempo, más de una generación de arqueólogos tendrá que recorrerlo todavía en las décadas por venir, hasta que los tableros jeroglíficos nos hablen claramente como las inscripciones egipcias o las tablillas del Asia Menor, hasta que los templos y los palacios superpuestos y a medio derruir nos hayan entregado todos sus secretos. Lo que se puede decir aquí y ahora, en este fin de nuestro siglo XX (y del baktún 13 de la Cuenta Larga), es que la civilización maya se sitúa en primerísima línea de las obras del hombre americano, y entre las grandes civilizaciones de la humanidad en general.

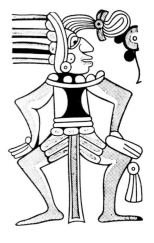

Revelado poco a poco por la labor tenaz de los investigadores, el genio singular del pueblo maya aporta su testimonio a quienes creen que, pese a la diversidad de los colores y de las lenguas, el hombre lleva en sí la semilla de una grandeza que se abre durante un tiempo, como esa flor rara y preciosa que llamamos civilización.

Apéndice

Abreviaturas: M.: maya; Náh.: náhuatl; Azt.: azteca.

Ahuacan (M.). "Serpiente *(can)* Señor *(ahau)*". En Yucatán y en la época posclásica, supremo sacerdote de una ciudad o de una provincia.

Ah Kin (M.). "El del Sol". Sacerdote maya de Yucatán.

Ahmen (M.). "El que sabe". Adivino y curandero de Yucatán.

almehenob (M.). Los nobles del Yucatán posclásico.

átlatl (Náh.). Propulsor de flechas o de jabalinas, arma característica de los mexicanos del Altiplano Central, como los habitantes de Teotihuacan y de Tula.

bajos. En El Petén y en la parte meridional de Yucatán, zonas húmedas que se prestan a una agricultura intensiva.

baktún (M.). Unidad del 5º grado en la cuenta del tiempo, equivalente a 144 000 días (394 años y medio).

balché (M.). Bebida fermentada a base de miel, preparada y consumida en grandes cantidades con ocasión de las fiestas religiosas. Los lacandones actuales han conservado esa práctica.

barra ceremonial. Objeto representado en los bajorrelieves mayas clásicos: barra en forma de serpiente o de dragón con dos cabezas que llevan los personajes, los dignatarios o los sacerdotes más importantes. Se trata aquí de un símbolo de autoridad moral o religiosa, mientras que el *cetro maniquí* (véase este término) parece indicar soberanía o legitimidad.

Batab (M.). Título de los gobernadores mayas yucatecos de la época posclásica, que dependen de la autoridad de un *halach uinic* (véanse estas palabras).

cakchiquel (M.). Lengua maya hablada en Guatemala, vecina del quiché (véase esta palabra).

Cenote, del maya *dzonot*. Pozo natural, en Yucatán, que resulta del hundimiento de la corteza calcárea debajo de la cual se acumulan las aguas de escurrimiento. El Gran Cenote de Chichén Itzá fue por siglos lugar de peregrinación y un centro de culto a los dioses de la lluvia.

cetro-maniquí. Objeto que representa a un pequeño personaje de nariz larga, una de cuyas piernas tiene la forma de una serpiente; lo llevan los señores o los soberanos como emblema de su dignidad.

Cipactli (Azt.). Monstruo acuático o saurio mítico, símbolo del primer día del calendario entre los mexicanos del centro. Un glifo de *Cipactli* aparece en la estela 3 de Seibal, en El Petén, sitio donde se manifiestan influencias centro-mexicanas, probablemente transmitidas por los mayas llamados putunes (véase esta palabra).

Cocom. Apellido de la dinastía de los señores de Mayapán, que ejercieron su hegemonía en el norte de Yucatán entre 1224 y 1441. Derrotados por los *Tutul Xiu* (véase esta palabra), fueron reducidos a gobernar la provincia de Sotuta antes de sucumbir a la Conquista española.

códice. Término mediante el cual se designan los antiguos manuscritos precolombinos. De ellos se conocen tres de origen maya, el *Dresdensis* (Dresde). el *Peresianus* (París) y el *Tro-Cortesianus* (Madrid). Se trata aquí de copias relativamente recientes (siglos XII-XIII) de libros más antiguos, con temas religiosos, adivinatorios y astronómicos.

copal (Náh.) o *pom* (M.). Resina olorosa del *Protium copal* utilizada desde la antigüedad hasta nuestra época como incienso en las ceremonias religiosas.

Cuenta Larga. Sistema de cómputo del tiempo y de fijación de las fechas que usaron los mayas clásicos entre 292 y 909 de nuestra era. Su principio consiste en fijar una fecha, por ejemplo, la de inauguración de un monumento, enumerando los cinco períodos: *baktunes, katunes, tunes, uinales* y *kines* (véanse estas palabras) correspondientes al tiempo transcurrido después de la fecha cero 4 Ahau 8 Cumhú (12 de agosto de 3113 antes de nuestra era). Así se determina con precisión absoluta, en lo infinito del tiempo, la fecha de 4 elementos: número y nombre del día en el *tzolkin,* número que indica el lugar del día en el *uinal* (véanse estas palabras) y nombre del *uinal.*

Excepcionalmente, en algunas inscripciones se mencionan otros cuatro períodos cronológicos, a saber:

Pictún: 8 000 tunes de 360 días.
Calabtún: 160 000 tunes.
Kinchiltún: 3 200 000 tunes.
Alautún: 64 000 000 de tunes.

Chacmool (M.) Nombre dado arbitrariamente por un polígrafo norteamericano, Augustus Le Plongeon, a una estatua descubierta por él en Chichén Itzá, el año de 1875. Desde entonces se han encontrado unas sesenta estatuas semejantes, tanto en Yucatán como en todas las zonas de influencia tolteca del centro de México. Reconocibles por sus características estereotipadas (posición semiacostada, rostro vuelto hacia un lado, recipiente sobre el abdomen), esas estatuas parecen estar vinculadas al dios de la lluvia: en el Templo Mayor de México se descubrió en 1981 un Chacmool policromo ante el santuario de ese dios. El nombre de Chacmool ha seguido usándose pese a la ausencia de toda razón seria para aplicarlo a ese tipo de estatuas.

Chenes, del maya *chen,* "pozo". Región del noroeste de Yucatán, caracterizada por la presencia de pozos que han permitido a las poblaciones precolombinas procurarse agua potable. Por extensión, se designa con ese nombre el estilo "florido" de ciudades como Hochob o Edzná.

Chilam Balam (Libros de). Recopilaciones de textos rituales, profecías, anales, redactados en maya y en caracteres latinos en Yucatán, después de la Conquista. Se les designa con el nombre de la localidad en que fueron encontrados: Chumayel, Maní, Kauá, Tizimín, etc. De *chilam* (brujo, profeta) y *balam* (jaguar).

chol (M.). Dialecto maya de Chiapas, México.

chortí (M.). Dialecto maya hablado en la región de Copán, Honduras.

chultún (M.) Subterráneo utilizado para conservar productos alimenticios, o cisterna de agua de lluvia.

ex (M.). Prenda masculina, especie de taparrabo, llamado *máxtlatl* en náhuatl.

haab (M.). Año solar dividido en 18 "meses" de 20 días (véase la palabra *uinal*), más los cinco días adicionales llamados *uayeb.*

halach uinic (M.). "El hombre *(uinic)* verdadero". Título del jefe militar o del soberano entre los mayas recientes de Yucatán.

hotún. Período de tiempo equivalente a un cuarto de *katún* (véase esta palabra), es decir 1 800 días.

huaxtecos. Rama desligada de la familia maya, actualmente asentada en los estados mexicanos de San Luis Potosí y de Tamaulipas.

huipil (Náh.). Prenda femenina, corpiño.

huun (M.). Papel o tejido de corteza batida.

itzá. Nombre que se daban los invasores originarios del centro de México y los putunes que entraron en Yucatán en el siglo x e instalaron su capital en Chichén Itzá. Su hegemonía sobre Yucatán duró alrededor de dos siglos y medio, durante los cuales una civilización mixta tolteca-maya brilló con gran esplendor. En los agitados siglos siguientes, los itzaes trataron de establecerse fuera de Yucatán y fundaron la ciudad de Tayasal en la laguna de las Flores de El Petén. Aquella fue la última ciudad maya independiente, que no cayó en manos de los españoles sino el 13 de marzo de 1697.

katún (M.). Unidad del 4º grado en la cuenta del tiempo, equivalente a 7 200 días (19.72 años).

kin (M.). "Sol" o "día". Unidad del primer grado de la cuenta del tiempo.

koxop (M.). Colorante extraído de los frutos del árbol *Bixa orellana*.

lacandones, del maya *Lacantún,* nombre de un afluente del Usumacinta. Grupo étnico que ha conservado en gran parte no sólo la lengua maya sino también el modo de vida y las creencias religiosas de los mayas precolombinos. Los lacandones viven en pequeños grupos en la selva tropical delimitada por los ríos Jataté, Lacantún y Usumacinta.

Lenca. Población autóctona de Honduras (valle del río Ulloa y del lago Yojoa), cuya cultura estuvo fuertemente influida por la de los mayas.

maya (M.). Nombre que los mayas se daban a sí mismos: *Maya uinic,* "hombres maya"; *maya than:* "lengua maya".

macal (M.). *Xanthosoma sagitifolium,* planta tropical cultivada cuyos tubérculos son comestibles.

macehual (Náh.). Término que designa en el centro de México a los "hombres del pueblo" y es adoptado por los mayas de Yucatán en el período Posclásico.

Memorial de Solola. Texto histórico en lengua cakchiquel y en caracteres latinos descubierto por Brasseur de Bourbourg en San Juan Sacatepeques, Guatemala. Esta obra también es conocida por los nombres de "Memorial de Tecpán-Atitlán" o de "Anales de los cakchiqueles".

metate (Azt.). De *métlatl:* piedra para moler utilizada por las mujeres para hacer las tortillas de maíz.

Metnal (M.). Morada subterránea de los muertos en la cosmología maya. *Cf. Xibalbá.*

milpa (Náh.). Campo de maíz.

nacom (M.). Dignatario militar y religioso en las ciudades mayas posclásicas de Yucatán.

olmeca (civilización). Del azteca *olmeca,* "gente de hule"; *olman,* "el país del hule", designa la zona costera del golfo (estados de Veracruz y Tabasco) donde se desarrolló la civilización más antigua de México entre 1200 y 1400 antes de nuestra era. Es probable que los olmecas hayan inventado el calendario típico mesoamericano y un principio de escritura jeroglífica. Magníficos escultores y cinceladores, abrieron el camino a las artes plásticas de Mesoamérica y sobre todo al arte maya.

pati (M.). Manto llevado en Yucatán durante el período Posclásico. Los frescos de Bonampak muestran que mantos de ese tipo se usaban ya en el Clásico.

Popol Vuh (M.). En lenguaje quiché: "Libro del Consejo". El manuscrito de esta recopilación de mitos y de tradiciones, en lengua quiché y en caracteres latinos, redactado en el siglo XVI, fue encontrado y publicado en 1861 por Brasseur de Bourbourg.

portadores de año. En todos los sistemas de calendarios mesoamericanos, los años se designan mediante una fecha compuesta por un número (del 1 al 13) y por un signo. Sólo cuatro signos pueden ser "portadores de año". Dado que $13 \times 4 = 52$, cada 52 años se encuentra la misma fecha del año. En la época clásica (siglos III-X), los cuatro portadores de año eran Ik, Manik, Eb y Caban, o sea respectivamente el 2º, el 7º, el 12º y el 17º signos del *tzolkin* (véase esta palabra). Un "deslizamiento" hace aparecer en los *códices* (véase esta palabra) el 3º, el 8º, el 13º y el 18º signos que corresponden a los que se encuentran en el centro de México, por ejemplo entre los aztecas. Finalmente se produjo un segundo "deslizamiento": en Yucatán, en la época posclásica, los portadores de año son el 4º, el 9º, el 14º y el 19º signos del *tzolkin.*

ppentac (M.). Esclavo.

putunes (M.) o *chontales* (Náh.). Esta palabra designa al grupo étnico que poblaba la región costera del golfo de México (Laguna de Términos, deltas del Grijalva y del Usumacinta), en los límites del territorio maya y del mundo mexicano. Navegantes y comerciantes, los putunes penetraron hasta el centro de El Petén y el golfo de Honduras. Considerados "extranjeros" *(chontalli)* por los mexicanos, y siendo de lengua maya, mantenían relaciones estrechas tanto con los pueblos autóctonos de la costa como con los del Altiplano.

Puuc (M.). "Colinas". Nombre dado a la región ligeramente ondulada del noroeste de Yucatán, y por extensión al estilo arquitectónico de los centros urbanos de esa región, como Uxmal.

quiché (M.). Una de las lenguas más importantes de la familia maya, hablada en Guatemala. En quiché se redactó el *Popol Vuh* (véase esta palabra).

Rabinal-Achí (M.). Drama-ballet tradicional en lengua quiché, observado y anotado en Rabinal el año de 1856 por Brasseur de Bourbourg, quien lo publicó en traducción francesa en 1862.

ramón. Brosimum alicastrum. Árbol de Tierra Caliente cuyo fruto comestible parece haber tenido una gran importancia en la alimentación de los antiguos mayas.

Río Bec. Nombre de uno de los sitios de la zona meridional de Yucatán. El estilo arquitectónico de ese sitio y de otros de la misma zona (Xpuhil, Becán) se caracteriza por una decoración exuberante, por monumentos coronados por cresterías y seudopirámides de ilusión óptica.

Ritual de los Bacabes. Recopilación de recetas y de fórmulas mágicomedicinales redactada, después de la conquista de Yucatán, en maya y en caracteres latinos.

sacbé (M.) "Camino *(bé)* blanco *(sac)*". Nombre dado a las calzadas empedradas y estucadas que unían algunos centros urbanos como Cobá y Yaxuná o Kabah y Uxmal.

temazcal (Náh.). Baño de vapor.

tinamit, maya quiché derivado del náhuatl *tenámitl,* "ciudad fortificada". En la época posclásica, las ciudades de Guatemala se rodean de fortificaciones según el modelo mexicano. El propio término delata la influencia del militarismo del centro de México.

tlachtli (Azt.). Juego de pelota practicado en México desde la más remota antigüedad. Los "campos" destinados a esos juegos se encuentran lo mismo en las ciudades clásicas (Copán) que en las más recientes (Chichén Itzá).

toltecas, azt. *tolteca,* "gente de Tollan". Fundada en el siglo IX por inmigrantes llegados del norte que hablaban náhuatl, la ciudad de Tollan (Tula) ejerció una fuerte influencia sobre gran parte de Mesoamérica, hasta el hundimiento de su civilización en el siglo XII. Hacia fines del siglo X, los itzaes (véase esta palabra) que invadieron Yucatán eran, por una parte, toltecas. Su jefe llevaba el título tolteca de Serpiente Emplumada. El arte de Chichén Itzá (siglos X-XIII) lleva claramente la huella del arte de Tula.

tun (M.). Unidad del 3er grado en la cuenta del tiempo. Esta palabra, cuyo sentido primordial es "piedra", designa un "año" de 360 días.

Tutul Xiu (M.) del náhuatl *xiuhtótotl* ("pájaro de turquesa"). Apellido de una importante familia noble mexicano-maya. Su presencia está señalada desde el siglo IX en la zona de los deltas, sobre el golfo de México, luego en Uxmal el año de 1007. Enemigos encarnizados de los *Cocom* (véase esta palabra), los Tutul Xiu reinaron en Maní y se aliaron a los españoles en 1542.

tzeltal (M.) o *tzendal*. Etnia maya de Chiapas (Ocosingo, Tenango, Tenejapa).

tzolkin (M.). Calendario ritual y adivinatorio de 260 días que resulta de la combinación de 13 números (del 1 al 13) y de 20 nombres y glifos. De origen muy antiguo, ese calendario probablemente sea común a todas las civilizaciones autóctonas de Mesoamérica.

tzompantli (Azt.). Caballete sobre el que se exponían los cráneos de las víctimas de los sacrificios humanos. La base, de piedra, estaba esculpida con bajorrelieves macabros: así ocurre con el *tzompantli* de Chichén Itzá.

tzotzil (M.) de *tzotz,* "murciélago". Tribu maya de los Altos de Chiapas (región de Chamula).

uayeb (M.). Período final del año solar *haab* (véase esta palabra), que consta de cinco días considerados nefastos durante los cuales había que abstenerse de toda actividad.

uinal (M.). Unidad del 2º grado en la cuenta del tiempo, "mes" de veinte días. El año solar *haab* (véase esta palabra) tiene 18 de ellos, a los que se agrega el *uayeb* (véase esta palabra).

U Kahlay Katunob (M.). "La cuenta de los katunes", sistema de fijación de fechas utilizado por los mayas posclásicos en Yucatán. De una exactitud mucho menor que la Cuenta Larga (véanse estas palabras), ese sistema permite fijar una fecha en una duración de 13 katunes, es decir 256 años y cuarto.

xanab (M.). Sandalia.

Xibalbá (M.). En lengua quiché, nombre de la morada subterránea de los muertos, donde reinan los siniestros señores "Uno-Muerte" y "Siete-Muerte", rodeados de servidores búhos. El *Popol Vuh* (véase esta palabra) relata las aventuras de héroes semidivinos expuestos a los maleficios de los señores de Xibalbá.

PRONUNCIACIÓN DE LAS PALABRAS MAYAS

La ortografía tradicional empleada en esta obra se conforma al uso establecido en el siglo XVI cuando los españoles (los misioneros) y algunos mayas empezaron a aplicar el alfabeto latino a la transcripción de la lengua autóctona.

Las vocales se pronuncian como en español.

Las consonantes también se pronuncian como en español, salvo en los casos siguientes:

> *c* siempre equivale a *k*
> *x* se pronuncia como *sh*

Ciertas consonantes están glotalizadas: se transcriben como *k, ch', dz* o ɔ *(c* invertida) y *pp.*

El acento va siempre en la última sílaba.

Ejemplos:

> *chultún* (cisterna): *chultún*
> *cimi* (muerte): *kimí*
> *kin* (sol): *K'in* (glotalización)
> *uaxac* (ocho): *uashac*
> *ixim* (maíz): *ishim*
> *maax* (mono): *maash.*

En maya de Yucatán	*En maya quiché*
1 hun	hun
2 ca	ci
3 ox	vuox
4 can	cah
5 ho	ho
6 uac	uac
7 uuc	uuc
8 uaxac	uaxac
9 bolón	beleh
10 lahún	lahuh
11 buluc	hulahuh
12 lahcá	cablahuh
13 lahox, etc.	vuoxlahuh
20 hun kal	hu uinac[1]
400 hum bak	

EL CALENDARIO RITUAL DE 260 DÍAS

Llamado *tzolkin* en maya, *tonalpoualli* ("cuenta de los días") en azteca, el calendario de 260 días obtenido mediante la combinación de 13 números y de 20 signos o glifos dominó durante tres mil años la vida pública y privada de los indios civilizados de Mesoamérica. Remitiéndose a los libros en que estaba inscrito ese calendario los sacerdotes fijaban las fechas de las ceremonias y predecían el porvenir. Ya se tratara de una declaración de guerra o de un matrimonio, ya de la imposición de un nombre o de un viaje, ninguna decisión importante se tomaba sin consultar previamente el calendario.

A continuación se enumeran los nombres de los veinte días mayas o aztecas:

Maya	*Azteca*	
1 Imix	Cipactli	Cocodrilo
2 Ik	Ehécatl	Viento
3 Akbal	Calli	Casa
4 Kan	Cuetzpalin	Lagartija
5 Chicchán	Cóatl	Serpiente
6 Cimi	Miquiztli	Muerte
7 Manik	Mázatl	Venado
8 Lamat	Tochtli	Conejo
9 Muluc	Atl	Agua
10 Oc	Izcuintli	Perro
11 Chuén	Ozomatli	Mono
12 Eb	Malinalli	Hierba
13 Ben	Ácatl	Caña
1 Ix	Océlotl	Jaguar
2 Men	Quauhtli	Águila
3 Cib	Cozcaquauhtli	Zopilote
4 Cabán	Ollin	Movimiento de tierra
5 Etz'nab	Técpatl	Pedernal
6 Cauac	Quiáuitl	Lluvia
7 Ahau	Xóchitl	Flor
8 Imix, etc.	Cipactli, etc.	

[1] *uinac* (en Yucatán *uinic*) = hombre.

Mientras que los signos del *tonalpoualli* azteca son figurativos, y sus nombres tienen un sentido perfectamente definido en el lenguaje corriente, los signos mayas son sumamente estilizados y abstractos. En la mayoría de los casos, sus nombres carecen de sentido en el maya yucateco del siglo XVI y en el maya que se habla en la actualidad.

Sin embargo se aprecian algunas excepciones. El sexto día, *Cimi,* del verbo *cimil,* "morir", corresponde de manera muy exacta al náhuatl *Miquiztli.* El glifo del 9º día, *Muloc,* representa la placa de jade que, desde la época de los olmecas, simboliza el agua fecundante. Por tanto, es el equivalente del signo azteca *Atl.* El nombre del 11º día, *Chuén,* designa en la tradición del *Popol Vuh* a un héroe mítico transformado en mono (Azt. *Ozomatli*). El glifo *Ix* representa la cara manchada del jaguar. *Cauac* incluye en su glifo el símbolo de la lluvia.

Es evidente que la lista de los veinte nombres del *tzolkin* fue establecida desde la más remota antigüedad, cuando menos desde el período olmeca (1200-400 antes de nuestra era), y en una región tropical donde se encuentran el cocodrilo, el mono y el jaguar.

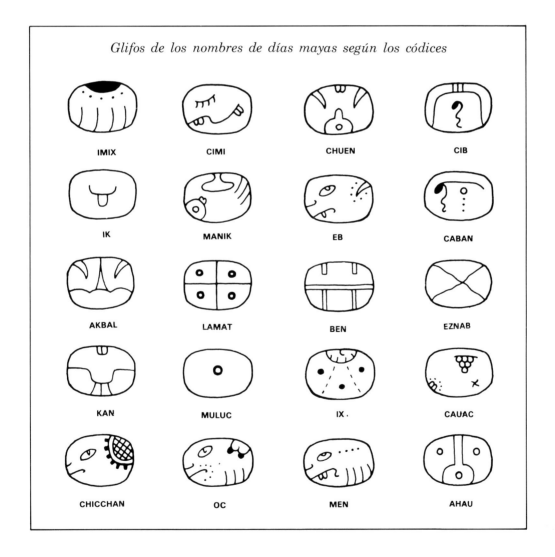

Glifos de los nombres de días mayas según los códices

Glifos de los nombres de días del centro de México según el Códice Féjérváry-Mayer

a - cocodrilo   k - mono
b - viento   l - hierba
c - casa   m- -caña
d - lagartija   n - jaguar
e - serpiente   o - águila
f - muerte   p - zopilote
g - venado   q - movimiento
h - conejo   r - cuchillo de pedernal
i - agua   s - lluvia
j - perro   t - flor

LOS PRINCIPALES RITOS DEL AÑO

Mes

POP	Fiestas del Año Nuevo, renovación de los utensilios domésticos.
UO	Ritos de adivinación celebrados por los sacerdotes, los curanderos y los brujos.
ZIP	Ceremonias en honor de los dioses protectores de los curanderos, de los pescadores y de los cazadores, del gran dios Itzamná y de la diosa Ixchel.
TZEC	Ofrendas a los Bacabes. Los apicultores veneraban a un dios protector para obtener abundancia de miel.
XUL	Danzas rituales en honor de Kukulcán, la Serpiente Emplumada.
MOL	Confección de nuevos ídolos.
CHEN	Continuación de los ritos del mes de Mol. Invocación de la diosa de la Luna.
YAX	Mes del planeta Venus y de los Chaques.
ZAC	Ritos de caza.
MAC	Ritos celebrados por los ancianos para obtener lluvia y buena cosecha de maíz.
MUAN	Ritos de los plantadores de cacao en honor del dios Ek Chuah.
PAX	Mes de los guerreros.
CUMHÚ	Danzas y recreación.
UAYEB	Preparación del Año Nuevo.

Esta lista corresponde al ritual maya del Yucatán posclásico (principios del siglo XVI), según Diego de Landa.

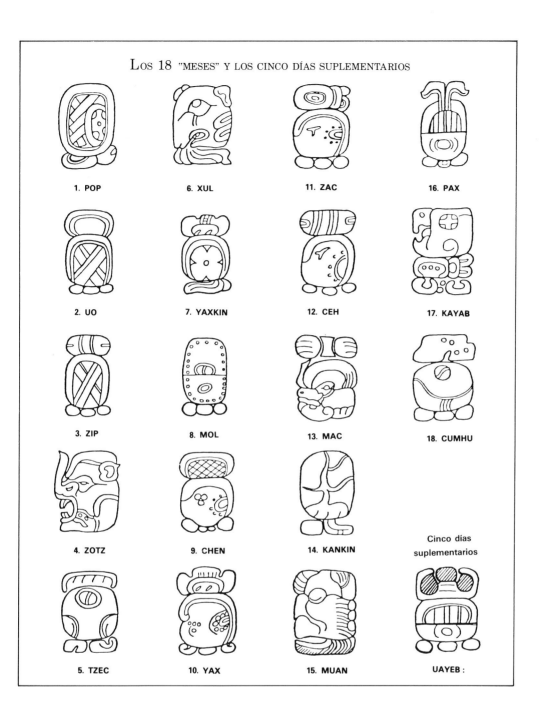

LOS 18 "MESES" Y LOS CINCO DÍAS SUPLEMENTARIOS

1. POP	6. XUL	11. ZAC	16. PAX
2. UO	7. YAXKIN	12. CEH	17. KAYAB
3. ZIP	8. MOL	13. MAC	18. CUMHU
4. ZOTZ	9. CHEN	14. KANKIN	Cinco días suplementarios
5. TZEC	10. YAX	15. MUAN	UAYEB :

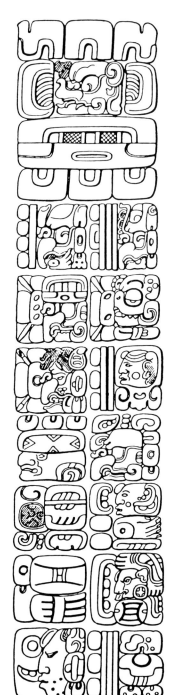

Glifo introductorio: el signo de katún al centro del cual está esculpida la cabeza del dios patrono del mes de Cumhú.

de izq. a der.:

9 baktunes	17 katunes
0 tunes	0 uinales
0 kines	13 Ahau
Nombre del 9º "Señor de la Noche"	Glifo F Significado desconocido
Luna nueva	2ª lunación

Dos glifos de significado desconocido

Mes lunar de 29 días	18 Cumhú

(Según Morley, *Ancient Maya*, p. 245.)

La inscripción de tipo clásico consta entonces de:
a) el glifo introductorio;
b) cinco glifos correspondientes al número de baktunes, de katunes, de tunes, de uinales y de kines que han transcurrido desde la fecha cero;
c) el número y el nombre del día en el tzolkin, aquí 13 Ahau;
d) el nombre de aquel de los Nueve Dioses nocturnos (Señores de la Noche) correspondiente a la fecha inscrita en la estela;
e) tres glifos lunares;
f) tres glifos aún no descifrados;
g) el nombre del "mes" de veinte días y la posición del día en ese mes, aquí 18 Cumhú.

Se acostumbra transcribir una inscripción de ese tipo mediante: 9.17.0.0.0, 13 Ahau 18 Cumhú. Ello significa que han transcurrido nueve veces 144 000 días, más 17 veces 7 200 días, es decir 1 418 400 días a partir de la fecha cero. Puesto que los demás períodos llevan un coeficiente de cero, en este caso se trata claramente de una inscripción de terminación de período: fin del 17º katún del 10º baktún, correspondiente al 24 de enero de 771 de nuestra era.

EJEMPLOS DE GLIFOS MAYAS

I. *Glifos de la Cuenta Larga*

Los cinco períodos de la Cuenta Larga con frecuencia se representan mediante cabezas fantásticas. Las del uinal y del kin corresponden respectivamente a una cabeza de rana *(uo)* y a la cara del dios del Sol *(kin)*, caracterizado por el ojo cuadrangular y el diente limado. Además, el tocado de ese personaje está adornado con la flor de cuatro pétalos, símbolo del Sol. Asimismo, las cabezas del tun y del baktún llevan en el tocado los glifos correspondientes a esos dos períodos.

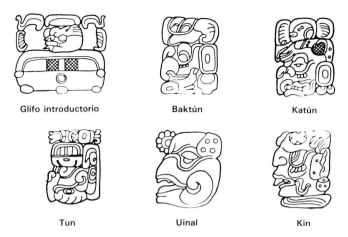

Glifo introductorio   Baktún   Katún

Tun   Uinal   Kin

II. *"Glifos emblema": nombres de ciudades mayas clásicas*

Los jeroglifos que designan a las ciudades se caracterizan por el doble signo de Ben-Ich, que remata el signo principal, y por los afijos laterales situados a la izquierda del glifo principal. Esos prefijos se vinculan a un grupo glífico de "agua".

BEN   ICH   Prefijo "agua"

Glifos de ciudades clásicas:

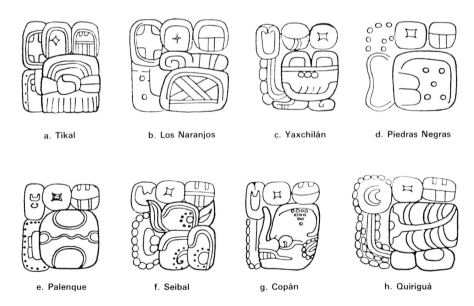

a. Tikal   b. Los Naranjos   c. Yaxchilán   d. Piedras Negras

e. Palenque   f. Seibal   g. Copán   h. Quiriguá

El elemento central de esos glifos toponímicos figura en el catálogo de los jeroglifos mayas de Thompson.[2] Este autor ha observado que esos elementos con frecuencia están asociados al grupo Ben-Ich y a los signos del agua. También se les puede representar aislados o con otros afijos.

[2] *A Catalog of Maya Hieroglyphs*, Oklahoma, Norman, 1962.

Thompson los ha identificado de la manera siguiente:

—Glifo núm. 528. Signo del 19º día del calendario ritual, Cauac. Es el elemento central de Seibal.

—Glifo núm. 552. Franjas cruzadas. Elemento central del nombre de Los Naranjos.

—Glifo núm. 560. Signo del 14º mes colocado horizontalmente. Nombre de Quiriguá.

—Glifo núm. 562. Cielo dividido. Yaxchilán.

—Glifo núm. 569. Bolsa o tejido anudado.

—Glifo núm. 570. Hueso (?). Palenque.

—Glifo núm. 585. Tresbolillo. Piedras Negras.

—Glifo núm. 756. Murciélago. Copán.

Los nombres actuales de las ciudades mayas provienen, ya del español como Palenque, Piedras Negras o Naranjo, ya de nombres autóctonos recientes o corrompidos. Copán debía tener un nombre en que figurara el elemento *Zotz,* murciélago, como los actuales tzotziles de Chiapas.

III. *Glifos cosmológicos*

Glifos extraídos de los códices

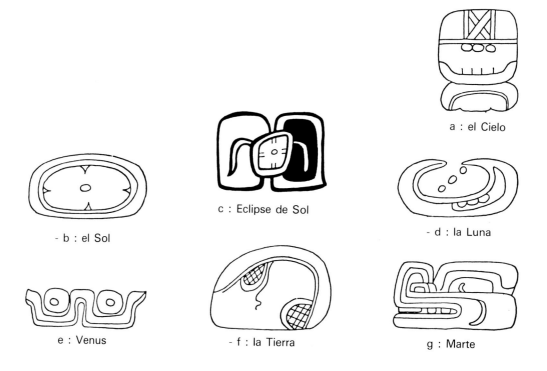

a : el Cielo

c : Eclipse de Sol

- d : la Luna

- b : el Sol

e : Venus

- f : la Tierra

g : Marte

Entre los mayas, los cuatro puntos cardinales se asocian a cuatro colores:

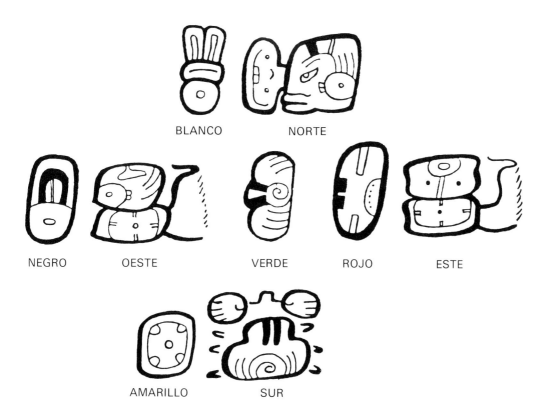

BLANCO   NORTE

NEGRO   OESTE   VERDE   ROJO   ESTE

AMARILLO   SUR

Se trata aquí de una concepción difundida en toda Mesoamérica e incluso más al norte, por ejemplo entre los indios pueblo de Estados Unidos. Sin embargo, la distribución de los colores entre los puntos cardinales no es la misma en las diferentes culturas. Por ejemplo, entre los aztecas el color negro corresponde al norte, el rojo al este, el blanco al oeste, el amarillo al sur. Las representaciones cosmológicas de la antigua China asignaban el negro al norte, el rojo al sur, el verde al este y el blanco al oeste.

Principales sitios mayas conocidos

I. *Región norte (península de Yucatán)*

Zona norte de la penínzula: Dzibilchaltún
                                Acanceh
                                Mayapán
                                Chichén Itzá
                                Yaxuná

Zona "puuc": Oxkintok
              Uxmal
              Sayil
              Labná
              Kabah
              Chacmultún

Zona occidental (Campeche): Jaina
                                  Edzná

Zona "chenes": Xtampak (Santa Rosa)
                Hochob
                Dzibilnocac

Zona "Río Bec": Río Bec, Becán, Chicanná.

Zona oriental (Quintana Roo): Cobá
Tulum
Santa Rita Corozal
Tzibanché

II. *Región central*

Petén: Uaxactún
Tikal
Yaxhá
Nakum
Naranjo
Xultún
Oxpemul
Calakmul

Belice: Altún Ha
Barton Ramie
Lubaantún
Pusilhá

Zona sureste: Quiriguá (Guatemala)
Copán (Honduras)

Cuenca del Usumacinta: Seibal
Altar de Sacrificios
Yaxchilán
Bonampak
Tzendales
Piedras Negras
Palenque

Meseta de Chiapas: Chinkultic
Toniná
Pestac

Zona costera del golfo: Jonuta
Comalcalco

III. *Zona meridional, Tierras Altas de Guatemala y costa del Pacífico*

Mixco Viejo
Iximché
Utatlán
Kaminaljuyú ⎤
Cozumalhuapa ⎟ sitios importantes, no mayas
Abaj Takalik ⎟
El Baúl ⎦

266

Fechas	Región maya central	Yucatán	Sur	Golfo de México	Altiplano Central	Europa
−1500				Civilización olmeca La Venta		Civilización minoica
−1000	*Preclásico* poblados preclásicos de El Petén y de Belice		Influencias olmecas	San Lorenzo Difusión hacia el norte y el sur	Influencia olmeca: Tlatilco Preclásico tardío	Apogeo de Atenas
−800			Abaj			
−400			Takalik	Hundimiento	Cuicuilco	Alejandro
−200	*Protoclásico*		Izapa			
−100	Plataformas Tikal					Imperio romano
0	Bóvedas Uaxactún				Principios Teotihuacan	
200	*Clásico temprano* 292: Est. 29, Tikal		Kaminaljuyú			
		Oxkintok (475)				
500						Edad Media
	Clásico tardío	Uxmal,		Civilizaciones clásicas del golfo: El Tajín	650: caída de Teotihuacan	
800	Yaxchilán, Palenque, Copán	Sayil, Labná, Cobá			Tula 856	
	909: última fecha atestada					
1000		Chichén-Itzá			Caída de Tula 1168	
1200		Mayapán			Fundación México 1325 Imperio azteca Conquista española	
1500	Conquista española 1697: caída					Renacimiento
1700	de Tayasal					

UN OBSERVATORIO MAYA CLÁSICO

Los antiguos mayas no disponían de instrumentos ópticos. Sin embargo, particularmente atentos a los movimientos de los cuerpos celestes, el Sol, la Luna, Venus, sabían efectuar observaciones por medio de puntos de referencia fijos que podían ser monumentos, estelas o templos.

De ese modo, si desde la mitad del peldaño superior de la escalinata que conduce a lo alto de la pirámide E-VII de Uaxactún se observa por encima de las estelas 20 y 19 el punto central del templo E-II, se determina el punto en que el Sol sale el 21 de septiembre y el 21 de marzo (los equinoccios). Las observaciones que toman como puntos de referencia el extremo norte del templo E-I y el extremo sur del templo E-III determinan respectivamente la salida del Sol el 21 de junio y el 21 de diciembre (los solsticios). Bajo el cielo a menudo nublado de El Petén, durante la temporada de lluvias e incluso durante la temporada llamada de secas, esas observaciones no siempre eran posibles. Lo mismo ocurría con las observaciones de la Luna, de Venus o de otros astros. La ciencia astronómica extraordinariamente exacta a la que habían llegado los antiguos mayas no se explica sino mediante la anotación y la transmisión por escrito, de generación en generación, de los fenómenos observados y de los cálculos. Al parecer, algunos encuentros sobre astronomía tuvieron lugar sobre todo en Copán, con objeto de comparar resultados y de establecer normas comunes a diversas ciudades.

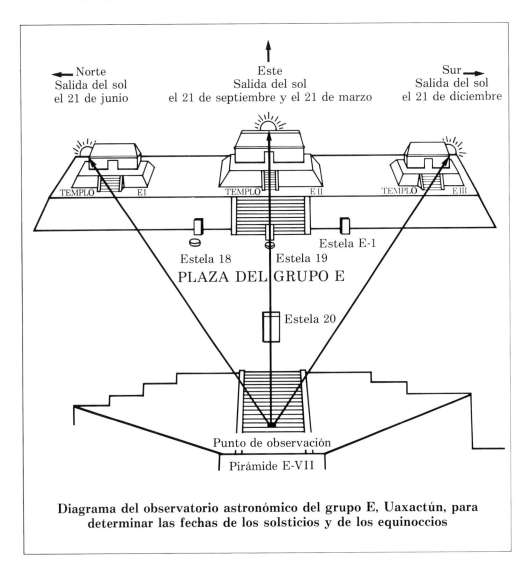

Diagrama del observatorio astronómico del grupo E, Uaxactún, para determinar las fechas de los solsticios y de los equinoccios

Bibliografía sumaria

La bibliografía sobre la civilización maya es inmensa. No podemos sino limitarnos aquí a mencionar algunas fuentes y algunos libros o artículos que fueron citados en esta obra o que fueron utilizados de manera más señalada para su redacción.

I. FUENTES

Chilam Balam. El Chilam Balam de Maní, presentado por J. Martínez Hernández, Mérida, Yuc., 1909.

Chilam Balam. The Book of Chilam Balam of Chumayel, Carnegie Institution, Publ. núm. 438, Washington, 1933.

Chilam Balam. El libro de los libros de Chilam Balam, presentación por A. Barrera Vásquez, Fondo de Cultura Económica, México, 1948.

Codex Dresdensis. Die Maya - Handschrift der Königlichen Bibliothek zu Dresden, presentado por el Prof. Dr. E. Förstemann, Leipzig, 1880.

Codex Peresianus. Manuscrit hiératique, presentado por León de Rosny, París, 1887.

Codex Tro-Cortesianus. Códice Maya. . . , Madrid, 1892.

Diccionario de Motul, maya-español. . . y arte de la lengua maya, por Fr. Juan Coronel, presentado por J. Martínez Hernández, Mérida, Yuc., 1939.

Landa, Fr. Diego de, *Relación de las cosas de Yucatán,* presentado por Alfred M. Tozzer, *Papers of the Peabody Museum,* t. XVIII, Cambridge, Mass., 1941.

Memorial de Solalá. Anales de los cakchiqueles. Título de los señores de Totonicapán, presentado por Adrián Recinos, Fondo de Cultura Económica, México, 1948.

Popol Vuh. Le Livre sacré et les mythes de l'antiquité américaine, presentado por el abate Brasseur de Bourbourg, Arthus Bertrand, París, 1861.

Popol Vuh. Manuscrito de Chichicastenango, Guatemala, 1927.

Popol Vuh. Das Heilige Buch der Quiché-Indianer von Guatemala, presentado por el Dr. Leonhardt Schultze-Jena, Stuttgart, 1944.

Popol Vuh. The Sacred Book of the Ancient Quiché Maya, presentado por Adrián Recinos, Norman, Oklahoma, 1950.

Popol Vuh. The Book of the Counsel: The Popol Vuh of the Quiché Maya of Guatemala, presentado por Munro S. Edmonson, Tulane University, Nueva Orleáns, 1971.

Popol Vuh. Antiguas historias de los indios quichés de Guatemala, presentado por Albertina Sarabia E., Porrúa, México, 1972.

Roys, Ralph L. *The Book of Chilam Balam de Chumayel,* Carnegie Institution of Washington, Publ. núm. 438, Washington, D. C., 1933.

Thompson, J. Eric S. *A Commentary on the Dresden Codex,* American Philosophical Society, Filadelfia, 1972. [Hay edición en español del FCE.]

II. ALGUNOS LIBROS O ARTÍCULOS

Adams, Richard E. W. (comp.). *The Origins of Maya Civilization,* University of New Mexico Press, Albuquerque, 1977.

Ashmore, Wendy (comp.). *Lowland Maya Settlement Patterns,* University of New Mexico, Albuquerque, N. M., 1981.

Benson, Elizabeth P. *The Maya World,* Nueva York, 1977.

Berlin, Heinrich. "El glifo emblema en las inscripciones mayas", *Journal de la Société des Américanistes,* vol. 47, pp. 111-119, París, 1958.

Berlin, Heinrich. *Signos y significados en las inscripciones mayas,* Instituto Nacional del Patrimonio Cultural, Guatemala, 1977.

Bowditch, Charles P. *The Numeration, Calendar System and Astronomical Knowledge of the Mayas,* Harvard University Press, 1910.

Blom, Frans y La Farge, Oliver. *Tribes and Temples,* Tulane University, Nueva Orleáns, 1926-1927 (2 vols.).

Brack-Bernsen, Lis. "Die Basler Mayatafeln. Astronomische Deutung der Inschriften auf den Türstürzen 2 und 3 aus Tempel IV in Tikal", *Verhandlungen der Naturforschenden Gesellschaft in Basel,* vol. 86, fascículos 1 y 2, Basilea, 1977.

Brunhouse, Robert L. *In Search of the Maya. The First Archaeologist,* Ballantine Books, Nueva York, 1974.

Cassier, Jacques e Ichon, Alain. "Les sculptures d'Abaj Takalik (Guatemala)", *Journal de la Société des Américanistes,* t. LXV, pp. 7-40, París, 1978.

Coe, Michael. *The Maya,* Londres, 1966.

Coe, William R. *Tikal: guía de las antiguas ruinas mayas,* University of Pennsylvania, Filadelfia, 1967.

Culbert, T. Patrick (comp.). *The Classic Maya Collapse,* University of New Mexico Press, Albuquerque, N. M., 1973.

Gendrop, Paul. *Les Mayas,* Presses Universitaires de France, París, 1978.

Graham, Ian. *Corpus of Maya Hieroglyphic Inscriptions,* Peabody Museum, Harvard University, Cambridge, Mass., 1975-1980 (5 vols.).

Greene, Merle *et al. Maya Sculpture from the Southern Lowlands, Highlands and Pacific Piedmont,* Berkeley, California, 1972.

Hammond, Norman (comp.). *Social Process in Maya Prehistory,* Academic Press, Londres-Nueva York, 1977.

Hartung, Horst. *Die Zeremonialzentren der Maya,* Akademische Druck- und Verlagsanstalt, Graz, 1971.

Hooton, Earnest A. "Skeletons from the Cenote of sacrifice at Chichén Itzá", en *The Maya and their Neighbors,* pp. 272-280.

Henderson, John S. *The World of the Ancient Maya,* Cornell University Press, Ithaca, Nueva York, 1981.

Kelley, David H. *Deciphering the Maya Script,* University of Texas, Austin, 1976.

Knorozov, Yuri V. *Selected Chapters from the Writing of the Maya Indians,* vol. IV, Peabody Museum, Harvard University, Cambridge, Mass., 1967.

Krickeberg, Walter. *Altmexikanische Kulturen,* Berlín, 1956. [Hay edición en español del FCE.]

Lehmann, Henri. *Les Céramiques pré colombiennes,* Presses Universitaires de France, colección "L'Œil du Connaisseur", París, 1959.

Marcus, Joyce. *Emblem and State in the Classic Maya Lowlands,* Dumbarton Oaks, Washington, D. C., 1976.

Maya (The) and their Neighbors, Cooper Square Publishers, Nueva York, 1973.

Monti, Franco. *Terrecotte precolombiane,* Fratelli Fabbri, Milán, 1966.

Morley, Sylvanus G. *The Inscriptions of Copán,* Carnegie Institution of Washington, Publ. núm. 229, Washington, 1920.

———. *The Inscriptions of Petén,* Carnegie Institution of Washington, Publ. núm. 437, 5 vols., Washington, 1937-1938.

———. *The Ancient Maya,* 3ª ed. revisada por George W. Brainerd, University Press, Stanford, Cal., 1956. [Hay edición en español del FCE.]

———. *An Introduction to the Study of Maya Hieroglyphs,* Bureau of American Ethnology, Bulletin núm. 57, Washington, 1915.

Porter Weaver, Muriel. *The Aztecs, Maya and their Predecessors. (Archaeology of Mesoamerica)*, Seminar Press, Nueva York-Londres, 1972.

Proskouriakoff, Tatiana. *An Album of Maya Architecture,* Carnegie Institution, Washington, 1950.

———. *A Study of Classic Maya Sculpture,* Carnegie Institution, Washington, 1950.

———. "Historical implications of a pattern of dates at Piedras Negras, Guatemala", *American Antiquity,* vol. 25, pp. 454-475, Washington, 1960.

———. *Historical Data in the Inscriptions of Yaxchilán.* Estudios de Cultura Maya, vols. 3 y 4, UNAM, México, 1963 y 1964.

Puleston, Dennis Edward y Puleston, Peter Oliver. "El ramón como base de la dieta alimenticia de los antiguos mayas de Tikal", *Antropología e Historia de Guatemala,* época II, núm 1, Guatemala, 1979, pp. 55-70.

Ruppert, Karl. *Chichén Itzá. Architectural Notes and Plans.* Carnegie Institution of Washington, Publ. núm. 595, Washington, 1952.

———, Thompson, J. Eric S. y Proskouriakoff, Tatiana. *Bonampak, Chiapas, Mexico. Copies of the Mural Paintings by Antonio Tejeda F.,* Carnegie Institution of Washington, Publ. núm. 602, Washington, 1955.

Soustelle, Jacques. "Le Totémisme des Lacanom", *Maya Research,* Tulane University of Louisiana, Nueva Orleáns, octubre de 1935.

———. *L'Art du Mexique ancien,* Arthaud, París, 1966.

———. *Les Olmèques,* Arthaud, París, 1979. [Hay edición en español del FCE.]

Steggerda, Morris. *Maya Indians of Yucatán,* Carnegie Institution of Washington, Publ. núm. 531, Washington, 1941.

Stephens, John L. *Incidents of Travel in Central America, Chiapas and Yucatán,* Nueva York, 1841, 2 vols.

———. *Viaje a Yucatán 1841-1842,* trad. al castellano de Justo Sierra O'Reilly, México, 1938, 2 vols.

Stierlin, Henri. *L'Art maya,* Office du Livre, Friburgo, Suiza, 1981.

Teeple, J. E. *Maya Astronomy.* Carnegie Institution of Washington, Publ. núm. 403, Washington, 1931.

Thompson, J. Eric S. *Grandeur et décadence de la civilisation maya,* Payot, París, 1958. [Hay edición en español del FCE.]

———. *Maya Hieroglyphic Writing: an Introduction,* Carnegie Institution of Washington, Publ. núm. 589, Washington, 1950, 2ª ed.: University of Oklahoma Press, Norman, 1960.

———. *A Catalog of Maya Hieroglyphs,* University of Oklahoma Press, Norman, 1962.

———. *Maya Archaeologist,* University of Oklahoma Press, Norman, 1963.

———. *Maya History and Religion,* University of Oklahoma Press, Norman, 1970.

Tozzer, Alfred M. *A Comparative Study of the Mayas and the Lacandones,* Nueva York, 1907.

———. *A Maya Grammar,* Harvard University, Cambridge, Mass., 1921.

Índice

Origen de los documentos reproducidos: Claude Arthaud - F. Hébert-Stevens : p. 68, 69, 77 (arriba), 93, 152. Boutin-A.A.A. Foto : p. 58-59. Maximilien Bruggmann : p. 37, 42 (arriba, izquierda), 48, 52, 53, 56, 70, 155, 159, 170, 189, 193, 197, 201, 204, 205, 208, 209. Cazabon-A.A.A. Foto : p. 63, 67, 109 (abajo), 215. Daudier-A.A.A. Foto : p. 27. Drachoussoff-A.A.A. Foto : p. 38-39, 42 (arriba, derecha). Myriam de La Croix : p. 174. Fiore-Ziolo : p. 41, 46. Flammarion : p. 226, 233, 237, 243. Gisèle Freund : p. 84, 94. Jesús García Ruiz : p. 192. Giraudon : p. 223. Museo de Guatemala : p. 92. Museum für Volkerkunde, Basilea : p. 24. Percheron-Ziolo : p. 144. Rijksmuseum voor Volkenkunde, Leiden : p. 29. Riboud-Magnum : p. 113 (abajo), 216. Roland-Ziolo : p. 19, 79, 119, 121, 122, 141, 142, 160, 214. Henri Stierlin: p. 34, 35, 47, 49, 62, 65, 66 (abajo), 71, 74, 75, 76, 77 (abajo), 78, 80, 81 (arriba), 82, 83, 85, 86, 90, 98, 101, 102, 104-105, 106, 107, 108, 109, 110, 111, 112, 113 (arriba), 114-115, 118, 126-127, 129, 130, 131, 132, 133, 134, 136-137, 138, 139, 140, 143, 146, 154, 156, 157, 162, 165, 166, 167, 168, 169, 170, 171, 176, 177 (arriba), 181, 184, 185, 187, 188, 212-213, 218-219. Vautier-Decool-Ziolo: p. 26, 66 (arriba). Archivo Werner Forman : p. 158, 161, 177 (abajo).

Los dibujos reproducidos en el texto han sido extraidos de la obra de J. E. S. Thompson, *The Rise and Fall of Maya Civilisation*, Oklahoma Press, Norman (ed. fr. : *Grandeur et décadence de la civilisation maya*, Payot).

Los mapas son de Michel Colley.

Este libro se terminó de imprimir y encuader-
nar en el mes de julio de 2003 en Impreso-
ra y Encuadernadora Progreso, S. A. de C. V.
(IEPSA), Calz. de San Lorenzo, 244; 09830
México, D. F. Se tiraron 2 000 ejemplares.

Colecciones del FCE

Economía

Sociología

Historia

Filosofía

Antropología

Política y Derecho

Tierra Firme

Psicología, Psiquiatría y Psicoanálisis

Ciencia y Tecnología

Lengua y Estudios Literarios

La Gaceta del FCE

Letras Mexicanas

Breviarios

Colección Popular

Arte Universal

Tezontle

Clásicos de la Historia de México

La Industria Paraestatal en México

Colección Puebla

Educación

Administración Pública

Cuadernos de La Gaceta

Río de Luz

La Ciencia desde México

Biblioteca de la Salud

Entre la Guerra y la Paz

Lecturas de El Trimestre Económico

Coediciones

Archivo del Fondo

Monografías Especializadas

Claves

A la Orilla del Viento

Diánoia

Biblioteca Americana

Vida y Pensamiento de México

Biblioteca Joven

Revistas Literarias Mexicanas Modernas

El Trimestre Económico

Nueva Cultura Económica